바울과 시간

바울과 시간

: 그리스도의 시간성 안에서 사는 삶

2024년 11월 21일 초판 1쇄 발행

지음 L. 앤 저비스
옮김 김지호
감수 김선용
펴냄 김지호

도서출판 100
전　화 070-4078-6078
팩　스 050-4373-1873
소재지 경기도 파주시 아동동
이메일 100@100book.co.kr
홈페이지 www.100book.co.kr
등록번호 제2016-000140호

ISBN 979-11-89092-53-5 93230

차례

일러두기

• 성서 인용은 개역개정판을 바탕으로 하되, 원서
  내용 전달을 위해 일부 수정했다.

• 대문자로 강조한 부분은 고딕체로 표기다.

• 독자의 이해를 돕기 위해 옮긴이가 첨언한 부분은
  다음과 같이 표시했다.

    내용 삽입: 〔 〕
    앞말 보충: 가운데 첨자

서문

J. 루이스 마틴은 유명한 갈라디아서 주석에서, "지금은 어떤 시기인가?"What time is it? 가 갈라디아서에 제기된 본질적 물음이라고 주장했다. 이 물음에 대한 그의 답은 바울이 생각한 그리스도 사건 개념에 대한, 그리고 그 사건의 시간적 성격이 '선형적'인지 아니면 '점적'인지에 대한 활발한 논쟁을 불러왔다. 그리고 이 물음은 '바울은 시간을 어떻게 이해했는가?' 하는 또 다른 물음을 낳았다. 이 책에서 앤 저비스가 펼치는 논증의 큰 가치는 두 번째 물음을 제기하며 바울 학자들의 반성 없는 습관에 도전하는 것이다. 즉, '이미와 아직'을 결합하여 현재 신자들이 옛 시대와 새 시대 사이의 '중첩' 내지 '긴장' 속에 존재한다는 식으로 바울의 종말론을 설명하는 일반적인 방식에 도전한다. 이런 식의 언어는 바울 해석자들 사이에서 너무 일반적이어서, 그것이 어떤 의미로 이치에 닿는지 묻는 경우가 거의 없다. 두 시기가 어떻게 '중첩'될 수 있는가? 미래가 어떻게 현재에 유입될 수

있는가? 바르트와 불트만은 신약 종말론의 신학적 의미와 씨름할 때, 종말론을 연대기적 연속선상에 있는 새로운 시기로 그리는 함정에 빠지지 않았다. 그러나 이후 수십 년 동안 바울 학자들은 이 문제에 제대로 주의를 기울이지 않았거나, 자기가 사용한 언어를 신중하게 성찰하지 않았다. 어떤 이들은 '두 시대'를 동시에 산다는 개념을 다룰 때, 부활이 죄와 죽음에 대해 제한적으로 승리를 거두었을 뿐이며 따라서 신자들이 현재 반쯤 완성된 현실을 세워 나가려고 분투 중이라는 인상을 준다. 최근 몇몇 바울 학자들(예컨대 제이미 데이비스와 더글러스 캠벨)은 바르트의 시간 신학을 재검토한 후, 바울과 그의 해석자들이 사용한 시간 개념에 의문을 제기했다. 하지만 여태껏 아무도―앤 저비스가 이 광범위하고 도발적이며 매우 의미심장한 학술서에서 한 것처럼―시간의 의미를 바울 해석의 중심 주제로 삼지는 않았다.

저비스의 핵심 논지는 바울이 그리스도 사건을 새로운 시간('새 시대')의 도래나 시간 세계에 무시간성('영원')이 침입한 것으로 이해하지 않고, 한 **종류의 시간**(죽음-시간, 또는 썩음에 의해 결정된 시간)이 다른 **종류의 시간**(생명-시간, 또는 그리스도의 생명) 안에 봉인된 사건으로 이해했다는 것이다. 이 두 종류의 시간은 한 기간에서 다른 기간으로 이어지는 일반적인 의미의 시간이 아니다. 또한 이 둘의 차이는 양적인 것이 아니라 질적인 것이다. 그리스도-시간을 단지 '더 많은' 시간이라 할 수는 없는데, 왜냐하면 그리스도-시간을 멈출 수 없다는 점은 그 시간의 엄청난 풍요로움을 나타내는 특성 중 하나에 불과하기 때문이다. 결정적으로, 그리스도께서 시간을 살고 계신 다^{live time}고도 할 수 있지만, 그 시간성은 연대기적인 것도, 시간 '안에' 제약된 것도 아니며, 그런 까닭에 그리스도 이후에 사는 신자들은 과거, 현재, 미래에 대한 우리의 일반적 이해를 거스르는 방식으로 그리스도와 함께 십자가에 못 박혔다고 할 수 있다. 마찬가지로 중요한 점이 있는데, 그리스도와의 연합은 부분적이거나 불완전한 게 아니라는 것이다. 그리스도와의 연합은 마치 신자가 부분적으로는 죽음의 영역에, 부분적으로는 생명의 영역에 거주하며 두 갈래로 나뉜 삶을 사는 그런 게 아니다. 저비스의 바울 독해에 따르면, 신자는 완전히 그리스도의 생명 안에 살고, 오로지 그리스도의 생명 안에만 산다. 바울이 "세상이 나를 대하여 십자가에 못 박히고 내가 또한 세상을 대하여 그러하니라"(갈 6:14 NIV)라고 한 것처럼 말이다. 이런 측면에서 볼 때, 그리스도 안에서의 삶은 이것이면서 저것의 문제가 아니라, 이것이냐 저것이냐의 문제다. 저비스가 볼 때, 신자들이 경험하는 고통, 죽음, 유혹은 여전히 그들이 부분적으로 "악한 현시대"^{present evil age, 이 악한 세대}에 살고 있음을 나타내는 신호가 아니다. 그러한 모든 것은 그리스도 안에 있는 하나님의 생명에 감싸지고, 흡수되고, 장악되었으므로 신자가 "그리스도 안에서" 경험하는 것이지, 신자임에도 불구하고 경험하는 것이 아니다.

이 책의 큰 미덕은 우리의 언어 및 사고 습관에 의문을 제기하고, 바울 신학의 낯섦에 새삼 직면하게 하는 점이다. 저비스는 아리스토텔레스에서부터 아인슈타인을 거친 현재에 이르는 시간 철학의 특징들을 활용하고, 또한 시간에 관한 바울의 놀라운 신학적 진술과 씨름해 온 (상대적으로 소수의) 해석자들을 주의 깊게 다룬다. 그녀는 바울이 중요한 점에서 그야말로 인간의 시간 개념을 벗어났기에, 우리가 바울을 우리의 개념에 맞게 길들이려 한다면 바울이 얼마나 급진적인지를 알아보는 데 이미 실패한 것이라고 주장한다. 저비스는 바울의 주장에서 총체적인 특성을 강조함으로써, 바울이 '종말론적 유보' 개념으로, 즉 루터교 전통의 해석자들이 좋아하는 읽기 방식으로 열광주의자들을 반박했다는 생각에 문제를 제기한다. 실제로, 그녀는 '논란의 여지 없이' 바울이 썼다고 여겨지는 서신들을 읽은 결과, 그 구절들이 골로새서 및 에베소서의 진술들과 매우 가깝다는 점을 발견한다. 일반적으로 골로새서와 에베소서는 바울 사상 같지 않은 종말론 내지 과하게 실현된 종말론의 흔적을 담고 있다고 여겨진다. 이러한 점을 비롯하여 여러 측면에서, 그녀의 작품은 바울 카드를 여러 장 공중에 던져서 예상치 못한 곳에 떨어지게 한다.

이 책은 장마다 세심하게 주의를 기울이며 읽을 가치가 있다. 저비스의 생각이 옳다면, 우리는 바울의 주장들을 이해하는 방식에 대해 훨씬 더 열심히 생각해 보아야 한다. 영지주의적 바울 읽기는 저비스가 강조하는 바울 사상의 여러 특징을 포착했고, 불트만의 실존주의적 해석은 신앙으로 그리스도의 시간에 사는 것이 인간에게 가져다준 결과에 대해 생각할 방법을 제공했다. 하지만 오늘날 여러 이유로 이 두 선택지 중 어느 쪽도 매력적이지 않으므로 우리는 (불가피하게) 인간의 시간 안에 산다는 것이 의미하는 바를 신학적으로 어떻게 표현할 수 있을지 물어야 한다. 즉, 우리의 지독한 상태에 에워싸이지 않고 오히려 그것을 에워싸는 어떤 실체적 생명에 연결되어 있으면서도, 무질서와 불확실성의 노예로 우리의 현 상황에서 살아간다는 의미를 말이다. 저비스가 인상 깊게 이야기했던 것처럼, 그리스도 안에 있는 사람들에게 죽음이 치명적이지 않다면, 그러한 기쁜 소식으로 형성된 공동체에서 어떻게 이를 믿고 희망하고 실천할 수 있을까? 처음 읽을 때 놀랍고 충격적이기까지 한 저비스의 책은 우리가 바울의 정말 핵심적인 논점을 제대로 읽었는지 질문하게 만들고, 바울을 따르는 새로운 사고 패턴을 모색하도록 요구한다. 우리 모두는 이에 대해 마음 깊이 감사해야 한다.

존 바클레이

머리말

이 책의 작업은 내가 전에 써 왔던 글쓰기 방식에서 벗어난 것이다. 나는 역사적 설명을 포함함으로써 바울을 더 명확하게 이해하고자 하기보다는, 바울의 글을 종합적으로 살펴볼 것이다. 시간과 공간이 허락되고 또 독자들의 인내심이 허락한다면, 그래서 바울의 말을 해석하는 곳마다 역사적 상황에 근거한 논증을 포함했다면, 이 책이 더 설득력 있었으리라 확신한다. 그러나 나는 그렇게 하지 않았는데, 주된 이유는 그렇게 하면 생산자도 소비자도 부담스러운 기획이 되었을 것이기 때문이다. 하지만 이것이 반드시 손실은 아니며, 특정 본문들에 대한 나의 해석을 격하시킨다고 생각하지도 않는다. 잃는 것도 있겠지만, 바울이 여러 해에 걸쳐 각기 다른 상황에서 쓴 다양한 서신에서 그가 한 말들을 모아 놓고 들음으로써 얻는 것도 있다. 이런 식으로 우리는 사도가 예수 그리스도 안에서 하나님께서 열어 주신 새로운 상황을 헤쳐 나갈 때 그의 계획과 반응을 인도했던 비전을 더 잘 이해할 수 있다. 이런 접근 방식으로 바울의 사상을 알아가고자 했기 때문에 논란의 여지가 있는 서신들은 포함하지 않았지만, 때에 따라 그런 서신들과 견주어 보았다.

이 책이 바울과 시간에 관한 책이긴 하지만, 범주로서의 시간은 바울이 논하는 것이 아님을 서두에서 알려야겠다. 내가 사도의 글에 어떤 범주를 부과하는 것처럼 보이거나, 실제로는 다른 문제에 관한 내용인데 거기서 무언가를 뽑아내려는 것처럼 보일 수도 있다. 그러나 바울은 근본적으로, 중점적으로 삶과 죽음에 관심을 두고 있는데, 이 자체가 시간적인 범주다. 삶과 시간은 서로를 지시하는 환유다. 어느 한쪽이 없이는 다른 하나를 생각할 수 없고, 어느 한쪽을 생각하거나 경험하는 것은 다른 하나를 생각하거나 경험하는 것이기 때문이다. 반면 죽음은 삶과 시간의 파괴자다. 죽음을 이야기하는 것은 시간의 반대를 이야기하는 것이다.

내가 고심했던 것 중 하나는 그리스도인의 경험에 부합하는지와 상관없이 바울이 의미한 바를 탐색하고 제안할 수 있어야 한다는 것이었다. 나는 바울의 말을 듣고자 나 자신을 종용했다. 내가 듣는 것이 그리스도인의 삶을 사는 것에 관한 내 경험이나 관찰을 설명해 주지 못할 때도 들으려 했다. 내가 가장 도전적이라 생각한 것은 그리스도 안에 있는 사람은 오로지 그리스도 안에만 있다는 생각이다. 나는 바울의 사고의 중요성을 인식하면서, 그의 말을 온전히 받아들이는 사람들은 고통, 죄, 육체적 죽음에 대해 악한 현시대를 탓할 수 없으며, 그러한 것들을 설명하는 데 악한 현시대 개념을 사용할 수도 없다고 생각하게 되었다. 그러한 생각과 그 결과를 받아들인다면, 사제이자 설교자로서 내가 할 일들이 더 어려워진다. 나는 날것 그대로의 비참한 고통이나 파괴적인 죄나 사랑하는 이들의 죽음을 선하신 하나님과 전쟁 중인 세력에 기인한 것으로 이해하고 제시하는 데 익숙하지만, 바울은 더 깊이 파고들라고 요구한다. 어쩌면 그리스도인의 삶에 관해서 시대들의 중첩 속에서 살아간다는 이해 말고도 다른 이해가 있을지도 모른다. 바울의 눈(적어도 내가 엿본)으로 사물을 보려고 노력하면, 나는 하나님이 내가 이전에 생각했던 하나님보다 더 낯선 분임을, 십자가에서 파괴적인 세력에 복종하심으로써 그 세력들을 물리치신 분임을 보게 된다. 바울을 읽을 때, 그리스도를 통한 하나님의 승리의 본질은 훨씬 더 예상치 못한 것으로 나타난다. 십자가와 부활을 통해 하나님은 대적들을 약화하시고, 환상에 불과한 그들의 시간성temporality —이는 생명의 파괴로, 따라서 시간의 파괴로 이어질 뿐이다—을 선택지로 남겨 두신다. 이러한 선택지가 끝날 것임을 선포하시면서 말이다. 하나님은 대적들에게 제한된 범위의 영향력을 허용하셔서, 인류가 패배에 기반한 망상적인 막다른dead-end 시간성(내가 "죽음-시간"이라고 부르는 것) 속에 존재하기로 선택할 수도 있게끔 허용하신다. 이는 실제로는 비시간이다. 이러한 시간성을 선택한 사람들은 거기에서만 살지만, 마지막에는 이러한 시간성 선택지가 더 이상 없을 것이고, 모든 것이 마침내 하나님 안에 있게 될 것이다. 하나님께서 인류의 자유를 위해 그 적들을 기꺼이 용인하시는 것은 이해할 수 없는 종류의 사랑일까?

다른 한편으로, 하나님은 십자가에 못 박히시고 부활하시고 높아지신 아들을 통해 자신의 시간성—유일한 실제 시간—을 인류에게 열어 주신다. 이 시간을 통해 모든 것이, 심지어 고통, 인간의 죄 성향, 육체적 죽음까지도 생명과 삶으로 변형되고 생명과 삶을 위해 변형된다. 그리스도 안에서 하나님께서 자기 고유의 삶(내가 "생명-시간"이라고 부르는 것)을 주신다는 것이 기쁜 소식이며, 이 삶 가운데 그리스도의 경우와 마찬가지로 인간의 삶의 고통과 난제들이 재구성되고 변형된다. 이것은 또한 하나님의 사랑의 표지로 볼 수 있다—하나님의 아들처럼 살아갈 기회, 고통과 죄의 유혹과 죽을 운명에 직면하여 아무것도 하나님의 사랑에서 우리를 끊을 수 없음을 배우는 기회인 것이다.

이 책의 얼개

나는 시간(과 영원)에 관한 우리의 전제와 확신이 바울 해석에서 중추를 이룬다는 점을 논하면서 이 책을 시작한다. 이러한 점은 바울의 시간관에 관한 가장 영향력 있는 두 가지 이해, 곧 구원사적 해석과 묵시적 해석을 살필 때 분명해지는데, 이것이 내가 1장과 2장에서 할 일이다. 이 두 가설은 시간 구조에 관한 바울의 특정한 이해들에 기초하여, 그리스도의 삶, 십자가 처형, 부활, 높아지심에 관한 바울의 해석을 서로 상당히 다르게 보고 있다. 흥미롭게도 서로 다름에도 불구하고, 구원사적 읽기와 묵시적 읽기는 모두 한 가지 공통된 확신에 의존하고 있다. 그것은 바울이 두-시대라는 틀을 물려받았으며, 그리스도는 부활했으나 신자들은 부활하지 않았다는 사실을 이해하기 위해 이 틀을 수정해야 했다는 확신이다. 바울은 그리스도의 부활을 자신이 물려받은 도식에 맞게 고쳤다. 두 시대가 순차적이지 않고 그리스도로 인해 이제 중첩된다는 식으로 재구성한 것이다. 신자는 두 시대의 중첩 속에서 사는 사람이다.

3장에서는 이러한 일반적인 견해에 대한 몇 가지 문제를 지적하고, 다음과 같이 제안한다. 즉, 바울은 신자들이 시대의 중첩 속에 산다고 생각하지 않았고, 신자들이 오로지 그리스도 안에서만 산다고 생각했다. 이러한 인식은 바울이 신자들의 시간성을 어떻게 생각하고 있었는지를 이해하는 데 영향을 미친다. 그리스도와 합한다는 것은 악한 현시대와는 완전히 구별되는 시간성 속에 산다는 것이다. 나는 그리스도 안의 시간을 "생명-시간"이라고 하고, 악한 현시대는 "죽음-시간"이라고 부르겠다. 이는 옛 시대와 새 시대에 대한 대안적 호칭이 아니다. 하나는 시대age고, 다른 하나는 존재being다.

4장에서는 그리스도와의 연합이 지닌 시간성에 관한 논의를 시작하며, 그리스도와의 연합은 그리스도의 시간을 살아간다는 의미라는 발상을 제시한다. 이 논의는 내가 상투적인 시간 이해로 여기는 것을 설명하며 시작한다. 이는 다음과 같은 주장으로 이어진다. 즉, 바울은 그리스도가 하나님의 시간성, 곧 생명-시간을 산다고 생각한다. 이 시간은 끝이 없을 뿐만 아니라 생명만 있는 시간이다. 나는 하나님의 삶과 하나님의 시간을 분리할 수 없다는 바르트의 이해를 내가 이해한 바울의 신적 시간 개념과 연관시킨다. 그리고 다음과 같이 주장한다. 즉, 사도 바울은 변화를 낳는, 특히 하나님과 창조물 사이의 변화를 낳는 사건적 시간성을 사시는 하나님을 생각하고 있다. 그러나 하나님의 시간성 속에서는 과거, 현재, 미래가 낱낱으로 되어 있거나 순차적이지 않으므로, 하나님께서 인간이 사는 것과 같은 방식으로 시제tenses로 살고 계신 것은 아니다. 그런 다음 나는 바울의 두 가지 시간 유형을 설명한다. 하나는 생명-시간으로 유일한 실제 시간이며, 다른 하나는 죽음-시간으로 그 끝end을 통해 형성된 시간이다.

5장에서는 그리스도의 과거, 현재, 미래를 논하면서, 높아지신 그리스도의 시간을 탐구한다. 바울은 그리스도의 과거와 현재를, 변화를 나타내는 용어, 따라서 시간성을 나타내는 용어로 기술한다. 하지만 그리스도의 미래는 대체로 그의 현재 삶을 드러내는 것이다. 그리스도에게 아직 도래하지 않은 것은 그의 현재 시제가 드러나는 것이다. 그리스도께서 자신의 통치를 하나님께 넘기시고 복종하신다는 독특한 언급을 제외하면, 그리스도의 삶에서 미래의 사건은 그의 삶에 변화를 만들어 내지 않는다―그가 그 삶을 드러낸다는 점에서만 변화가 생긴다. 신자들의 미래는 그들이 그리스도의 현재에 접근할 수 있을 때 변화될 것―썩지 않는 것을 얻을 것―이지만, 그리스도에게 종말론적 사건들은 그리스도의 현재를 드러내는 것이다.

6장에서는 바울이 종말론적 사건들에 관해 말하는 두 가지 중요한 구절을 탐구한다. 하나는 고린도전서 15장이고, 다른 하나는 로마서

8장이다. 보통 이 구절들은 신자와 그리스도 모두의 미래에 관한 것으로 이해되지만, 나는 다르게 읽는다. 즉, 이 사건들이 신자들에게는 미래지만 그리스도께는 거의 그렇지 않다는 것이다. 이 구절들은 바울이 인간의 연대기적 시간 속에 도래할 일들을 그리스도의 현재 현실을 드러내는 것으로 이해한다는 점을 보여 준다. 또한 이 구절들은 현재 신자들이 그리스도의 시간 속에 삶으로써, 그리스도의 부활 승리 가운데 살고 있고, 현재의 영광 속에서 살고 있음을 나타낸다.

7장에서는 그리스도 안에 있음과 시간성의 관계를 설명한다. 학자들은 바울이 그리스도와의 연합이라는 말로 무엇을 의미하는지 여러 제안을 했는데, 나는 이 제안들에 담긴 시간적 함의들을 간략히 분석할 것이다. 그런 다음 그리스도와의 연합은 그리스도의 시간과의 연합이라는 나의 해석에 비추어 바울의 종말론을 다시 읽을 것이다.

8장에서는 나의 해석이 바울 서신에서 고통, 육체적 죽음, 죄의 의미에 관한 우리의 이해에 어떤 영향을 미치는지 살펴볼 것이다. 나는 사도가 이러한 것들을 아직 정복되지 않은 악한 시대의 증상으로 보지 않고, 그리스도 안에 있음으로써 변화되는 것으로, 그리스도 안에 있음과 조화되는 것으로 보고 있다고 제안한다.

이 책의 결론에서는 나의 읽기를 통해 나타난 문제들을 되돌아보고, 내 생각의 기초를 이루는 부분 중 몇 가지를 강조할 것이다.

감사의 말

이 책에 대한 아이디어는 수십 년에 걸쳐 싹텄습니다. 그 씨앗이 처음 심긴 것은 리처드 N. 롱네커 교수 밑에서 박사 과정을 밟던 첫해였는데, 저에게 복된 기억으로 남아 있습니다. 지금은 왜 그랬는지 기억이 안 나지만, 롱네커 박사의 유대 묵시론 강의에서 저는 오스카 쿨만의 《그리스도와 시간》*Christ and Time*을 읽었습니다. 흥미를 느끼긴 했지만 설득되지는 않았습니다. 그 후 바쁜 시간을 보냈습니다. 박사 과정을 마치고 강의를 하면서 가정생활과 교회 사역까지 병행하다 보니 이 아이디어는 잠들어 버렸습니다. 5년 전쯤에서야 시간에 관한 아이디어를 다시 깊이 생각해 볼 수 있게 되었고, 저는 바울에게 오랫동안 매료되어 왔기 때문에 바울과 시간에 대해 글을 쓰게 되었습니다.

정말 감사하게도 여러 지원을 받았습니다. 제 연구는 캐나다 정부의 사회 과학 및 인문학 연구(SSHRC) 보조금을 지원받았습니다. 이

상당한 보조금 덕분에 저는 탁월한 연구 조교인 캐럴린 맥키를 고용할 수 있었습니다. 캐럴린은 세부 사항을 꼼꼼히 다루었고, 전문성을 갖추었을뿐더러 친절하기까지 했습니다. 토론토 대학교 그레이엄 도서관의 아드리엔 존스만이 필적할 수 있을 정도였습니다. 두 분 덕분에 특히 코로나19 봉쇄 기간에도 제가 계속 읽고, 생각하고, 글을 쓸 수 있었습니다. 그리고 제 친구 앤 맥레이는 시간에 쫓기는 와중에도 흔들림 없이 최종 교정을 읽어 주었습니다. 앤, 고맙습니다.

저는 또한 베이커 아카데믹의 브라이언 다이어와 데이브 넬슨에게 귀중한 지침을 받았습니다. 당시 데이브는 베이커 아카데믹의 기획 편집자였는데, 바울과 시간에 관해 고민하는 사람을 찾을 수 없었던 고독한 초창기에 큰 힘과 용기를 주었습니다. 이제는 위프 앤 스톡의 편집자인 마이클 톰슨도 이 프로젝트가 진행할 만한 가치가 있다고 믿어 주었습니다. 그에게 감사를 표합니다. 베이커 아카데믹의 편집자인 멜리사 블록의 탄탄한 지도로 원고를 최대한 읽기 쉬운 형태로 만드는 고된 작업이 완수되었습니다. 대개는 고통스러운 편집 과정이 거의 신날 정도였습니다(비꼬는 말이 아닙니다). 멜리사는 보배입니다. 나는 함께 작업하는 과정에서 우리가 친구 사이로 발전했다고 생각합니다. 멜리사, 고맙습니다.

저는 차츰 저의 동족을 발견했습니다. 아니, 동족이 저를 발견한 것입니다. 주디스 뉴먼은 시간 문제를 고민하는 유대학 학자들을 소개해 주었습니다. 이 프로젝트가 아직 초기 단계일 때 그녀가 보여준 신뢰와 우정에 깊이 감사하고 있습니다. 그녀를 통해 로렌 스터켄브룩, 마티아스 헨제, 그랜트 머캐스킬을 만났는데, 이들 모두 제가 폭넓게 창의적으로 생각하도록 영감을 주었고, 에녹 세미나에 참여하게 해 주었습니다. 또한 제이미 데이비스의 학문적 우정에 많은 도움을 받았습니다. 2018년 신약학회SNTS 콘퍼런스에서 제가 논문을 발표한 이후, 우리는 서로 바울의 시간 이해에 관한 표준적 해석에 불편함을 느끼고 있었다는 사실을 알게 되었습니다. 이 책의 초고를 흔쾌히 읽어 준 그에게 감사드립니다. 제이미의 통찰력 있는 논평은 제가 더 깊이 파고드는 데 도움이 되었습니다.

제 친구이자 전 동료인 앤드루 링컨은 다년간 이 책의 토대를 형성한 아이디어들에 대해 충실히 읽고 토론해 주었고, 최근에는 초고를 읽어 주었습니다. 그가 저를 격려하면서도 저에게 전적으로 동의하지 않았다는 사실은 매우 중요했습니다. 바울에 대해 저와는 다른 길에서 중요한 연구를 수행하는 제 친구 수전 이스트먼도 기꺼이 원고를 읽고 가장 통찰력 있게 의견 교환을 해 주었습니다. 비벌리 가벤타, 테리 도널드슨, 조 맨자이나, 더글러스 캠벨, 폴 구치, 스티븐 체스터, 알렉산드라 브라운, 네이트 윌과 같은 학계 친구들도 후한 마음으로 원고의 일부를 읽거나 관여해 주었습니다. 또한 필 지글러가 조직한 묵시 신학 그룹에서 대화를 나눈 것과, 토론토 대학교 위클리프 칼리지 동료들의 관심과 지원에도 감사를 표합니다.

서문을 써 준 존 바클레이에게 매우 감사드립니다. 존은 오랫동안 저에게 엄밀하고 통찰력 있고 은혜로운 학문의 모델이었습니다. 저는 그가 해 준 말을 영광으로 생각합니다.

그 밖에도 많은 사람이 이 과제를 믿어 주고, 저를 위해 기도해 준 것이 도움이 되었습니다. 그대들이 이 페이지를 읽고 있다면 그 사람이 당신인 걸 알겠죠. 특히 두 분의 이름을 언급하고 싶습니다. 데이비드 타운젠트는 저의 용기가 약해지지 않도록 수차례 북돋아 주었습니다. 팸 졸리프는 10대 초반부터 제 곁에서 지혜와 재미와 실질적인 도움을 주었습니다. 학계에 있지도 교회에 다니지도 않는 팸이 호기심을 가지고 이 책을 끝까지 읽었다는 것은 그녀의 사랑을 보여 주는 증거testament입니다.

가족들, 특히 딜런, 알라나, 브론웬, 트레이시는 때로는 곤혹스러워하긴 했지만 그럼에도 항상 애정으로 이 과업을 지지해 주었습니다. 나의 남편 로이 호그에게 이 책을 헌정합니다. 그의 엄청난 사랑은 그리스도 안에서 사는 삶을 통해 흘러나옵니다.

서론

시간에 대해 생각하기

> 시간을 명상하면, 자연의 창조적 변천에 관한 신비를 명상하면, 인간
> 지식의 한계에서 압도하는 감정에 휩싸이지 않을 수 없다.
>
> 알프레드 노스 화이트헤드, 《자연의 개념》 *The Concept of Nature*, 48

시간 문제를 철학적으로 그리고/또는 과학적으로 탐구할 기회가 있
었든 없었든 간에, 우리는 시간을 강렬하게 인지하고 있다. 우리는
일상생활에서 '시간이 빠르다', '시간이 없다', '제시간에 맞췄다'는 말
을 자주 하거나 듣곤 한다. 시간적인 모티프와 전제들은 우리의 일
상뿐만 아니라 바울을 읽는 틀을 형성한다. 우리의 바울 연구와 해
석은 시간에 관한 개념과 전제를 포함하고 있다.[1]

시간은 바울 해석의 특징이다. 바울이 시간 개념을 가지고 작업했
기 때문이기도 하고, 그의 해석자들도 마찬가지이기 때문이다. 즉,
이 책은 바울 해석자들이 바울을 해석할 때 시간 개념을 들여온다는
점, 바울이 그리스도 안에서 하나님이 하신 일을 해석할 때 시간 이

---

1. 하링크(Harink)는 "Time and Politics in Four Commentaries"에서 이 점을 훌
륭하게 보여 준다.

해를 들여온다는 점을 모두 상정하고 있다. 무엇보다도 내가 이 책을 통해 바라는 점이 있다면, 해석자들이 자신의 시간 개념과 바울의 개념이 같지 않을 가능성을 열어 두었으면 하는 것이다.

나는 시간 문제가 바울 서신 해석에 불가결하게 관련된다는 사실을 우리가 더욱 의식하게 되길 바란다. 해석자들이 시간에 관해 생각하는 바와 바울의 시간관으로 간주하는 바는 모두 사도에 대한 독해와 이해에 깊은 영향을 미친다. 나는 처음 두 장에서 바울에 대한 두 가지 지배적인 신학적 해석을 기술함으로써 이에 관해 설명할 것이다. 하나는 구원사적 해석이고 다른 하나는 묵시적 해석이다.

우리의 '시간'과 사도의 '시간'이 다르다는 점에 주목하는 표준적인 관행은 시간이 우리의 해석에 개입되는 방식을 가장 분명하게 보여 준다. 우리처럼 바울의 말이 오늘날에도 설득력 있다고 보는 사람들은 2천 년 전 바울 시대의 개념과 암시들을 우리 시대에 맞게 어떻게 번역할 수 있을지 생각할 것이다. 서로 다른 역사 시기를 인식할 때도 시간 문제가 등장한다. 그뿐만 아니라 해석자들은 시간 개념이 바울의 사고에 들어 있으며, 따라서 우리가 사도의 말을 이해하는 데도 시간 개념이 들어 있다는 점을 암묵적으로든 명시적으로든 이해하고 있다. 바울에 대한 구원사적 해석과 묵시적 해석을 살펴보면 이것의 큰 줄기를 볼 수 있을 것이다. 이러한 틀이 아니더라도, 우리는 바울을 해석할 때 (알게 모르게) 시간을 논한다.

이 점이 가장 분명하게 드러나는 분야는 사도의 종말론에 관한 해석이다. 바울은 시간의 끝이 자기 생전에 올 것으로 생각했을까, 아니면 이미 부분적으로 왔다고 생각했을까? 시간 개념은 사실상 바울 사상에서 전부는 아니더라도 대부분의 측면에 들어 있다. 바울의 그리스도론에 관한 탐구는 불가피하게 시간 문제들을 수반한다. 예컨대 우리는 십자가, 부활, 높아지심에 관한 바울의 이해를 파악할 때, 바울이 예수님을 하나님 우편에 앉으신 후에도 여전히 십자가에 못 박히신 분으로 생각했는지 물을 수 있다. 우리는 바울의 하나님 개념을 이해하고자 할 때도 시간에 관한 생각들을 떠올린다. 예컨대 바울은 하나님이 무시간적인 삶 또는 시간이 충만한 삶을 사신다고 생각했을까? 하나님이 아들을 인류 역사에 보내신 것은 하나님의 삶에 어떤 영향을 미칠까(혹은 안 미칠까)? 바울의 구원론을 파악하려 할 때도 시간 문제가 반드시 수반된다. 바울은 복음 안에서 하나님의 의에 대한 계시가 우리 시대에도 여전히 일어나고 있다고 생각했을까, 아니면 그리스도의 성육신, 죽음, 부활 사건에서 끝났고 완료되었다고 생각했을까? 바울의 윤리를 파악할 때도 반드시 시간성이 관련된다. 그리스도께 참여함으로써 사람들은 시간이 지날수록 그리스도를 점점 닮아가는가, 아니면 믿자마자 그리스도의 형제자매로 이미 변한 것인가? 이러한 물음들은 사도에게 으레 제기되는 방대한 질문 중 극히 일부에 불과하다. 여기서 나는 단순히 이 물음들이 바울 서신의 다른 무수한 난점들과 마찬가지로 시간 문제—바울의 시간 개념에 대한 해석자들의 주장 및 이와 관련하여 해석자들 자신이 시간에 대해 가정하는 바—와 관련된다는 점을 보여 주고자 한다.

이 책의 주요 목표는 바울이 시간을 생각한 방식에 대한 새로운 이해를 제공하는 것이다. 물론 바울은 철학자나 신학자가 하는 것처럼 추상 개념으로서의 시간에 대해 숙고하지 않았다. 그럼에도 불구하고 바울도 우리와 마찬가지로 시간에 관한 개념을 가지고 작업했다. 나는 그가 두 가지 유형의 시간을 생각하고 있었으며(앞으로 분명해지겠지만, 이 두 종류의 시간은 두 시대가 아니라는 점에 유의해야 한다), 그러한 유형이 예수 그리스도의 의미에 관한 그의 해석에 근본 틀을 제공했다고 제안할 것이다.

대부분 그렇듯이, 우리가 타인을 이해하고자 할 때 먼저 자기 자신을 이해하는 것이 가장 좋은 길이다. 이어지는 내용에서 나는 우리가 사도를 읽을 때 전제하고 있을 만한—무의식적으로 가정한 것이든 교육이나 경험에서 받은 영향 때문이든—시간 개념들에 대해 일반적인 내용을 기술하고자 한다. 이 기술이 당신에게 맞지 않을 수도 있다. 혹시 당신에게 맞지 않더라도, 당신이 어떤 시간 개념을 가지고 해석하고 있는지, 바울도 그러한 개념을 공유하고 있다고 가정하고 있는 것은 아닌지에 대해 생각해 보는 계기가 되었으면 한다.

시간에 대해 생각하기

감히 말하건대 물리학자로서 시간에 대해 수학적으로 사고하는 훈련을 받지 않은 대부분의 바울 해석자는 시간을 일종의 실체entity로 생각한다. 실제적이면서 우리와 분리된 실체로, 혹은 우리 존재 안에 있는 실체로 말이다. 우리 중 일부는 시간이 객관적으로 실재하는지, 아니면 시간 개념은 단지 우리 인간이 현실을 이해하는 방식일 뿐인지 의문을 품어 봤을 수도 있다.[2] 아우구스티누스처럼 시간이 "마음 자체의 확장"[3]인지 궁금해했을 수도 있다. 다시 말해, 우리가 '시간'이라 이름하는 객관적 실체가 실제로 있는지, 아니면 시간은 인간 의식의 특성인지 고민해 보았을 수 있다. 하이데거는 "통속적 개념"에서는 "시간에 '주관적' 성격을 부여해야 하는지 '객관적' 성격을 부여해야 하는지에 관한 현저한 망설임이 있다"[4]라고 말한다. 우리는 칸트의 유명한 주장을 알고 있을 것이다. 칸트는 시간(과 공간)이 인간의 인식 방식에 내재하는 것이며, 따라서 주관적이라고 주장한다.[5] 시간이 비현실적이라는 맥태거트의 이론을 아는 사람도 있을 것이다. 맥태거트는 철학적 논리를 사용하여 두 가지 계열의 시간을 상정하고(A계열과 B계열), "실제로 시간 안에 아무것도 없다"는 점을 증명했다고 주장한다.[6]

2. 파르메니데스(기원전 515년경 출생)는 시간의 객관적 실존에 의문을 제기했던 것으로 보인다. 다음을 보라. M. Wright, *Cosmology in Antiquity*, 126.

3. 아우구스티누스,《고백록》11.26. 영역은 모두 Pine-Coffin의 것을 사용했다.

4. Heidegger, *Being and Time*, 457.《존재와 시간》. "객관적"(Objective)의 대문자 표기는 영역본을 따른 것이다(옮긴이 주: 저자가 인용한 영역본 특유의 표기 방식이므로 우리말 번역에는 반영하지 않았다).

5. 칸트는 다음과 같이 썼다. "시간은 내적 경험과 관련하여 주관적인 실재성이 있다. 즉, 나는 시간의 표상과 시간 속에서 나의 규정들의 표상을 실제로 가지고 있다. 따라서 시간은 객관적인 한이 아니라, 나 자신을 객관으로 표상하는 한 실재로 간주되어야 한다. … 시간은 우리 자신의 내적 직관의 형식일 뿐이다"(*Critique of Pure Reason*, 33〔A37〕.《순수 이성 비판》).

6. McTaggart, *Nature of Existence*, 22.

내 짐작에는 바울 해석자 대다수가 시간에 관한 객관적 관점을 가지고 작업한다. 시간이 실제로 존재한다고 생각하면서 말이다. 사실 우리는 시간을 단일하고, 보편적이며, 초월해 있는 것으로 생각할 수 있다. 즉, 우리는 시간을 사건들을 담는 그릇으로 생각할 수 있다. 시간은 사건을 담는 틀이며, 시간 자체는 그 안에 담긴 사건에 영향을 받지 않는다. 우리는 시간을 공간과 분리된 것으로—계속 흘러가는 별개의 실체로—생각할 수도 있다.[7]

시간을 이런 식으로 생각하는 방식은 뉴턴적 사고 방식이다. 뉴턴은 시간과 날짜 같은 일반적 시간 내지 상대 시간이라고 부르는 것과 운동의 측면에서 측정되는 지속duration을 구분하면서, 절대 시간이 있다고 주장한다. "절대적이고 진정한 수학적 시간은 그 자체로 있고, 외부의 어떤 것과도 관련 없이 그 자체의 본성을 따라 일정하게 흐른다. 이를 달리 부르면 지속이다."[8] 따라서 "절대 시간의 흐름은 바뀔 수 없다."[9]

아리스토텔레스적 시간 이해를 알고 있을 사람도 있을 것이다. 시간은 운동과 정지 상태를 측정하게 해 주는 것이지만, 운동과 동일하지는 않다.[10] 그리고 아우구스티누스는 아리스토텔레스의 시간 이

---

7. Cf. 아리스토텔레스, 《자연학》 6.2. 다음을 보라. Hawking, *Brief History of Time*, 18. 《시간의 역사》.

8. Newton, *Principia*, 408. 《프린키피아》.

9. Newton, *Principia*, 410. 기계식 시계의 발명이 절대적이고 객관적인 시간이 있다고 확신하도록 기여했다고 가정하는 시간 철학자도 여럿 있다. 다음을 보라. Fagg, *Becoming of Time*, 19.

10. 아리스토텔레스, 《자연학》 4.12.

해에서 이러한 측면, 곧 시간과 운동이 동일한 것이 아니라는 점에 동의했다.[11] 이 철학자와 신학자는 모두 시간을 실존하는 것으로 이해했다.[12]

우리는 시간이 객관적으로 실재한다고 생각할 뿐만 아니라 저절로 흐른다고 생각할 수도 있다.[13] 그렇게 생각한다면 대개는 시간이 한 방향으로 나아간다고 생각할 것이다. 유대교와 그리스도교 사상에 영향을 받은 사람이라면 시간을 목적론적으로 생각할 수도 있다. 시간은 하나님이 정하신 목표를 향해 앞으로 흘러간다.[14] 근대 서구가 종교적 의식에서 멀어졌더라도 그 시간관은 선형적이다. 이전과 이후를 선상의 전후로 생각하고 있다. 통속적인 시간 개념이 "끝없고, 되돌릴 수 없는, 지나가는 '지금들'의 연속"[15]이라고 한 하이데거

11. 아우구스티누스, 《고백록》 11.21-27.

12. 아리스토텔레스, 《자연학》 4.13. 하나님께서 시간을 창조하셨다는 아우구스티누스의 주장(《고백록》 11.13)은 시간이 실재한다는 확신을 함축한다.

13. 배럿(Barrett)이 하이데거의 시간관을 흥미롭게 해명하고 발전시킨 것을 보라. 배럿은 시간의 흐름이 우리와 함께하며, 우리가 그 안에 있다고 제안한다("Flow of Time," 354-76).

14. 그리스도교적 시간관과 관련하여, S. G. F. 브랜든(Brandon)은 "하나님의 자비로운 목적이 장엄하게 스스로 드러나는 장(場)인 시간"(*History, Time, and Deity*, 3)에 관해서 썼다(브랜든은 '시간'이라는 단어가 나올 때마다 대문자로 표기했다). 요한 밥티스트 메츠(Johann Baptist Metz)는 "그리스-지중해 문화권이나 근동 문화권에서는 몰랐던 **마지막이 있는 시간**, 이 방향성 있는 시간은 역사로서의 세계 이해에 뿌리가 되었다"고 언급한다("God," 29[강조는 원문의 것]). 그러나 마크 브레틀러(Marc Brettler)는 상반된 입장을 취한다. 그는 히브리 성서에서 종말론이 지배적인 것도 아니고, 그렇다 할지라도 시간의 끝에 대해 말하고 있지는 않다고 주장한다. "성서의 시간을 선형적으로 묘사하며 '시간의 끝'을 목표 내지 텔로스로 보는 사람들은 본문을 잘못 읽고 있다"("Cyclical and Teleological Time," 122).

15. Heidegger, *Being and Time*, 478. 하지만 이 말은 하이데거가 "결단성"이라고

의 말은 아마 정확할 것이다. 물론 순차적 내지 선형적 시간 개념은 시간을 순환적으로 이해하는 것과는 다르다. 서구의 시간 개념 논의에서는 순환적 시간관과 선형적 시간관을 오랫동안 구분해 왔다. 고대 그리스인들과 동양 사상가들은 시간을 순환적으로 간주했다고 일반적으로 알려져 있다. 이러한 시간관은 아마 계절 및 행성의 순환과 관련이 있을 것이다. 플라톤과 아리스토텔레스는 모두 시간의 순환성을 전제한다.[16]

아우구스티누스는 순환적 시간 개념을 강력히 비판한다. "어떤 철학자들은 … 시간의 순환을 도입하였다. 시간의 순환 속에서 자연 질서가 끊임없이 갱신되고 반복되어야 한다는 것이다. 따라서 그들은 이러한 순환이 끊임없이 반복되어 하나는 사라지고 다른 하나가 올 것이라고 주장했다."[17] 아우구스티누스에 따르면 이는 성서적 견해가 아니다. 하나님 "자신은 영원하시고 시작이 없으신 분이시지만, 그럼에도 시간에 시작이 있게 하셨다."[18] 아우구스티누스가 보기에는 직선적 시간관이 성서와 일치한다.

시간을 선형적이라고 생각하는 사람들은 대체로 시간을 순차적인 것으로 생각한다. 과거가 있은 다음 현재가 있으며, 그런 다음 미래

부르는 것을 가지고 사는 사람의 존재 방식에는 해당하지 않는다. 그러한 본래적인 존재는 "자신에게 시간을 부여하고 자신에게 시간을 허용한다"(463).

16. 다음을 보라. 플라톤, 《티마이오스》 37-39; 아리스토텔레스, 《자연학》 4.14: "시간 자체도 원으로 생각된다."

17. 아우구스티누스, 《신국론》 12.13.

18. 아우구스티누스, 《신국론》 12.14.

가 있을 것이다. 이러한 시제는 마치 한 선 위에 있는 것처럼 서로 이어져 있다. 우리는 시간을 선형적으로 생각하면서도 이러한 사고 방식이 우리의 경험과 일치하지 않는다는 점을 인지했을 수도 있다. 이와 관련된 아우구스티누스의 유명한 말이 있다. "과거의 현재, 현재의 현재, 미래의 현재라는 세 가지 시간이 있습니다. 이렇게 서로 다른 시간들은 마음속에 존재하지만, 볼 수 있는 곳에는 있지 않습니다. 과거의 현재는 기억이고, 현재의 현재는 직접적인 지각이며, 미래의 현재는 기대입니다. 이런 언어로 말해도 된다면, 저는 세 가지 시간을 볼 수 있고 그것들이 존재한다는 것을 인정합니다."[19]

시간을 세 가지 시제로 생각하는 것이 일반적이긴 하지만, 상황은 그보다 더 복잡하다. 아우구스티누스는 다음과 같이 말한다. "과거는 더 이상 있지 않고 미래는 아직 있지도 않은데 … 과거와 미래가 어떻게 **있을** 수 있습니까? 현재가 만일 항상 현재이고 과거가 되는 쪽으로 나아가지 않는다면, 그것은 시간이 아니라 영원일 것입니다. 그러므로 현재가 단지 과거가 되는 쪽으로 나아간다는 사실 때문에 시간이라면, 현재가 **있는** 이유는 현재가 더 이상 **있지 않게** 되는 것입니다. 그렇다면 우리는 어떻게 현재가 **있다**고 말할 수 있습니까?"[20] 우리는 윌리엄 제임스가 고찰했듯이 "과거라는 것이 과거로 알려지려면, 현재라는 것과 **더불어** 알려져야 하고, '현재'라는 시간 지점에서

---

19. 아우구스티누스, 《고백록》 11.20.
20. 아우구스티누스, 《고백록》 11.14. 강조는 영역본의 것.

알려져야 한다"[21]고 생각해 왔을 수도 있다. 이러한 인식은 과거, 현재, 미래 사이의 더 유동적인 관계를 상상하게 만들었을 수도 있다. 이는 어쩌면 우리가 아우구스티누스와 마찬가지로 실제로 시간이 오직 한 방향으로만 흐르는 것이 맞는지 고민하게 만들었을 수도 있다. 과거에서 현재를 거쳐 미래로 가는 방향으로 말이다. 어쩌면 히포의 주교가 한 말이 맞을지도 모른다. 시간은 "미래에서 와서 현재를 지나서 과거로 갈 수 있을 뿐입니다. 다시 말해, 시간은 아직 존재하지 않은 것에서 나와서, 지속이 없는 것을 지나서, 더 이상 존재하지 않는 것으로 이동합니다."[22]

아인슈타인 이후 세계에 사는 우리는 물리학에서 발견한 시간의 본성에 관한 중요한 점들을 거의 확실히 알고 있다. 시간은 우주의 물리적 특성들과 상호 작용하고 상호 의존하기 때문에 휘어진 차원이다.[23] 물론 이러한 시간 이해는 이론적이고 수학적이지, 우리 대부분이 일상생활에서나 바울을 읽을 때 사용하는 정보가 아니다. 그럼에도 불구하고 이 점을 상기하면, 우리의 가정들이 느슨해지고, 시간의 본성이 (시간이 존재한다는 생각을 택한다면) 기존에 우리가 생각했

21. James, "Perception of Time," 381. 세 가지 시제의 측면으로 보는 인간의 시간 구성과 실제 시간 경험 사이의 흥미로운 관계는 특히 프랑스 현상학자 외젠 민코프스키 (Eugène Minkowski)가 깊이 숙고했다. 그는 과거의 원자적 특성만이 현재에 존재하기 때문에, "과거에서 현재로 가는 길은 선형적 특성을 갖지 않는다"고 제안한다("Presence of the Past," 515). 하이데거는 결단성을 가지고 살아가는 사람들에게는 현재에 미래를 끌어당김이 있다고 기술한다(Being and Time, 370-80).

22. 아우구스티누스,《고백록》11.21.

23. 아인슈타인과 그 이후 사람들의 시간에 대한 제안들을 검토한 것으로는 다음을 보라. Fagg, Becoming of Time.

던 것들과 다를 수도 있음을 상상하게 된다. 예를 들어, 시간을 공간과 불가분하게 연결된 현실의 차원(시공간)으로 인식하면, 과거와 미래를 공간적 용어로 구상할 수 있다. 즉, 과거가 현재 아래 있고 미래는 위에 있는 것이다. 또한 시간이 뉴턴식으로 수학적으로 일정한 완벽함이 아니라 상대적이고 틀어진 것이라면, 시간이 현실의 힘과 접촉할 때 변화되고 변형되는 것을 상상할 여지가 생긴다.

영원에 대해 생각하기

우리는 시간 외에도 시간성의 또 다른 양태―하나님의 삶―가 있음을 당연하게 여길 수도 있다. 우리는 이를 보통 '영원'이라고 부른다. 우리보다 앞선 많은 사람처럼 우리가 영원을 이해하는 한 가지 방식은 영원을 시간과 대립되는 개념으로, 즉 시간은 영원이 아니라고 생각하는 것이다. 칼 바르트의 로마서 주석 제2판은 시간과 영원을 이분법적으로 대립시키는 사상을 연구한 것으로 유명하다.[24] 시간과 영원을 이렇게 엄격히 구분하는 것은 적어도 플라톤까지 거슬러 올라가는 오랜 내력이 있다. 영원은 시간과 달리 움직이지 않고 변하지 않는다는 것이다. 플라톤은 "아버지 창조주"가 시간을 창조하여

---

24. 바르트는 키르케고르의 말을 인용하여 "시간과 영원의 무한한 질적 차이"에 관해서 썼다(*Romans*, 10.《로마서》).

피조물이 영원한 이데아의 모상에 접근하는 길이 열렸다고 믿었다.[25] 시간은 영원의 모상이며 순환 방식으로 움직이나, "영원 자체는 단일성 속에 머무른다."[26]

영원을 무시간적으로 이해하는 것은 오랜 전통이다.[27] 아우구스티누스는 영원(즉, 하나님의 삶)을 절대적으로 시간이 없는 것으로—적어도 인간의 시간 경험과 어떤 식으로도 유사하지 않은 것으로—생각했다. "영원에서는 어떤 것도 과거로 흘러가지 않고 모든 것이 현재입니다."[28] 영원은 "끝없는 현재입니다."[29] 영원은 동시성이다—하나님의 삶에는 과거, 현재, 미래가 없다. 영원은 *nunc aeternitatis* 영원한 현재다. 이런 의미에서 영원은 무시간적이다.

아우구스티누스의 영원 개념만큼이나 영향력 있는 것은 "무한한 삶을 전부 한꺼번에 완벽히 소유하는 것"[30]이라는 보에티우스의 개념이다. 보통 보에티우스의 정의는 영원을 무시간적인 것으로 규정했다고 이해되어 왔다. 하지만 윌리엄 C. 플래처는 다른 식으로 현명

---

25. 에프라임 래드너(Ephraim Radner)가 이를 잘 표현했다. "시간은 피조물이 영원을 파악하는 방식"이라는 생각은 플라톤에게서 유래한 것이다(*Time and the Word*, 89).

26. 플라톤, 《티마이오스》 37-38.

27. 하나님을 시간 세계에서 행동하는 행위 주체나 인격체로 믿는다면 이런 전통이 성립할 수 없다는 현대의 논증들에 맞서, 하나님의 무시간성을 옹호하고자 하는 브라이언 레프토우(Brian Leftow)를 보라(*Time and Eternity*). 또한 다음을 보라. William Lane Craig, "God, Time, and Eternity". 이는 영원의 본성으로서의 신적 시간성을 지지하는, 좀 더 이해하기 쉬운 논증 중 하나다.

28. 아우구스티누스, 《고백록》 11.11.

29. 아우구스티누스, 《고백록》 11.13.

30. Placher, *Narratives of a Vulnerable God*, 31에서 인용했다(플래처의 번역).

하게 해석한다. "보에티우스의 영원은 단순히 무한히 확장되는 피조물의 시간과 같은 시간도 아니고, 시간적 지속과 완전히 무관한 무시간성도 아니다."[31] 왜냐하면 플래처에 따르면 보에티우스는 영원을 삶과 동일시 했고, 삶은 반드시 시간을 수반하기 때문이다. 그렇다면 보에티우스는 영원을 다른 종류의 시간으로 이해하려 했던 것일지도 모른다. 즉, "과거, 현재, 미래가 의미 있는 전체로 합쳐져서, 하나님으로부터, 하나님께로, 영원히 하나님 안에서 움직인다."[32]

켄터베리의 안셀무스는 하나님을 모든 시간을 초월하시는 분으로, 하나님의 영원을 "한꺼번에, 전체적으로 완벽하게 존재하는 한없는 삶"[33]으로 이해한다. 하나님의 영원에는 과거나 미래가 없지만, 모든 과거와 현재와 미래가 하나님 안에 담겨 있으므로, 영원은 영원한 지속 그 이상이다. 캐서린 A. 로저스는 다음과 같이 말한다. "하나님이 과거, 현재, 미래를 그저 **알기**만 하신다는 암시는 없다. 분명한 것은 이 모든 시간이 하나님 '안에' 똑같이 있다는 것이다."[34]

영원에 대한 또 다른 개념은 영원이 무한한 지속이라는 것이다.[35]

---

31. Placher, *Narratives of a Vulnerable God*, 31.

32. Placher, *Narratives of a Vulnerable God*, 45.

33. 캔터베리의 안셀무스, 《모노슬로기온》 24. Rogers, "Anselm on Eternity," 5에서 인용했다(로저스의 번역).

34. Rogers, "Anselm on Eternity," 6(강조는 원문의 것). 로저스는 또한 다음과 같이 말한다. "안셀무스는 시간 속에 존재하는 사물과 사건을 하나님께 항상 있고 현전하는 것으로 일관되게 기술한다. 이는 사물과 사건에 관한 명제들을 하나님이 알고 계신다는 말이 아니며, 하나님께서 자신이 하려는 것에 대한 인식을 통해서 그것들을 아신다는 말도 아니다. 사물과 사건 자체가 신적 영원 속에 존재하는 것이다"(7).

35. 영원과 지속 사이에는 유의해야 할 구별이 있다는 점을 언급해야겠다. 엘레오노어

이러한 견해는 성서학에서 오스카 쿨만에 의해 유명해졌다. 그는 신약성서는 시간과 영원의 대립이 아니라 한정된 시간과 무한정한 시간 사이의 대립을 이야기한다고 주장했다.[36]

영원에 대한 고전적 견해는 부분적으로는 전통적인 신론에 대한 도전으로 깨졌다. 특히 헤겔 철학에서 절대정신의 발전 사상과 알프레드 노스 화이트헤드의 과정신론은 하나님의 영원 및 그것과 시간의 관계 개념을 서구 사상에 가져와서 고전적인 견해를 불안정하게 만들었다.[37] 볼프하르트 판넨베르크 같은 신학자들은 영원(하나님)을 존재와 생성 모두로 설명하고, 하나님이 시간과 관계가 있다고 이해한다.[38] 판넨베르크는 변화로 가득한 시간과 구분되는 비변화로서의 영원 개념과 달리, 영원과 시간이 완전히 구별되지 않는 것이 성서적 개념이라고 제안한다. "영원은 시간의 흐름 속에 숨겨져 있는 시간에 관한 진리다. … 영원은 모든 시간의 통일이다." 따라서 "영원은 하나님의 시간이다."[39] 로버트 젠슨은 시간이 영원에 참여하며,

스텀프(Eleonore Stump)나 노먼 크레츠먼(Norman Kretzmann) 같은 학자들은 중세의 영원 이해가 무시간적이면서도 지속을 갖는 것이라고 주장하지만, 그들의 견해는 별로 받아들여지지 않았다. 무시간적인 영원, 다시 말해 모든 시간이 한 번에 존재하는 영원이 지속을 갖는 것을 상상하기는 어려운 일이다.

36. Cullman, *Christ and Time*, 46. 안체 자클렌(Antje Jackelén)은 (쿨만에게 곧바로 초점을 두고 있지는 않지만) "단순히 무한한 초연속성"으로서의 영원 개념이 실질적으로 시간을 평평하게 만든다고 언급한다(*Time and Eternity*, 229). 그녀는 또한 "모든 것이 끊임없이 이용 가능한 완전한 동시성"도 같은 역할을 한다고 말한다(229).

37. Whitehead, *Process and Reality*. 《과정과 실제》.

38. 예컨대 판넨베르크는 성육신과 부활이 하나님 안에는 항상 있었지만, 그것들이 시간적으로 실현되기 전까지는 사실이 아니라고 제안한다(*Jesus—God and Man*, 320-22).

39. Pannenberg, *What Is Man?*, 74. 《인간이란 무엇인가?》.

성서의 하나님과 관련해서는 "'시간'을 유비적 개념으로 삼아서 '하나님의 시간'과 '창조된 시간'에 대해 이야기"[40]해야 한다고 본다.

시간에 관한 바르트의 후기 사유는 영원과 시간을 구분하는 고전적 견해를 긍정하는[41] 동시에 하나님이 시간적이라고[42] 제안한 것으로 보인다. 바르트 학자들은 이 수수께끼를 연구해 왔다.[43] 일부는 바르트의 영원과 시간 이해가 혼란스럽다고 일축했다. R. T. 멀린스는 이를 진단하여 "바르트의 실수"라는 이름을 붙였다. 바르트가 신적 무시간성 교리를 거부하면서도 긍정했다는 것이다.[44]

바울이 생각한 시간에 대해 생각하기

방금 설명한 개념 중 일부는 우리가 시간(과 영원)에 관해 이야기할 때 우리가 의미하는 바에 대한 인식에 영향을 미쳤을 수 있다. 앞으로 논의해 나가면서 우리가 가장 염두에 두어야 할 것이 있다. 우리는 시간에 관한 우리의 가정들도 의식하고 있어야겠지만, 바울도 이 가정들을 공유한다고 우리가 가정한 것은 아닌지도 의식하고 있어

40. Jenson, *Systematic Theology*, 35.

41. "시간은 하나님과 아무 상관이 없다"(Barth, *Church Dogmatics* II/1, 608.《교회교의학》).

42. "하나님은 … 지극히 시간적이시다"(Barth, *Church Dogmatics* III/2, 437).

43. 헌싱어(Hunsinger)는 바르트의 삼위일체 교리가 이 수수께끼의 열쇠라고 주장한다("*Mysterium Trinitatis*").

44. Mullins, *End of the Timeless God*, xvii.

야 한다. 나는 우리가 시간에 대해 생각할 때 생기는 몇 가지 수수께끼와 추정들을 명료하게 표현하여 우리가 품은 가정들을 밝혀 주기를 바란다. 내 예상에는 바울 해석자들은 주로 시간을 실재하고, 순차적이며, 앞으로 움직이고 있고, 영원과 아예 다른 것으로 생각한다. 우리가 과거와 미래가 현재와 별개로 실재하는지 질문을 던지며 현재의 문제를 고민해 본 적 있다면, 과거와 미래에 관한 바울의 생각을 읽을 때 이 점을 반영했을 수 있고, 그렇지 않았을 수도 있다.[45]

이제 해석자들이 바울의 사상을 이해하려고 구축한 가장 영향력 있는 두 가지 시간 구조에 대해 살펴보려 한다. 바울 연구에서 시간은 새로운 주제가 아니다. 학자들은 바울의 시간관을 이해하는 것이 그가 쓴 다른 모든 글을 이해하는 데 필수라는 점을 오랫동안 인식하고 있었다. 따라서 바울의 시간관에 관한 학술적 논쟁은 특히 진지하다. 학자들은 바울의 시간 사고를 체계화하기 위한 틀—선택했거나 가정한 틀—이 사도를 이해하는 방식에 깊은 영향을 미친다는 점을 제대로 인지하고 있다. 경합하는 주된 관점들이 있는데, 일반적으로 이것들을 나타내는 말은 "구원사적"[46] 관점과 "묵시적" 관점이다. 최근에는 둘 모두를 포함하는 입장을 제안하려는 시도도 있지만,[47] 일

---

45. 예를 들어, 과거는 어떤 형태가 있는 방식으로 현재 안에 실제로 있는가, 아니면 단순히 현재가 과거를 인식하는 유일한 방법이기 때문에 과거가 현재 안에 있는 것인가?

46. 구원사 개념이 이제 별로 논의되지 않는 신학 연구와는 달리(*Anchor Bible Dictionary*나 *Theologische Realenzyklopädie*에는 구원사가 별도의 항목으로 다루어지지 않는다), 성서 연구자들, 특히 바울 학자들에게는 구원사가 여전히 관심의 대상이다.

47. 우리는 앞으로 N. T. 라이트(Wright)가 본인이 중재적 입장을 제시했다고 생각하는 것을 볼 것이다. 마이클 버드(Michael Bird)와 제이미 P. 데이비스(Jamie P. Davies)

반적으로는 이 두 입장 중 하나를 선택하는 것이 학자들이 자신의 바울 해석을 구축하는 발판이다.[48] 구원사적 관점은 사도가 시간을 선형적이고, 순차적이며, 목적론적인 것으로 이해했다고 본다. 묵시적 관점은 사도가 시간을 하나님(영원)이 침입할 수 있고 침입한 것으로 생각했다고 본다.

는 명시적으로 중도를 추구한다. 버드는 갈라디아서 연구에서 다음과 같이 주장한다. "바울의 묵시적 복음은 바울의 종말론 및 그리스도론이 자리한 유대적 맥락의 본질상 필연적으로 구원사적이다. … 이스라엘 역사에 어떤 파탄이 생기든, 바울은─다른 유대 선견자들처럼─이스라엘에 대한 하나님의 신실하심을 증명하는 사건을 여전히 상상했다. 이 구원의 귀결이 이스라엘의 토라와 이스라엘의 선택받음을 메시아 중심으로 혁신적으로 변경하는 것을 의미할지라도 말이다"(*Anomalous Jew*, 167). 데이비스는 '묵시적 바울'과 묵시 문학들을 비교하는 연구에서 다음과 같이 쓴다. "묵시 문학들에 비추어 볼 때, … 구원사적 패러다임을 거부하고 '점적인' 해방을 선호하는 것은 묵시 문헌에서 역사에 부여한 중요성을 감안하면 의문스럽다"(*Paul among the Apocalypses?*, 200). 그는 계속해서 다음과 같이 말한다. "이 문헌들에 표현된 사고방식의 맥락에서 발전한 바울에 대한 진정한 묵시론적 접근은 잘못된 반대 대조를 피한다. … 그것은 그 종말론에서 '침입'과 구속사를 모두 긍정한다"(203).

48. Giorgio Agamben, *Time That Remains*(《남겨진 시간》)는 또 다른 중요한 목소리다. 아감벤의 견해는 독립적이지만, 묵시적 해석과 몇 가지 유사점이 있다. 그에 대해서는 이후 간략히 논할 것이다.

1

구원사적 관점에서 본 바울의 시간 개념

'구원사'salvation history라는 용어는 독일어 Heilsgeschichte를 번역한 것
으로, 가장 널리 쓰이는 번역어다.[1] 이 단어는 요한 크리스티안 콘라트
폰 호프만이 1841년《구약과 신약에서 예언과 성취》Weissagung und Erfüllung
im alten und im neuen Testamente라는 제목의 저서에서 처음 사용한 것으로 보인
다.[2] 호프만은 이 단어를 사용하여 성서에 약속과 성취의 역학이 있다
고 주장한다. 성서는 그리스도 안에서 절정을 이루는 약속과 성취의
연속이다. 이 역사 속에서 진행되는 하나님의 구원 계시를 모두가 볼
수 있지는 않다는 사실은 하나님의 잘못이 아니다. 오직 신앙의 사람
들만이 구원사의 진리를 통찰할 수 있기 때문이다. 구원사의 지지자
들은 하나님께서 역사/시간을 주관하시고,[3] 더 나아가 역사/시간 속에

---

1. 이 단어는 '성스러운 역사'(sacred history) 내지 '구속사'(redemptive/redemption
history)로도 번역된다.
2. Greig, "Critical Note."
3. 내가 역사와 시간을 동일시하며 기술한 것은, 그런 동일시가 구원사적인 사상가들

서 직접 행동하신다고 생각한다. 어느 구원사 옹호자는 다음과 같이 말한다. "성서 … 그리고 바울의 글은 … 하나님께 영감받은 증언으로, 세상에서 하나님의 뜻과 행동과 관련된, 그리고 이를 계시하는, 일련의 구속 사건들에 관한 것이다. 이런 까닭에 '역사'(Geschichte)는 그리스도교 복음의 '구원'(Heil)을 이해하기 위한 … 근본적 차원이다."[4]

구원사 개념에는 다음과 같은 점이 본질적으로 포함된다. 성서의 하나님을 믿는 사람은 시간/역사를 하나님의 창조물이며 하나님의 통제 아래 있는 것으로 이해한다. 대다수 사람이 보지 못하더라도 하나님의 목적은 실제로 인간의 시간 속에서 이루어지고 있다. 그뿐 아니라 시간은 하나님에 의해, 하나님이 시간을 향해 목표하신 대로 나아간다. 구원사 개념의 핵심은 연속성 개념이다. 연속성은 하나님의 신실하심을 나타내며, 심지어 그것과 동일시되기도 한다. 하나님은 하나님의 창조물과 창조물을 향해 계획하신 선한 목적에 신실하시기 때문에, 시간에 지속적으로 끊임없이 관심을 기울이시고, 정성을 쏟으시고, 개입하신다. 시간/역사는 하나님의 관리하에 있으며, 하나님께서 정하신 대로 전개되며, 목표가 있다. 그리고 가장 큰 목표에 이미 이르렀는데, 바로 그리스도다.

의 관점을 반영하기 때문이다. 예를 들어, 게르하르트 폰 라트는 구약성서에서 시간이 역사적 사건을 담는다고 썼다. "이스라엘은 시간을 추상적으로, 구체적인 사건과 분리하여 생각할 수 없었다"(*Old Testament Theology*, 100). 어떤 구원사적 해석자들에게는 시공간 속 실제 사건으로서의 역사 개념이 매우 중요하다. 예를 들어, N. T. 라이트가 역사에 관해 말할 때는 시간 속 역사적 순간들을 지칭한다. 그는 자신이 "바울을 바울의 실제(복잡하겠지만) 역사적 배경 속에 위치시킬" 수 있다고 믿는다(*Paul and the Faithfulness of God*, 1516.《바울과 하나님의 신실하심》).

4. Yarbrough, "Salvation History (Heilsgeschichte)," 188.

구원사적 해석자들은 물리학자, 철학자, 역사가의 시간/역사 설명이 진정한 설명일 수 없다고 주장한다. 구원사 사상가들은 하나님을 역사의 창시자이자 형성자로 여긴다. 하나님은 사건들을 주관하신다. 하나님은 계획이 있다. 하나님은 시간에 대한 목적이 있고, 시간을 주관하고 계신다. 구원사적 해석의 핵심 단어/개념은 '전개되는 계획', '시대'epochs, '하나님의 목적'이다.

구원사적 해석의 틀에서, 구약 예언자들은 역사 속에서 하나님의 구원 사역을 가장 잘 인식한 사람들이다. 예언자들은 하나님에 대한 불순종이 역사적(정치적) 결과를 초래할 것이라고 주장한다. 하나님에 대한 순종도 마찬가지로 인간의 시간/역사에 변화를 불러올 것이다. 하나님은 하나님 백성의 신실함에 대한 응답으로―혹 때로는 그들이 신실하지 않음에도 불구하고―역사를 주관하신다. 역사/시간은 하나님의 통제 아래 있으며, 하나님은 하나님의 목적에 맞게 역사를 조종하실 수 있다.

하나님은 사람들이 했던 것이나 하고 있는 것을 이용하여 일하실 뿐만 아니라 새로운 가능성을 제시하심으로써, 시간을 이용하여 일하신다. 역사 속에서 하나님의 일하심은 있었던 것을 이용하여, 있는 것을 이용하여 일하시는 것에 국한되지 않는다. 하나님은 예언자들을 통해 과거와 연속성이 있는 새로운 것들―예를 들어, 새 언약이나 새 출애굽[5]―을 제공하신다. 하나님은 시간을 창조하셨고, 하나

---

5. 클라우스 베르거(Klaus Berger)가 쓴 다음의 유용한 항목을 보라. "'Salvation History'" in *Encyclopedia of Theology*.

님이 원하시는 바를 시간을 이용하여 하실 수 있다. 하나님은 역사 속으로 들어오셔서 새로운 것을 창조하실 수 있는 분으로 이해되지만, 구원사에서 중요하게 강조되는 것은 **시간 속에 분명히 나타나는** 하나님의 계속되는 신실하심—끊임없이 지속되는 신뢰성—이다. 물론 이를 보기 위해서는 하나님을 믿는 믿음이 필요하다는 점을 다시금 강조할 필요가 있다. 그러나 구원사적 해석자들에게 믿음의 필요성은 하나님이 역사를 주관하신다는 것이 단지 믿음의 사안에 불과하다는 의미가 아니다. 그것이 실재라는 점까지 의미한다.

호프만이 하나님이 역사/시간에 개입하시고 이를 주관하신다는 생각에 이름을 붙인 것은 19세기였지만, 구원사라는 개념 자체는 새로운 것이 아니었다. 피터 C. 하지슨은 라틴 그리스도교인인 테르툴리아누스, 에우세비우스, 락탄티우스, 오르오시우스, 살비아누스, 대 그레고리우스가 모두 구원사를 여러 형태로 발전시켰다고 지적한다.[6] 아우구스티누스는 구원사적 성서 읽기 틀을 공유하여, 이교도의 영원한 반복 사상—순환적 시간관—을 반박하고 '종말', 즉 끝이 있음을 강조한다.[7] 아우구스티누스는 《신국론》에서 세계와 시간의 창조에 대해, 하나님이 세상을 구원하시는 역사에서 중요한 순간들에 대해 말하며 구원 이야기를 써 내려 간다. 특히 《신국론》 15-18권에

---

6. Hodgson, *God in History*, 18. 하지슨은 테르툴리아누스가 "구원사라는 본질적으로 이교도적인 관점—신적 통치, 개입, 보상과 처벌, 궁극적 승리의 논리로 그리스도교 사상에 광범위하고도 운명적인 영향을 미친 관점"을 그리스도교화했으며, "그것이 히브리 성서를 읽을 때 준거 틀을 제공했다"고 제안한다(15).

7. 다음을 보라. Löwith, *Meaning in History*, 165.

서 아우구스티누스는 하나님의 구원을 일곱 단계로 기술한다. 하지만 아우구스티누스에게 가장 중요한 것은 역사의 사건이 아니라 역사의 목표, 즉 다가올 세상에서의 심판 또는 구원이다. 역사에서 하나님의 목적은 영원한 하나님의 도성을 위해 이루어진다.[8]

아우구스티누스가 현대 구원사적 해석자들과 차별화되는 점은 그가 영원―하나님의 도성―에 매우 집중한다는 것이다. 하나님의 주된 관심은 지상의 도시가―인간의 시간 경험에서 일어나는 사건들이―아니라, 태초부터 하나님께서 정해 놓으신 천상의 도시다. 카를 뢰비트는 우리는 아우구스티누스에게서 진보 개념보다 순례 개념을 더 많이 보게 된다고 말한다.[9] 하지슨은 아우구스티누스에게 "구원**사**는 없고 다만 구원의 **영원한 작정**과 **텔로스**만 있다"고 말한다.[10]

아우구스티누스가 역사/시간의 중요성을 상대화했기에, 그의 구원사적 틀은 현대적 의미의 구원사적 틀과 구별된다. 현대적 틀에서는 성서 저자들의 하나님이 역사 속 사건들에 관여하시는 것으로 이해한다. 20세기의 영향력 있는 성서학자 게르하르트 폰 라트는 구약의 구원사적 틀에 관한 섬세하고도 우아한 견해를 내놓았다. 폰 라트는 히브리인들의 시간 이해는 주변 문화와는 달랐다고 제안한다. 그들에게 "시간은 사건을 담고 있는 것"[11]이었다. 결국 이스라엘은

---

8. 다음을 보라. Dawson, "Christian View of History," 37.

9. Löwith, *Meaning in History*, 169.

10. Hodgson, *God in History*, 18.

11. Von Rad, *Old Testament Theology*, 100. 폰 라트에 대한 비판으로는 다음을 보라. Momigliano, "Time in Ancient Historiography," 180, 183.

자신들의 현재가 앞선 일련의 창조적 사건들에 기반한다는 점을, 즉 다소 복잡한 역사적 발전에 기반한다는 점을 깨달았다. … 이스라엘은 야웨께서 자신들을 향한 확실한 계획을 갖고 계시고 자신들의 조상들이 야웨와 함께 긴 여정을 걸어 왔다는 점을 깨닫게 되었다. … 이스라엘이 형성되기까지는 긴 여정, 즉 역사가 있었다. … 이스라엘이 고안한 역사 개념은 오로지 하나님께서 그들의 구원을 위해 쌓아 오신 일련의 행위들을 바탕으로 해서만 구성되었다. … 다양한 개별 사건들 사이의 연속성을 확립하시고, 그들이 시간 속에서 서로 이어지도록 방향을 정하신 분은 하나님이셨다.[12]

이렇게 현대의 구원사적 시간관의 훌륭한 예가—하나님이 착수하신 사건들로 채워질 수 있으며 하나님이 목표를 향해 인도하심으로써 앞으로 나아가는 연속체로 시간을 보는 관점이—있음에도, 이러한 구원사 개념에 깊은 문제가 있음을 발견한 사람도 더러 있다. 마르틴 헹엘(본인도 구원사를 지지한다)이 정교한 형태의 구원사를 논증하는 글 서두에 썼듯이, 구원사는 "현대 신학에서 선호되지 않는다."[13] 로버트 야브루는 "구원사는 최근 수십 년 동안 새 관점이 인기를 끌면서 위신이 떨어진 범주"라고 말한다.[14] 구원사 가설에 대한 의심에는 적어도 두 가지 상호 연결된 이유가 있다. 바로 구원사가

---

12. Von Rad, *Old Testament Theology*, 105-6.
13. Hengel, "'Salvation History,'" 229.
14. Yarbrough, "Paul and Salvation History," 339.

근본주의의 정체성 표시가 되었다는 점, 그리고 정교하지 않은 형태로는 역사/시간 및 계시에 대한 정당한 철학적 우려를 다룰 수 없다는 점이다.

성서주의자들은 성서주의를 구원사 개념과 동일시한다. 시카고 성서 무오성 선언(1978)과 시카고 성서 해석학 선언(1982)은 구원사를 성서 무오성에 대한 신념에 필요한 동반자로 보고, 구원사를 확언했다.[15] 성서가 묘사하는 것이 실제 역사적 사건이라는 믿음은 근본주의에 필수다. 그들은 특히 구약성서가 그 관련 사건들에 대한 인과관계 도식을 질서 정연하게 제시한다고 간주했다. 이는 성서가 시간/역사 속에서 펼쳐지는 하나님의 구원 활동에 관한 연속적이고 점진적인 역사를 주장하고 있다는 의미다. 이러한 구원사관에 대한 신학적 문제와 철학적 문제는 무수히 많다. 그중에는 진리가 객관적으로 증명 가능한 사실에 의존한다는 생각도 포함된다(가령 우리가 노아의 방주를 찾을 수 있다면, 우리는 하나님이 구원하시는 역사에서 그 부분의 진리를 증명한 것이다). 헹엘이 말했듯이, 이러한 견해는 사실 "합리주의를 가장한 것으로, 구원을 창조하는 하나님의 말씀과 행동에 대한 인간의 신앙적 증언이라는 성서의 본질과 모순된다."[16]

---

15. 무오성 선언 제5조는 다음과 같이 진술한다. "우리는 성서에 있는 하나님의 계시가 점진적임을 확언한다"(International Council on Biblical Inerrancy, "Chicago Statement on Biblical Inerrancy"). 해석학 선언 제14조는 다음과 같이 진술한다. "우리는 사건, 강론, 말에 관한 성서의 기록이 다양하고 적절한 문학 형식으로 제시되었지만, 역사적 사실에 부합함을 확언한다"(International Council on Biblical Inerrancy, "Chicago Statement on Biblical Hermeneutics").

16. Hengel, "'Salvation History,'" 243.

구원사에 대한 또 다른 철학적 우려는 구원사가 현대 역사관―역사가 특정 관점에 따라 좌우되는 과거에 대한 구성물이라는 견해―과 상충한다는 것이다. 현대적 맥락에서 보면, 구원사는 단순히 하나님과 성서에 대해 특정한 신념을 가진 사람들의 견해로 여겨진다. 구원사는 역사/시간에 대한 세속적 이해와 아무런 관련성을 가질 수 없으며, 결과적으로 하나님의 능력 및 행위 주체성과 성서의 진리―구원사적 틀에 필수적인 주장들―도 단순히 특정인들의 의견으로 이해됨으로써 폄하된다. 하나님은 역사의 주관자가 아니다. 그것은 일부 인간의 신념일 뿐이다. 성서는 하나님의 약속과 그 약속의 시간적 성취에 관한 계시가 아니며, 몇몇 인간 공동체 신념의 산물이다.

계몽주의 이래로 인류는 역사의 주체로 이해된다. 하나님과 계시는 신자들 개인의 영역으로 여겨진다. 종교사 운동의 창시자 중 한 명인 알베르트 아이히혼은 이렇게 선언했다. "엄밀한 과학과 심오한 종교는 하나님의 특별한 활동과 세계에서 일어나는 그 밖의 모든 일의 외재적 구분을 더 이상 허용할 수 없다. 종교의 원초적 근원은 종교인 안에 있다."[17]

게다가 대체로 구원사적 해석에서는 역사의 의미와 사실 구분이 탐구되지 않은 채 남아 있다. 역사 철학자들이 자주 지적하듯이, 영어는 독일어에 비해 이와 관련된 어휘가 빈약하다. Historie는 실제로 일어난 과거를 의미한다. 따라서 Historie는 역사 연구를 통해 조사

---

17. Hengel, "'Salvation History,'" 235에서 인용함. 헹엘은 pp. 230-32에서 구원사 개념에 대한 몇 가지 중요한 반론을 나열한다.

될 수 있다. 반면 Geschichte는 과거의 사건을 가리킬 수도 있지만, 주로 현재 이해되는 과거의 영향과 결과들을—과거 사건의 의미를—가리킨다. 구원사 개념을 고수하는 사람들에게 Heilsgeschichte^{구원사}의 Geschichte^사는 보통 Historie와 Geschichte가 합쳐진 것으로 이해되며, 전자에 방점이 있다. 역사의 의미(Geschichte)를 결정하는 데 역사 연구가 적절한지에 대한 본질적인 논의는 대체로 연구되지 않았다. 또한 현대의 구원사적 읽기는 진화와 진보에 대한 비교적 최근의 믿음에 영향받은 것이 거의 확실하다. 이러한 믿음은 에밀 브룬너가 지적했듯이 성서의 시간관과는 "뚜렷하게 구분된다."[18]

반면, 바울을 구원사적으로 읽는 사람들은 신학적이고 윤리적인 근거를 바탕으로 자신의 주장을 펼친다. 이들 중 어떤 이들은 구원사적 읽기가 하나님의 계속되는 신실하심을 확언하므로 성서에 대한 참된 이해라고 본다. 이러한 해석 방식은 바울 이해와 관련하여 특히 중요하게 여겨진다. 더글러스 무는 다음과 같이 말한다. "바울 신학을 바르게 해석하려면 '구원사'로 불리는 개념적 접근을 알아야 한다. … 바울은 하나님께서 역사적 과정의 일부로서 구속을 성취해 오셨다는 전제에서 출발한다."[19]

구원사적 해석자들은 또한 바울에 대한 다른 해석들에는 명시적이진 않더라도 암묵적인 반유대주의가 있다고 주장한다. 그러한 해석자들은 자신들의 독해 방식에 나타난 바울은 예수 그리스도를 하

18. Brunner, "Problem of Time," 88.
19. Moo, "Paul," 138.

나님과 유대인 사이의 약속을 성취하는 분으로 생각하고 있으며, 따라서 자신들의 해석은 구약과 이스라엘을 존중한다고 주장한다. 바울이 유대교에서는 관련된 조짐을 볼 수 없었던 묵시적 만남을 가졌다고 생각하는 사람들과는 달리, 구원사적으로 읽는 사람들은 자신들의 해석이 이스라엘과 함께하신 하나님의 사역을 존중한다고 본다.[20] 바울을 구원사적으로 읽는 이들은 자신들의 견해가 이스라엘의 역사를 무시하지 않기 때문에 도덕적으로 더 높은 입장이라고 주장한다. 구원사적 해석자들에 따르면, 바울에 대한 새 관점의 여러 형태는 구원 역사를 무시하고 바울을 그가 기대하지 않은 예수 메시아에 관한 계시를 받은 인물로 묘사하여, 유대교를 평가절하한다. 구원사 해석자들에 따르면, 바울은 "창조에서 시작되어 구약 시대를 통해 지속되었고, 예수의 십자가와 부활에서 성취되었으며, 아직 결정되지 않은 어떤 시기에 완성되는 구원사적 드라마에 자신이 놓여 있다"고 본다.[21] 그들은 바울이 구약을 인용한다는 사실을 증거로 사용한다. 하나님이 역사에 대한, 시간에 대한 점진적 전개 계획을 가지고 계시는 것으로 바울이 생각했다는 증거로 말이다.[22]

---

20. 반면, 묵시적 해석자인 더글러스 캠벨(Douglas Campbell)은 구원사적 읽기가 "위험할 정도로 대체주의─교회가 이스라엘을, 유대 민족을 거의 필연적으로 **대체**할 것이다─에 취약하다고 주장한다"(*Quest for Paul's Gospel*, 38[강조는 원문의 것]).

21. Yarbrough, "Paul and Salvation History," 324.

22. Yarbrough, "Paul and Salvation History," 332.

대표적인 구원사적 바울 해석자들

여기서 언급할 만한 몇몇 중요한 학자 중에서,[23] 현재 가장 영향력 있는 구원사적 바울 해석 지지자는 아마도 **N. T. 라이트**일 것이다.[24] 라이트는 자신의 틀을 구원사적이라기보다는 언약적이라고 말하지만, 바울이 줄거리와 계획의 측면에서 생각한다는 그의 주장은 구원사적 해석 방식의 한 형태다. 라이트는 "과정"에 관해 말하며,[25] 하나님의 **"단일한 계획이** [있는데] **항상 극적인 단절을 수반한다"**고 선언한다.[26] 라이트는《바울과 하나님의 신실하심》에서, 바울이 "하나님이 신실하게 이루시는 **단일한 신적 계획**"[27]이 있다는 생각을 품었다고 주장한다.

라이트는 자신이 언약과 묵시라는 두 측면에서 바울을 읽는다고 소개하지만, 라이트 본인과 그의 비평가 모두 라이트의 묵시 이해가 바울을 묵시적으로 해석하는 이들의 이해와 상충한다는 점을 분명히 한다. 라이트는 다음과 같이 자기 의견을 밝힌다. "나는 '묵시론'이 … 바울 세계관의 일부로 유지되어야 한다고 생각한다—하지만

---

23. 특히 다음을 보라. Richard N. Longenecker, *Paul, Apostle of Liberty*.
24. 구원사적 관점을 취하는 학자들의 이름은 이탤릭체로〔한국어판은 굵은 글씨로〕 표시했다. 구원사적 해석자들에게 동의하지 않는 학자들도 이 단락에서 논할 것이다. 그러나 후자의 이름은 이탤릭체로 표시하지 않았다.
25. N. T. Wright, *Climax of the Covenant*, 236.
26. N. T. Wright, *Climax of the Covenant*, 241(강조는 원문의 것).
27. N. T. Wright, *Paul and the Faithfulness of God*, 499(강조는 원문의 것).

우리가 탐구 중인 더 큰 역사적 틀 **안에서** 유지되어야 한다."[28] 라이트의 방대한 저작을 조금이라도 읽어 본 사람이라면 알겠지만, 그가 탐구하는 역사적 틀은 이스라엘 이야기이며, 그 이야기는 "이스라엘 하나님의 오랜 목적의 성취인" 예수 메시아에서 절정에 달한다.[29]

라이트에 따르면, 바울은 자기 생각을 줄거리가 있는 서사에 맞춘다. 라이트는 "바울의 세계관에는 매우 암시적이면서도 자주 명시적인 서사가 있다"고 주장한다.[30] 라이트가 세 가지 차원의 서사를 언급하면서 이 아이디어가 복잡해지지만,[31] 그가 제시한 바는 바울이 시간을 하나님이 주관하시며 자기 계획을 위해 사용하시는 계속 나아가는 실체로 간주했다는 것이다. 라이트는 "바리새인이 된 유대인은 **뒤로는 아브라함, 어쩌면 심지어 아담까지 거슬러 올라가고 앞으로는 다가올 위대한 날로 이어지는 연속적인 이야기** 속에 살고 있음을 암묵적으로 인지하고 있었다"고 주장한다.[32] 라이트에 따르면, 바울에게는 자신의 복음을 뒷받침하는 이야기가 있다―즉, 서사가 있다. 바울은 그리스도를 이 이야기에 맞게 맞춘다. 그리스도는 언약의 절정이자, 하나님께서 아브라함에게 하신 약속에 대한 응답이다.

다음 진술은 라이트의 관점을 가장 명확하게 보여 주는 창과 같다. "우리는 여러 다양한 특징을 유연하고 조화로운 단일한 전체로

---

28. N. T. Wright, *Paul and the Faithfulness of God*, 461(강조는 원문의 것).

29. N. T. Wright, *Climax of the Covenant*, 241.

30. N. T. Wright, *Paul and the Faithfulness of God*, 461.

31. N. T. Wright, *Paul and the Faithfulness of God*, 464.

32. N. T. Wright, *Paul and the Faithfulness of God*, 113(강조는 원문의 것).

묶어 내는 바울 신학의 핵심에서 그의 열정적 확신, 즉 세상의 문제에 대하여 하나님이 옛적부터 행해 오신 해법이 변하지 않았다는 확신을 볼 수 있다. 창조주 하나님은 아브라함의 씨를 통해 참으로 세상을 구원하실 것이다. 이스라엘은 참으로 세상의 빛이 될 것이다. 그러나 바울은 이 모든 것이 이스라엘의 메시아와 성령을 중심으로 이 둘 안에서 성취되었으며, **이에 따라 재정의되었다**고 믿었다."[33]

라이트에게 중요한 것은, 그리고 그가 바울을 구원사적으로 읽는 대열에 있는 이유는 "그리스도교가 역사에 뿌리내리고 있다"[34]는 그의 확신이다. 즉, 바울의 복음을 뒷받침하는 이야기가 인간의 시간 속에서 볼 수 있는 실제 사건들을 담은 이야기라는 것이다. 바울이 이스라엘 종교사의 인물들—예컨대 아브라함—을 언급할 때는 이스라엘이 속한 서사를 떠올리게 하여 이야기의 **역사성**과 연속성과 점진성을 모두 강화하려는 것이라고 라이트는 생각한다. 라이트는 로마서 9-11장을 하나님의 "약속들이 어떻게 성취되는지에 관한 역사적 조망"으로 설명한다.[35]

다른 구원사 사상가들과 마찬가지로, 라이트는 로마서 9-11장이 이러한 논증을 결정짓는 본문이라고 생각한다.[36] 라이트는 로마서

---

33. N. T. Wright, *Paul and the Faithfulness of God*, 772(강조는 원문의 것).

34. N. T. Wright, *New Testament and the People of God*, 9.《신약성서와 하나님의 백성》.

35. N. T. Wright, *Climax of the Covenant*, 241.

36. 예컨대 N. T. Wright, *Climax of the Covenant*, 231-51. 지난 시대에 영향력 있는 구원사적 성서학자인 오스카 쿨만에게 로마서 9-11장은 바울이 구원사학자임을 보여 주는 증거다. 이 본문들에 대한 쿨만의 독해에 따르면, 여기서 바울은 그리스도 이후에도 역

1-11장을 아브라함에게 하신 약속에 대한 하나님의 신실하심에 관한 내용으로 보는데, 특히 9-11장을 "하나님의 성품과 목적, 특히 약속에 대한 신실하심"에 관한 내용으로 본다.[37] 라이트는 "로마서 9-11장의 주제는 … 하나님의 언약적 신실하심이며, 그 언약을 이루시는 게 하나님 백성의 **역사**에 드러난다"고 주장한다.[38]

라이트가 볼 때 로마서 9-11장에서 바울은 그리스도가 내내 "토라의 숨겨진 목표"였으며 유대교 율법은 "특정한 임무와 특정한 시기"[39]가 있었다고 말하고 있다. 그 임무가 완수되고 그 기간이 끝나면 토라는 "그 목표에 도달한 것이다."[40] 라이트는 앞서 언급했듯이 하나님의 "**단일한 계획이 항상 극적인 단절을 수반한다**"[41]고 말함으로써, 그리스도의 십자가와 부활의 예상치 못한 본질을 이해하려 한다. 십자가에 못 박히시고 부활하신 메시아는 이스라엘을 향한 하나님의 목적들의 성취다. 토라는 항상 잠정적인 것으로 의도되었고, 예수님은 "**언약의 절정**이다."[42]

라이트는 묵시적 바울 해석자들에게 매우 비판적이고,[43] 그들도 라

사가 계속되어야 할 필요성을 설명하고 있다. 그리스도의 십자가 및 부활과 그리스도의 재림 사이의 시간은 "막간"(interval)이다. 로마서 9-11장에서 바울은 "하나님의 구원 계획 안에서" 이 막간의 필요성을 설명한다(*Salvation in History*, 254). 하나님은 이방인과 믿지 않는 이스라엘의 충만한 수가 구원받기를 원하시므로 막간을 허용하셨다.

37. N. T. Wright, *Climax of the Covenant*, 235.
38. N. T. Wright, *Climax of the Covenant*, 236(강조 추가함).
39. N. T. Wright, *Climax of the Covenant*, 241.
40. N. T. Wright, *Climax of the Covenant*, 241.
41. N. T. Wright, *Climax of the Covenant*, 241(강조는 원문의 것).
42. N. T. Wright, *Climax of the Covenant*, 241.

이트에 대해 그렇다.[44] 묵시적 바울 학자들은 자신들이 사도에게서 본 묵시론의 성격을 라이트가 이해하지 못했다고 주장한다. 라이트의 제안과는 달리, 바울에게 묵시론은 "더 큰 역사적 틀 **안에**"[45] 포함될 수 없다. 묵시적 해석자들에 따르면 오히려 바울은 하나님이 역사에 침입하신 것—전례 없는 단일한 침입—에 관해 이야기하고 있다.[46] 게다가 라이트의 비평자들은 바울의 묵시론에 대한 자신들의 견해와 관련된 인식론적 문제를 라이트가 이해하지 못했다고 주장한다. 즉, 그리스도의 죽음과 부활에서 새로운 일이 일어났을 뿐만 아니라 새로운 앎의 방식이 계시되었다는 것이다.[47] 라이트가 역사가의 도구 상자를 사용한 것은 그의 비판적 실재론 해석 방식으로 아무리 개선했

43. 예컨대 N. T. 라이트는 J. L. 마틴의 갈라디아서 읽기가 "유대적인 모든 것을" 쓸어 버리고 "완전히 새로운 맥락으로 대체"한다고 주장한다(*Paul and the Faithfulness of God*, 542). *Paul and His Recent Interpreters*, 135-220에서 묵시적 해석에 대한 라이 트의 글을 보라.《바울과 그 해석자들》.

44. 비벌리 로버츠 가벤타(Beverly Roberts Gaventa)는 N. T. 라이트가 묵시적 해석 자들의 견해를 탈유대주의 내지 반유대주의로 비판한 것에 대해 이의를 제기한다("Character of God's Faithfulness," 78). 존 바클레이(John M. G. Barclay)는 라이트가 바울 을 묵시적으로 독해한 마틴과 같은 이들을 이해했다기보다는 "풍자"했다고 설명한다(review of *Paul and the Faithfulness of God*, 237).

45. *Paul and the Faithfulness of God*, 461. 외르크 프라이(Jörg Frey)는 이를 묵시 론의 흐지부지화(neutralizing)라고 정당하게 부른다("Demythologizing Apocalyptic?," 498). 더글러스 하링크(Douglas Harink)는 로마서에 관한 N. T. 라이트의 견해를 분 석하면서 다음과 같이 관찰한다. "바울 복음의 묵시적-메시아적 성격은 … 더 큰 이야기에 서 하나의 절정 사건(그리스도의 오심)의 중요한 특징으로 읽힐 뿐, 시간 자체의 성격을 구 성하는 것으로 읽히지 않는다"("Time and Politics in Four Commentaries," 311).

46. 새뮤얼 V. 애덤스(Samuel V. Adams)는 N. T. 라이트에게 "역사가 해석의 모체 (matrix)를 제공한다면, 하나님의 개입에 의한 실제적 영향은 최소화된다"며 이의를 제 기한다(*Reality of God*, 238).

47. 다음을 보라. Gaventa, "Character of God's Faithfulness," 76.

더라도[48] 바울이 주장했던 식의 계시된 지식을 다룰 수 없다.[49] 라이트가 인간의 시간 속에서 일어나는 하나님이 주관하시는 연속적인 이야기에 초점을 둔 것은 현대 구원사적 사고의 한 모델이다. 라이트의 견해는 한 세대 전에 오스카 쿨만이 제시했던 것만큼이나 이 세대에 영향력 있고 논란을 일으켰다.

라이트는 다른 구원사 사상가들과 같이 루돌프 불트만의 바울과 맞붙는다.[50] 불트만은 그리스도교에 있어 역사의 중요성을 반대하는 것으로 유명하다. 그는 역사적 사실을 신앙의 근거로 삼는다는 생각을 비판한다. 그 대신 우리가 그리스도 사건의 실존적 의미에 초점을 맞춰야 한다고 주장한다. 그리스도가 케리그마 속에서 부활하셨다는 그의 유명한 생각은 신앙이 역사와 별개로 선다는 주장이다. 불트만이 볼 때, 바울은 역사에 관심이 없는데, 역사가 "종말론에 삼켜져"[51] 있기 때문이다. 현재는 "종말론적 현재"이며, 종말론적 현재 안에서 개개인은 자신의 "개인적 역사"를 살펴서, 역사의 의미가 자신의 현재 안에 있다는 것을 보아야 한다. 이는 깨어서 책임감 있는 결단을 할 것을 요구한다. 이것이 바로 "종말론적 순간"이다.[52]

불트만의 주장은 구원사 개념과 완전히 상충한다. 불트만이 볼 때

---

48. *New Testament and the People of God*, 31–46에서 비판적 실재론과 역사 연구에 관한 라이트의 글을 보라.

49. 다음을 보라. Adams, *Reality of God*, 특히 240–47.

50. 예컨대 다음을 보라. Yarbrough, "Salvation History (*Heilsgeschichte*)," 188.

51. Bultmann, "History and Eschatology in the New Testament," 13.

52. Bultmann, *History and Eschatology*, 155.

"초기 그리스도교 공동체는 스스로를 역사적 현상이 아니라 종말론적 현상으로 이해했다. 그 공동체는 더 이상 현재 세상에 속한 것이 아니라, 문 앞에 있는 새로운 아이온에 속한다는 것을 의식했다."[53] 불트만은 E. 프랑크가《그리스도교 사상에서 역사의 역할》*The Role of History in Christian Thought*에서 다음과 같이 한 말을 찬성하며 인용한다.

> 그리스도인에게 그리스도의 강림은 오늘날 우리가 역사라고 부르는 시간적 과정에서 일어난 사건이 아니었다. 그것은 구원사에서의, 영원의 영역에서의 사건이었고, 이 세상의 불경한 역사가 그 끝에 이른 종말론적 순간이었다. … 그리스도의 강림은 과거에 '한 번' 일어난 역사적 사건이지만, 동시에 모든 그리스도인의 영혼 안에서 반복해서 일어나는 영원한 사건이기 때문이다. 그리스도는 그리스도인의 영혼 안에서 나고, 고난받고, 죽고, 영생으로 부활하신다. 그리스도인은 자기 신앙 안에서 그리스도와 동시대인이며, 자기 신앙 안에서 시간과 세상의 역사가 극복된다. 그리스도의 강림은 역사적 시간과 너무 달라서 비교할 수 없는 영원의 영역에서의 사건이다.[54]

불트만의 바울은 아브라함에 대한 하나님의 부르심에 뿌리를 둔, 하나님 주관으로 계속되고 있는 역사적 줄거리에 예수님을 끼워 맞

---

53. Bultmann, *History and Eschatology*, 37.
54. Frank, "Role of History," 74-75, Bultmann, *History and Eschatology*, 153에서 인용함.

추지 않는다. "교회 안에 서 있는 사람에게 이스라엘 역사는 닫힌 장이다. … 이스라엘 역사는 우리의 역사가 아니며, 하나님께서 그 역사에서 은혜를 보이신 한 그 은혜도 우리를 위한 것이 아니다. … 이스라엘에게 의미 있었던 사건들, 하나님 말씀이었던 사건들은 우리에게 그 이상의 의미가 없다."[55] 또한 불트만은 다음과 같은 의견을 제시한다. "종말론적 완성을 한 민족 역사의 완성으로 이해해서는 안 된다." "바울의 역사관은 이스라엘 역사에 대한 성찰에서 나온 게 아니라 그의 인간 이해에서 나온 것이다."[56]

불트만에 대한 라이트의 여러 비판 중 하나는 "복음을 비서사적 형태로" 재개념화하여 "순전히 매 순간의 실존적 도전으로 환원하는"[57] 불트만의 기획이다. 라이트가 본 바울의 이야기 형식을 띤 복음은 이와 정반대다. 또한 라이트가 보기에 불트만은 그 자신과 그의 복음을 유대교에서 완전히 분리해서 "바울에 대한 … 철저한 탈유대화"를 초래했다.[58] 라이트 본인은 이러한 분석의 반대편에 자리 잡고, 바울이 이스라엘의 이야기를 제시하고 있다고 해석한다.

마찬가지로 **오스카 쿨만**의 이해도 불트만의 탈역사화에 반대하는

---

55. Bultmann, "Significance of the Old Testament," 31.

56. Bultmann, "History and Eschatology in the New Testament," 12.

57. N. T. Wright, *Paul and the Faithfulness of God*, 457(강조는 원문의 것).

58. N. T. Wright, *Paul and the Faithfulness of God*, 458(강조는 원문의 것). 이러한 라이트의 불트만 읽기에 대한 비판으로는 다음을 보라. Schliesser, "*Paul and the Faithfulness of God* among Pauline Theologies," 30. 또한 다음을 보라. Bultmann, "History and Eschatology in the New Testament," 11-13. 이는 라이트가 생각한 것보다 더 미묘한 차이가 있는 입장을 보여 준다.

입장이다. 쿨만에게 시간은 "구속사의 현장"이다.[59] 그리스도인은 시간을 "과거와 현재와 미래를 아우르는" 연속적 과정으로 생각한다. "계시와 구원은 점차 중요성이 커져 가는 시간의 흐름에 따라 일어난다."[60] 초기 그리스도인들은 시간을 직선적인 것으로 생각했다. 이는 그리스인들의 순환적 시간 개념이나 구원이 시간을 초월한다는 형이상학적 개념과는 다른 것이다. 초기 그리스도인들은 오히려 계시와 구원이 "연속적인 시간의 흐름 속에 연결된 방식으로"[61] 일어난다고 보았다.

게다가 쿨만이 볼 때 구속의 선상에는 "중심점"이 있는데, 그것은 예수 그리스도의 죽음과 부활이라는 역사적 사실이다.[62] "그리스도가 율법의 마침인 동시에 역사의 마침"이라고 주장하는 불트만과 달리,[63] 쿨만은 그리스도 이후에도 역사가 계속된다고 생각한다. 쿨만의 책 《그리스도와 시간》의 부제는 "원시 그리스도교의 시간관과 역사관"이다. 그리스도는 구원사의 한가운데에 오셨고, 구원사에는 미래의 단계들이 있다. 교회는 쿨만이 구원사의 "중간기"라고 부른 단계에 있다.[64] 교회와 교회 안의 개별 신자는 우리가 "그리스도의 부활과 파루시아 사이의 도상에"[65] 있다는 것을 알아야 한다. 쿨만은

59. Cullmann, *Christ and Time*, 32.
60. Cullmann, *Christ and Time*, 32.
61. Cullmann, *Christ and Time*, 32.
62. Cullmann, *Christ and Time*, 32-33.
63. Bultmann, "History and Eschatology in the New Testament," 13.
64. Cullmann, *Christ and Time*, 154.
65. Cullmann, Christ and Time, 225.

바울이 초기 교회로부터 받은 "케리그마"가 이미 약속과 성취라는 구원사적 틀 안에 있었다고 상정한다.[66] 바울은 다메섹으로 가는 길에서 자신이 이방인들에게 전도함으로써 "이러한 구원 계획을 더 발전시키는 일"을 하는 사람으로 부르심을 받았다고 보았다.[67]

쿨만의 주장이 지닌 결함은 이미 제대로 비판을 받았다. 제임스 바는 '아이온'에 대한 그의 이해와 용례에 적절한 이의를 제기한다.[68] 또한 쿨만은 성서에서 연대기적 선형성—하나님이 주관하시는 사건들이 연대기적 시간에서 순서대로 이어진다는 점—을 지나치게 강조한다고 비판받았다. 구원사관에 공감하는 또 다른 이들은 성서가 시간을 '선'이 아니라 여러 사건으로 그리고 있다고 말할 것이다. 존 마쉬는 이런 사건들을 "카이로이"(카이로스의 복수형)라고 부른다.[69] 마쉬는 또한 그리스도가 구원선상의 중심점이라는 발상을 비판한다. 그리스도는 "중심점일 뿐만 아니라 끝이기도"[70] 하다는 것이다. 마쉬에 따르면, 쿨만의 도식은 "최종 승리가 십자가에서 이루어진다"는 성서의 주장을 놓치고 있다[71]—쿨만은 최종 승리를 기다리고 있는지 몰라도, 우리는 그렇지 않다.

이러한 문제가 있음에도, 쿨만이 구원사를 다듬어 낸 방식은 **제임**

---

66. Cullmann, *Christ and Time*, 250.

67. Cullmann, *Christ and Time*, 251.

68. Barr, *Biblical Words for Time*, 67-85.

69. Marsh, *Fulness of Time*, 175.

70. Marsh, *Fulness of Time*, 177.

71. Marsh, *Fulness of Time*, 178.

스 D. G. 던을 통해 계속해서 목소리를 내고 있다. 던은 바울의 시간관에 대한 자신의 이해가 쿨만에게 빚진 것이라고 한다.[72] 쿨만의 견해에 힘입은 던은 히브리 사상(바울이 수정하긴 했지만 공유했던)이 시간을 "시대의 연속"으로 이해했고 "역사는 앞으로 나아가는 운동 내지 진행으로 이해되었다"고 주장한다.[73] 던은 이 히브리적 개념이 "현시대와 다가올 시대로 나뉘는" 직선적 개념이라고 주장한다.[74] 던은 쿨만과 마찬가지로 "그리스도를 역사의 중심점"으로 기술하기도 하고,[75] "역사의 끝 지점"으로 기술하기도 한다.[76] "현시대와 다가올 시대를 나누는 시간선의 단일한 구분은 … 두 단계의 구획으로 나뉘어져 있다. 역사의 끝 지점인 메시아는 또한 역사의 중심점인 그리스도도 되셨다."[77] 이를 달리 표현하면 "이미-아직"이다.[78]

던은 바울이 그리스도를 "하나님의 계획에 미리 계획된 절정"[79]으로 생각했다고 말한다. 구원사 사상가인 던은 "선형"과 "과정"과 같은 단어를 사용한다. 그는 "구원"을 "과정의 절정 내지 최종 결과"라고 진술한다.[80] 그러나 절정이 현시대의 명확한 끝은 아니다. 그리스

---

72. Dunn, *Theology of Paul*, 463n11.《바울신학》
73. Dunn, *Theology of Paul*, 462.
74. Dunn, *Theology of Paul*, 462.
75. Dunn, *Theology of Paul*, 462.
76. Dunn, *Theology of Paul*, 463.
77. Dunn, *Theology of Paul*, 463.
78. Dunn, *Theology of Paul*, 466.
79. Dunn, *Theology of Paul*, 463.
80. Dunn, *Theology of Paul*, 493. 다른 곳에서 던은 바울이 다메섹 도상에서 하나님이 자신에게 보이신 계시를 "고대의 약속과 소망이 어떻게 성취되어야 하는지를 보이신

도의 죽음과 부활은 그리스도 사역의 끝이 아니다. 그 끝은 바로 파루시아다. 따라서 "'그리스도 안에' 그리고 '그리스도와 함께' 참여하는 사람들은 말하자면 두 오심 사이에 끼어 있다."[81] 그들은 두 시대가 순차적으로 이어지지 않고 "중첩"되기 때문에 종말론적 긴장 속에서 살아간다. 던은 신자들이 "중첩의 시대"the epoch of overlap에 살고 있다고 주장한다.[82]

구원사관에서의 시간

바울을 구원사적으로 해석하는 사람들은 사도가 하나님을 약속하시고 지키시는 하나님으로 이해했음을 강조한다. 이들에게는 로마서 9-11장에 대한 특정한 해석이 중심 역할을 한다(이들은 이 장들을 약속과 성취에 관한 것으로 읽는다). 이들은 하나님의 정체성과 신뢰성이 약속과 성취라는 사실로 입증된다는 생각에 몰두한다. 이 점은—바울에게(그리고 이들에게)—하나님을 신실하신 하나님이게끔 하는 것이다. 하나님의 신실하심에 대한 가장 큰 증거는 그리스도다. 바울에게(그리고 구원사적 해석자들에게) 그리스도는 하나님 약속의 성취다.[83]

계시"로 이해했다고 제안한다. 그 계시는 예수님께 초점을 맞추었다는 점에서 새로웠지만, 새 복음이 단순히 새롭기만 한 것은 아니었고, 옛 목적을 완성하는 예언된 방법이기도 했다("How New Was Paul's Gospel?," 384).

   81. Dunn, *Theology of Paul*, 468.

   82. Dunn, *Theology of Paul*, 494.

미래가 현재 시간에 임했다는 주장은 구원사적 사고의 표준적 특징이며(그리고 앞으로 살펴볼 것인데, 방식은 다르지만 묵시론적 바울 이해의 특징이기도 하다), 던이 "종말론적 긴장"[84]으로 설명한 것을 유발한다. 쿨만은 **"현재와 미래의 변증법"**에 관해 이야기한다.[85] 쿨만식 구원사관의 독특성은 선형적인 구원선상에 그리스도를 중심점으로 지정한 것이다. 이는 창조와 파루시아 사이의 기간을 둘로 나누고, 파루시아가 아직 오지 않았음에도 중심점 이후는 새 시대에 속한다는 견해다.[86] 구원사 사상가들은 두 시대의 중첩을 이미-아직이라는 기이한 상황으로 기술한다.[87] 쿨만은 "결정적으로 '이미 성취된' 것과 '아직 완성되지 않은' 것, 곧 현재와 미래 사이의" 긴장에 대해 이야기한다.[88] 던은 "결정적인 '이미'와 그럼에도 여전히 '아직'" 사이의 종말

83. 구원사적 해석자들은 바울에게 성서가 하나님의 약속과 성취에 관한 것이었다고 생각한다. 바울은 성서를 사용할 때 그리스도를 하나님 약속의 성취로 나타내기 위한 증거로 사용한다. 바울에게 있어 성서의 역할을 이런 식으로 이해하는 것은 성서 자체의 신뢰성을 확립하는 것으로 보인다. 그리고 어쩌면 성서의 본질적 영감성을 확립하는 것으로 보인다. 이에 대한 설득력 있는 대안 하나는 프랜시스 왓슨(Francis Watson)의 대안이다. 그는 바울에게 "토라와 그리스도론의 관계는 서사적 연속성의 관계"가 아니라고 논증한다(*Paul and the Hermeneutics of Faith*, 501). 또한 나의 글 "Promise and Purpose"를 보라. 그 글에서 나는 바울이 실제로 로마서 9-11장을 비롯한 로마서 여러 곳에서 약속과 성취를 결합하지 않았다고 지적한다. 또한 나는 바울이 역사적 사건들의 의미가 아니라 하나님의 삶의 영역을, 하나님의 마음을 일별하도록 성서를 사용하고 있다고 제안한다. 바울에게 성서는 하나님이 소통하시는 방법이자 하나님에 대해 소통하는 방법이다.

84. Dunn, *Theology of Paul*, 461.

85. Cullmann, *Christ and Time*, 146(강조는 원본의 것).

86. Cullmann, *Christ and Time*, 83.

87. 다음을 보라. Dunn, *Theology of Paul*, 465.

88. Cullmann, *Salvation in History*, 172.

론적 나뉨을 상상하며 바울의 "새로운 출발점"[89]을 말한다. 라이트는, 예수 메시아께서 악한 현시대에서 우리를 건지시려고 우리 죄를 위하여 자기 몸을 주셨다는 바울의 갈라디아서 진술이, 바울이 두 시대의 측면에서 생각하고 있고, 또 두 시대가 겹친다고 생각하고 있음을 분명히 보여 준다고 말한다.[90] 다가올 시대가 이미 임했지만, 옛 시대는 계속되고 있다. 신자들은 두 시대의 중첩 속에서 살고 있다. 라이트는 바울의 "재구성된 종말론"에 관해 이야기한다.[91] 신자들은 "시대들의 중첩 속에 처해" 있다.[92]

구원사적 맥락에서 시간은 하나님이 주관하시는 실체다. 그것은 순차적이고 선형적이다. 구원사적 바울 해석자들은 하나님을 역사의―즉, 시간의―주관자로 여긴다. 하나님은 연속적인 "시기"를 창조하신다.[93] 또는 라이트식으로 말하자면, 실제 시간 속에서 일어나는 서사(이스라엘 이야기)를 창조하신다. 바울을 구원사적으로 읽는 이들이 주장하는 바에 따르면, 바울은 하나님께서 목표를 향해 역사를 계속 움직이고 계신다고 믿었다. 지금 그 목표에 도달은 했지만, 그리스도께서 다시 오실 때까지는 완성되지 않을 것이다. 하나님의 초점은 자신의 뜻과 목적에 맞게 역사를 형성하시는 데 있다. 하나님께서 역사를 가지고, 역사 속에서 일하시기 때문에, 인간은 하나님

89. Dunn, *Theology of Paul*, 465.

90. N. T. Wright, *Paul and the Faithfulness of God*, 477.

91. N. T. Wright, *Paul and the Faithfulness of God*, 1048.

92. N. T. Wright, *Paul in Fresh Perspective*, 150.

93. 예컨대, Yarbrough, "Paul and Salvation History," 324.

을 신뢰할 수 있다. 하나님은 더 나중에 있는 것을 현재로 가져오심으로써 시간을 이용하여 일하실 수 있다. 이러한 점을 통해 신자들의 시간성이 시대들의 중첩이라는 도발적인(어쩌면 위로가 되기도 하는) 개념이 생겨났다.[94]

94. 나는 오히려, 하나님이 인간의 시간 속에 오셨다는 것만큼이나—어쩌면 그것 이상으로—인간이 하나님의 시간으로 이끌려 들어왔다는 것을 주장하는 데 바울이 관심을 두었다고 제안할 것이다. 또한 나는 바울이 두 시대의 측면에서 사고했다는 발상에 이의를 제기할 것이다.

2

묵시론 관점에서 본 바울의 시간 개념

바울을 묵시 사상가로 간주하는 해석자들은 바울이 시간을 어떻게 이해했는지에 관한 다음의 두 이해 중 하나 이상을 취한다. 즉, 그리스도 안에서 하나님의 활동 후 현재는 과거와 불연속적이라는 이해, 그리고/또는 시간은 미래가 현재를 압박하는 실체라는 이해다. 수많은 묵시적 바울 해석자들에게 현재는 낯선 짐승이다. 현재는 과거에 의해 정의되지도 않고 그렇다고 현재 자체로도 딱 정의되지 않는다. 상식적인 시간 이해에서(그리고 구원사적 시간관에서도 어느 정도)[1] 현재는 과거 이후와 미래 이전이라는 위치로 정의되지만, 묵시적 바울 읽기에서는 그리스도 이후의 현재가 과거와 단절되고 미래의 압박을 받는 것으로 정의된다.[2] 다시 말해, 현재는 일상적인 의미의 현재

---

1. 구원사적으로 읽는 이들은 또한 현재 안에서 새 시대가 시작되었다고 주장할 것이고, 따라서 '종말론적 긴장'에 관해 이야기할 것이다(예컨대 Dunn, *Theology of Paul*, 461).

2. 하지만 케제만과 베커 같은 몇몇 묵시적 바울 해석자들은 구원사적인 시간 이해와 통합시키고자 한다.

로는 거의 이해될 수 없다.

여기서 묵시의 적절한 정의나 문학적 위치나 사회적 위치에 관하여 계속되고 있는 논의는 다루지 않을 것이다. 이러한 논의는《세메이아》*Semeia* 저널 14권 발간으로 이어졌고 그 이후로도 계속되고 있다.[3] 또한 나는 일반적으로 합의된 묵시에 관한 정의가 있더라도, 그러한 정의가 유용한지 혹은 그러한 정의가 연구를 제한하는지에 관한 문제를 다루지 않을 것이다. 또한 바울을 묵시 사상가로 간주하는 해석자들이 유대 묵시 문학을 올바르게 이해했는지,[4] 자신의 이해에 따라서 '묵시적'이라는 용어에 색다른 의미를 부여한 것은 아닌지, 실제로는 개별 해석자가 바울에게서 본 것을 '묵시적'이라는 말로 나타내고 있는 것은 아닌지에 관한 논의에도 참여하지 않을 것이다.

여기서 나는 묵시적 바울 해석자들이 사도의 시간 개념을 어떻게 이해하고 있는지에만 관심을 둘 것이다. 나의 초점은 묵시적 해석자

---

3. Collins, *Apocalypse.*

4. 유대 묵시론의 성격에 관한 바울 학자들의 주장에 의문을 제기하는 사람 중에는 다음과 같은 이들이 있다. R. 배리 매틀록(Barry Matlock)은 그가 묵시적 바울 읽기와 묵시 문학 자체 사이에서 "끼워 맞추기의 조잡함"이라고 부른 것을 조사한다(*Unveiling the Apocalyptic Paul*, 15). 제이미 데이비스는 유대 묵시 문학을 검토하고, 이에 관한 바울 학자들의 단순화된 가정들에, 예컨대 묵시적 비유로서 우주에 침입하시는 하나님이라는 발상에 근거로 제시된 가정들에 의문을 제기한다(*Paul among the Apocalypses?*, 201). 주디스 H. 뉴먼(Judith H. Newman)은 종말론이 유대 묵시론의 핵심인지에 대해 의문을 제기한다("Participatory Past"). 뉴먼의 물음은 유대 묵시론이 바울과의 대화에 들어온 주된 이유—유대 종말론이 사도를 이해하기 위한 핵심이라는 슈바이처의 획기적인 연구—를 약화한다. 엠마 와서먼(Emma Wasserman)은 이원론 및 초인간적 선악 세력 간 전투에 대한 기대가 묵시론의 근본인지—따라서 바울에게 근본인지—의문을 제기한다(*Apocalypse as Holy War*).

들이 유대 묵시론이나 바울을 올바르게 이해했는지 밝히는 데 있지 않다. 이 지점에서 내가 관심을 두는 것은 바울의 시간 이해에 관한 그들의 가정과 주장을 두드러지게 하는 것이다. 묵시적 바울 해석자들이 시간에 관해서보다 두 시대(옛 시대와 새 시대, 또는 악한 현시대와 새 창조)에 관해서 더 자주 말한다는 점을 짚고 넘어가야겠다. 이러한 해석자들은 보통 바울이 두 시대라는 유대 묵시론적 개념을 가지고 작업하고 있다고 가정한다. 묵시적 바울 읽기에서 '시대'는 일반적으로 시간적인 용어이자 특정한 힘의 체계로 구성된 현실을 나타내는 용어로 이해된다. 시대가 변한다는 의미는 주로 현실 구조가 바뀌었다는 의미다.

시간에는 공간적 차원이 있다. 예컨대 J. 루이스 마틴은 바울의 묵시적 물음은 "지금은 어떤 시기인가?"What time is it?이며, 이에 대해 사도가 "현 시간의 특징은 … 새 창조와 악한 시대의 연결점"[5]이라는 답을 했다고 주장한다. 새 창조와 악한 시대는 시대의 권력 구조로 구별된다. 이 두 시대의 차이는 시간적 차이이기도 하고 구조적/공간적 차이이기도 하다. 악한 시대는 지나가는 중이며, 다른 시대는 현전해 있고 또한 다가오는 중이다. 하나는 반하나님 세력으로 가득차 있고, 다른 하나는 하나님의 통치를 받는다. 마틴은 "앞"과 "뒤"[6]에 관해 말하고 있는데, 이 전치사들은 시간은 물론 공간적으로도 사용될 수 있다. 하나님은 그리스도와 영(뒤)으로 악한 시대(앞)에 침입하

---

5. Martyn, *Galatians*, 102.
6. Martyn, *Galatians*, 99.

셨다. 이는 차원으로서의 시간이라는 물리학적 개념과 공명하는 부분이 있다. 아마 마틴도 위로서의 '뒤'와 아래로서의 '앞'을 마음속에 암묵적으로 그리고 있는 것 같다.

이러한 생각은 시제로 구성된 지속적이고 연속적인 실체라는 상식적인 시간 이해를 덜 중요하게 여긴다. 묵시적 바울 해석은 시간을 변화를 통해 측정될 수 있는 실체로, 즉 인간이 자기 현실을 체계화하기 위해 사용하는 시간으로 생각하지 않는다(이는 묵시적 읽기와 구원사적 읽기가 구별되는 점이다).[7] 시간은 힘으로 구성된 체계에 결합된 실체이며, 이로 인해 일상적 의미를 상실한다.

이어질 내용에서 나는 몇몇 중추적이고 영향력 있는 묵시적 해석자들이 바울의 시간관을 어떻게 이해하고 있는지 간략히 분석할 것이다.[8] '시간'이 허락되었다면, 나는 적어도 마르티누스 C. 드 부어,[9] 수전 이스트먼,[10] 알렉산드라 R. 브라운[11]의 중요한 연구에 관한 분석도 포함했을 것이다.

---

7. 하지만 슈바이처가 예수님의 죽음과 부활로 세계 시계가 앞당겨졌다고 생각했던 점과 관련해서 이런 방식으로 생각하고 있다고 주장할 수도 있다(Schweitzer, *Mysticism*, 113).

8. 묵시적 해석자들에 관한 최근의 개관으로는 다음을 보라. J. Davies, *Apocalyptic Paul*.

9. 특히 de Boer, *Defeat of Death and Galatians*.

10. 특히 Eastman, "Apocalypse and Incarnation" and "'Empire of Illusion.'" 또한 *Recovering Paul's Mother Tongue*을 보라. 이는 바울이 "묵시적 확신들"(3)을 가지고 있었다는 점을 바탕으로 정교하게 쓴 글이다.

11. A. Brown, *Cross and Human Transformation*.

알베르트 슈바이처

슈바이처는 바울을 유대 종말론과 영향력 있게 연결한 점에 있어 가장 중요한 자리를 차지할 만하다.[12] 요하네스 바이스가 바울의 메시아 신앙을 종말론적으로 기술하고[13] 바울이 고린도전서 15장에서 그린 "묵시적 드라마"에 대해 이야기한 것[14]과 비슷한 시기에, 바울의 사상에 종말론적 틀이 있다는 생각을 가장 영향력 있게 성서학에 도입한 사람은 슈바이처였다. 슈바이처는 그리스도 안에 있음이라는 바울의 독특한 사상을 이해하려면, 바울이 앞선 예수님처럼 종말론적 세계관을 가지고 있었다고 봐야 한다고 확신했다. "바울은 예수님이 앞서 그러셨던 것처럼, 택함받은 자들의 상호 결속과 메시아와의 결속이 예정되었다는 종말론적 개념을 바탕으로 그리스도-신비주의를 선포했다."[15] 예수님 설교와 바울 설교의 차이는 바울은 예수님의 죽음과 부활 이후에 선포했다는 점이다. 그 결과 "세계-시계의 시간"이 예수님의 경우와 바울의 경우가 서로 다르다.[16] "세계-시간은 예수님의 죽음과 부활로 인해 앞당겨졌다."[17]

12. 에른스트 케제만은 "알베르트 슈바이처 이래로 묵시론의 문제, 그 필요성, 그 의미, 그 한계가 [학자들의] 길에 불안하게 던져"져 있다고 썼다("Beginnings of Christian Theology," 101).

13. 바이스는 "종말론적 메시아-신앙"에 관해 썼다(*History of Primitive Christianity*, 446).

14. Weiss, *History of Primitive Christianity*, 474.

15. Schweitzer, *Mysticism*, 113.

16. Schweitzer, *Mysticism*, 113.

17. Schweitzer, *Mysticism*, 114.

슈바이처는 그가 "바룩과 에스라의 묵시"로 부른 것과 선지서들과 다니엘서의 종말론을 주로 사용하여[18] 다음과 같이 주장한다. 즉, 바울은 메시아가 이미 오셨기 때문에 자신이 자기 선조들과는 다른 종말론적 지형에 있다고 인식했다는 것이다.[19] 바울은 유대 종말론과 마찬가지로 "이중 종말론"을 공유하면서도,[20] 거기에 "부활과 변화 개념이라는 새로운 조각을" 덧씌운다.[21] 바울의 논리는 그리스도께서 그 나라가 오기 전에 부활하셨기 때문에 "그 나라의 참여자들은" 그 나라가 오기 전에 "메시아와 같이 부활의 존재 방식을 소유한다"는 것이다. 이런 모습이 "그리스도 안에 있음"이다.[22] "바울은 신자들이 신비한 방식으로 그리스도의 죽으심과 다시 사심을 공유하여, 평범한 존재 방식에서 벗어나 특별한 범주의 인류를 형성한다고 생각했다."[23] 신자들에게 "그때와 지금 사이의 단순한 반립은 이제 충분하지 않다."[24] 신자들은 여전히 "자연 세계 시대(아이온)에" 살지만, "이미 초자연에 들어왔다."[25]

예수님이 부활하셨다는 사실은 "지금은 이미 초자연 시대이며 … 따라서 다른 이들의 부활이 아직 일어나지 않았더라도 우리는 부활

---

18. 슈바이처는 유대 종말론을 균일한 것으로 만들었다고 비판받는다. 이에 대한 분석과 비판으로는 다음을 보라. Matlock, *Unveiling the Apocalyptic Paul*, 23-71.

19. Schweitzer, *Mysticism*, 76.

20. Schweitzer, *Mysticism*, 90.

21. Schweitzer, *Mysticism*, 95.

22. Schweitzer, *Mysticism*, 95.

23. Schweitzer, *Mysticism*, 96.

24. Schweitzer, *Mysticism*, 97.

25. Schweitzer, *Mysticism*, 97.

의 시대에 있음"[26]을 의미한다. 결과적으로 "자연 세계와 초자연 세계가 섞여 있다"는 것이다. "막 뒤에서 무대가 변형되듯이, 초자연 세계로" 자연 세계의 변형이 "진행 중이었다."[27] 슈바이처는 또 다른 매혹적 이미지를 사용해서 "시간의 바다에서 연쇄적 화산 융기를 통해 불멸의 세계가 솟아오려 하고 있다"고 말한다.[28] 그리스도의 부활은 "하나의 섬 봉우리로"[29] 이미 시간 세계로 불쑥 들어와 있다. 시간적인 것의 표면에 나타난 봉우리는 보이지 않는 것—그 기반이 되는 더 큰 섬—을 내비친다. 그 섬은 그리스도와 연합한 사람들이다. 이 섬은 "시간적으로 분리된 융기"에서 "모든 자연이 불멸의 존재를 취할"[30] 때까지 자라날 것이다. 일반 부활 시에는 "불멸의 세계라는 대륙 전체가 보일 것이며", 바로 그때, "만물이 하나님 안에서 영원해지고 하나님이 모든 것 안에서 모든 것이 되실 때"[31] 끝이 올 것이다.

슈바이처가 생각한 바울의 시간관은 그가 유대 묵시 문학에서 본 시간 이해를 바탕으로 한다. 슈바이처는 그가 깊이 영향을 미친 대다수 사람과 마찬가지로, 유대 묵시 사상에 연이은 두 시대에 관한 교리가 있었다고 생각했다.[32] 슈바이처는 유대 묵시적 종말론이 두

26. Schweitzer, *Mysticism*, 98.
27. Schweitzer, *Mysticism*, 99.
28. Schweitzer, *Mysticism*, 112.
29. Schweitzer, *Mysticism*, 112.
30. Schweitzer, *Mysticism*, 112.
31. Schweitzer, *Mysticism*, 112.
32. 유대 묵시론에 두-시대/두-단계의 시간성이 있다는 단순한 관점에 대한 중요한

시대로 구조화되어 있다고 이해했고, 이 두 시기가 세계 시계에서 서로 다른 위치에 있을 뿐만 아니라 서로 다른 "세계"로[33] — 불멸 세계와 그렇지 않은 세계로[34] — 특징지어진다고 생각했다. 이 견해는 이후의 묵시적 바울 해석이 나오는 틀을 마련했다.

슈바이처의 주장에 따르면, 예수님의 부활로 인해 "세계 시계"가 앞당겨졌기 때문에(아마도 시간적 전진 운동을 상상했던 것 같다), 바울은 이 순서가 흐트러졌다고 본 것이다. 예수님의 부활 이후 적어도 그리스도 안에 있는 사람들에게는 미래가 현재에 존재한다.[35] 흥미롭게도 이후의 여러 묵시적 해석자와는 달리, 슈바이처는 신자들의 상황을 이미와 아직 사이의 **긴장**으로 묘사하지 않는다. 오히려 신자들은 "이제 예수 그리스도께 동화되어 있기" 때문에, "선택받아서 그리스도와 연합한 이들의 몸 전체에 걸쳐 초지상적인 생명의 봄날이 이미 시작되었다. … 이 선택받은 자들은 실제로 더 이상 자연적인

수정 하나를 언급해야겠다. 로렌 T. 스터켄브룩(Loren T. Stuckenbruck)은 하나님께서 악을 물리치기 위해 이미 역사에 개입해 오셨다는 이해를 보여 주는 충분한 증거가 유대 묵시 문학에 있다는 점을 권위 있게 보여 주었다. 하나님께서 과거에 행하신 일 때문에 미래의 궁극적 척결이 보장된다("Posturing 'Apocalyptic' in Pauline Theology," 253). "현재는 종말론적 과거로도 형성되고, 역사 안에서 하나님의 활동을 적절한 결말로 이끌기 위해 **수미상관**처럼 되돌아오는 미래로도 형성된다"(256). 바울 이전의 유대인들은 "하나님이 악에 대한 통제를 선견적으로 확립하신 것과 종말에 있을 실제적인 척결 사이의 시간에 자신들이 살고 있다"고 이해했다(256).

33. 슈바이처는 시간적 기간뿐만 아니라 현실의 양태를 의미하는 바이스의 아이온 이해를 공유하는 것으로 보인다.

34. Schweitzer, *Mysticism*, 112.

35. Schweitzer, *Mysticism*, 110을 보라. 거기서 슈바이처는 "초자연적" 삶은 오직 "택함"받은 이들에게만 시작되었다고 생각한 것으로 보인다(또한 96).

사람이 아니라, 그리스도처럼 이미 초자연적인 존재인데, 다만 이들에게 이것이 아직 드러나지 않았을 뿐이다."[36]

바울의 시간관에 관한 슈바이처의 견해는 불멸하는 것이 현세에 들어와서 점진적으로 확장된다는 하나님의 관점[37]을 포함하고 있다. 슈바이처는 이미 불멸적인 현실을 담고 있는 작은 콩깍지들이 발전하며 나타나는 것을 상상한다. 하나님의 관점에서 보면, 현재에도 두 시대의 혼합에서 모든 존재가 하나님 안에 있게 되는 최종 목표로 가는 진전이 존재한다. 하지만 그리스도 안에 있는 이들에게는 그러한 혼합이 없다. 그 사람들은 이제 초자연적이며 그리스도 안에 살고 있다 ─ 하나님의 관점에서만 이미-아직인 것이다. 그리스도 안에 있는 사람들에게는 변화의 실체로서의 시간은 근본적인 의미에서 끝났다. 그리스도 안에 있는 이들은 영원히 살 것이고, 지금 그렇게 살고 있다.

칼 바르트

묵시적 해석을 크게 불러온 또 다른 바울 독해는 칼 바르트의 《로마서》 제2판이다.[38] 바르트가 자신의 독해를 '묵시적'이라고 밝히지는

---

36. Schweitzer, *Mysticism*, 110.
37. 슈바이처가 이렇게 표현한 것은 아니지만, 슈바이처는 바울이 현세에서 **보이지 않**는 것에 대해 알고 있었다고 생각했다. 이는 슈바이처의 생각에 바울이 하나님의 관점에서 사물을 바라보고 있었음을 암시한다.
38. 브루스 L. 맥코맥은 바르트의 주석이 "바울을 '묵시 신학자'로 읽는 이들에게" 중대

않았지만, 많은 사람이 그렇게 생각한다. 더글러스 하링크의 말을 빌리자면 **"묵시적인 것으로 가득하다."**[39] 물론 이 놀라운 주석에는 여러 중요한 특징이 있지만, 우리가 주목할 것은 시간이다. 로마서 주석에서 바르트의 시간관 일부를 이해하기 위한 맥락은 그가 시간과 영원의 무한한 질적 차이에 관한 키르케고르의 유명한 말을 지지한 점이다.[40] 시간은 영원이 아니며 영원이 들어갈 수 없는 것이다. 바르트에게 시간과 영원은 예와 아니요만큼이나 다른 것이다. 바르트가 역사와 동일시한 시간은[41] 하나님께로 이어질 수 없다. 영원은 시간 안에 존재할 수 없고, 다만 시간에 개입함으로써 시간을 해체하여 전과 다른 것으로 세울 뿐이다.

바르트는 과거와 현재, 옛 세계와 새 세계 사이의 불연속을 강조하는데, 정말로 부각한다.[42] 옛 세계는 "시간과 사물"[43]의 세계이며,

한 영향을 끼쳤다고 정확히 지적한다. "바르트의 주석은 (대체로) 옹호 가능한 주해 작품일 뿐만 아니라, 그들도 받아들일 수 있는 바울 이해 접근 방식을 열어 준 것으로 간주된다"("Longing for a New World," 144).

39. Harink, "Time and Politics in Four Commentaries," 296(강조는 원본의 것). 맥코맥은 바울을 묵시 신학자로 읽는 후대의 해석자들(예컨대, 드 부어와 마틴)이 우주적 묵시와 법정적 묵시로 부르는 것의 혼합이 (법정적 요소가 우주적 요소에 매우 종속된 형태로) 1922년판《로마서》에 있다고 본다(McCormack, "Longing for a New World," 146). 젠슨은 바르트의 주석이 "묵시적 감성으로 활력을" 얻는다고 생각한다. 바르트의 주석은 "그 세기 신학의 상당 부분을 특징지을 **일종의** 묵시 사상을 확립했다"("Apocalyptic and Messianism," 5).

40. Barth, *Romans*, 10.《로마서》.

41. Barth, *Romans*, 77.

42. 바르트 전문가들은 바르트의 유명한 주석에서의 시간에 대한 묵시적 이해와 이후 그의《교회 교의학》사이의 연속과 불연속에 주목한다. 젠슨은 바르트가《교의학》에서 시간과 영원의 절대적 대비에 관한 로마서 주석에서의 묵시론적 집착을 바로잡고 있다고 본다.《교의학》에서 시간과 영원은 ─그리스도 안에서─ 만난다(Jenson, "Apocalyptic

"죄로 조건 지어져"[44] 있다. 새 세계는 옛 세계와 나란히 존재하지
않는다. "한쪽의 가능성은 다른 한쪽의 불가능성을 포함한다. … [복
음에 의해] 이 세계는 지양되고, 그로써 세워진다."[45] 바르트는 계속해
서 "복음은 하나님의 능력, 부활의 능력이며, '기적 같은 전투'"라고
말한다.[46] 부활 시에 새 세계가 탄생한다.

바르트는 로마서 1:16-17을 다음과 같은 식으로 바꾸어 표현한
다. "복음은 세상을 이기는 승리다. 복음에 의해 구체적인 세계 전체
가 지양되고 세워진다."[47] 《교회 교의학》에서 바르트는 예수님의 십
자가가 역사를 끝냈다고 말한다. "인간의 역사는 이 지점에서 사실
상 종결되었다."[48] 예수 그리스도의 죽음과 부활은 인간의 상황을 완
전히 바꾸어 놓았다.[49]

바르트의 로마서 주석 제2판이 전달하는 "묵시적 충격"에서는, 이
후 바울을 묵시 신학자로 해석하는 학자들이 일반적으로 묘사하는
것보다 미래와 현재 사이의 긴장감이 덜하다.[50] 우리도 창조물처럼

and Messianism," 10). 반면 하링크는 바르트의 《교의학》 전체가 바울을 묵시 사상가로
이해함으로써 형성되었다고 제안한다(*Paul among the Postliberals*, 54).

43. Barth, *Romans*, 169.

44. Barth, *Romans*, 168.

45. Barth, *Romans*, 165.

46. Barth, *Romans*, 166. 작은따옴표로 된 인용문은 루터의 표현인데, 그 출처를 밝히
지는 않았다.

47. Barth, *Romans*, 35.

48. Barth, *Church Dogmatics* IV/1, 734.

49. 조셉 L. 맨자이나(Joseph L. Mangina)는 《교회 교의학》 IV/1을 "묵시로서의 십자
가"라고 기술한다(*Karl Barth*, 124).

50. Jenson, "Apocalyptic and Messianism," 10.

신음하고 탄식하며 기다리지만,[51] 우리는 "우리 안에 영원한 미래를 품고서, 그 미래가 시간 안에서 실현될 수 없음을 안다."[52] 바르트는 로마서 13장을 주석하면서 과거와 미래 사이에는 "시간 안에서의 순간이 아닌 바로 이 순간"[53]이 있다고 말한다. 하나님께서 그리스도의 십자가와 부활 안에서 만물을 해체하고 세우신 것은, 바르트 해석자인 더글러스 하링크의 말을 빌리자면 "복음의 단일한 시간"[54]을 창조하신 것이며, 이는 역사가 진행되는 "새로운, 두 번째 시대"[55]를 창조하신 것이 아니라고 바르트식으로 표현할 수도 있다. 오히려 그리스도 안에서 하나님의 행동이 수행한 "변화가 너무 근원적이어서 시간과 영원이 … 해체 불가능하게 연결된다."[56] 시간과 영원의 근원적 구분에 관한 바르트의 주장을 고려할 때, 이는 아마 그 구분의 해체보다는 하나님께서 그리스도 안에서 성취하신 변화의 정도를 가리키고자 한 말일 것이다. 시간과 영원이 연결되어 새로운 시간이 세워진다.[57]

바르트는 로마서 8장을 주석하면서, 슈바이처가 사용한 이미지를 (출처 표시 없이) 되울린다. "진리의 섬을 그 속에 넣어 잠기게 했던 광

---

51. 모든 인류가 그리스도 안에서 구원받는다는 바르트의 확신(예컨대, *Church Dogmatics* IV/1, 317)을 고려할 때, 나는 "신자"라고 쓰기가 망설여져서 바르트처럼 "우리"라는 말을 사용했다. 이 점에서 바르트는 슈바이처와 확연히 다르다.

52. Barth, *Romans*, 312.

53. Barth, *Romans*, 497.

54. Harink, "Time and Politics in Four Commentaries," 299.

55. Barth, *Romans*, 77.

56. Barth, *Romans*, 77.

57. 바르트는 "시간 너머의 시간"을 "시간 안의 영원"이라고 말한다(*Romans*, 92).

활한 현실의 바다는 이제 내려가서 오직 진리만 남게 된다. 참된 현실의 진리다! 시간은 태초부터 가장 먼 미래까지 어마어마하게 광활하니 영원이다! … 나는 … 하나님과 함께, 하나님 곁에서, 하나님 안에서, 신적 본성과 신적 삶에 참여하게 되었다."[58] 우리는 "시간의 신비인 '지금'을", 즉 부활을 알 수 있다.[59] "진리의 승리와 성취와 현전은 오직 소망을 통해서만 우리의 것"[60]이지만, 소망은 기다림이 우리의 최고 소명임을 알게 해 준다.[61]

바르트의 해석에는 종말론적 긴장에 대한 설명, 즉 바울을 묵시적으로 읽은 후대의 사람들이 전형적으로 묘사하는 이미-아직의 불안에 관한 내용이 거의 없다. 《로마서》에서 바르트는 바울의 시간관을 미래가 임한 것으로 이해한다. 현재가 미래와 상충하는 게 아니라 미래에 의해 형성된다는 것이다. 이제 "시간 너머의 시간", "시간 속의 영원"[62]이 있다. 현재는 시간 속에서 새로운 시대가 시작되는 것으로 생각될 수 없다. 이는 시간과 영원의 무한한 질적 차이를 고려할 때 불가능하기 때문이다. "우리는 … 십자가 아래 서서, 우리 것인 영원의 '지금'을, 우리 삶의 나날들 앞과 뒤와 위에 있는 예수 그리스도의 날을, 즉 날이 아니라 날 중의 날을 증언하는 것밖에 할 수 없다."[63]

58. Barth, *Romans*, 313. 시간의 바다에서 화산 융기를 일으키며 솟아오르는 불멸의 세계를 그린 슈바이처의 이미지(Schweitzer, *Mysticism*, 112)에 관한 언급은 없다.

59. Barth, *Romans*, 313.

60. Barth, *Romans*, 313.

61. Barth, *Romans*, 314-5.

62. Barth, *Romans*, 92.

63. Barth, *Romans*, 313. 젠슨은 바르트가 "성서의 묵시적 새 시대를 무시간적 순간으

물론 바르트는, 이미 일어난 일을 인지하더라도 "추정상 '이미' 일어난 일의 실존적 발생"을 기다리기 때문에, "예수 그리스도의 나타남, 파루시아, 임재의 영원한 '순간'을 고대하기 때문에"[64] 생겨나는 어떤 긴장을 생각하고 있었다. 그러나 우리는 "시간적 사건"을 기다리는 게 아니며, "역사적 … 또는 우주적 재앙 … 거칠고 잔인한 광경"[65]을 기다리는 게 아니다. 오히려 우리는 우리가 "매 순간 시간의 경계에 서 있음"[66]을 아는 그런 식의 시간 속에 들어설 때 우리가 깨어날 것을 기다린다. 그 시간에 우리는 "영원한 '순간'이" 시간 속으로 "들어오지 않을 것"을 알고, 따라서 "하나하나 매 … 시간적 순간"이 사랑의 기회임을 알게 될 것이다.[67] 왜냐하면 사랑의 행위는 "시간이 영원같이 되고 영원이 시간같이 되리라"[68]는 인식에서 비롯되기 때문이다. 바르트가 수용한 긴장이 무엇이든, 이후 대부분의 묵시론이 제시하는 이미-아직에 비하면 상대적으로 온건하고 불안이 없는 것이다.[69]

로 환원"하는 불행한 일에 기여했다고 주장한다(Jenson, "Apocalyptic and Messian-ism," 11). 젠슨에 따르면, 묵시적 종말론에 대한 이런 견해에서 불트만의 실존적 해석까지는 몇 걸음 거리밖에 되지 않는다.

64. Barth, *Romans*, 499.

65. Barth, *Romans*, 500.

66. Barth, *Romans*, 501.

67. Barth, *Romans*, 501(원문의 강조를 제거함). 원문에는 "들어오지"와 "않을" 사이에 쉼표가 있다.

68. Barth, *Romans*, 497.

69. 이는 바르트가 로마서 주석에서 전투의 수사를 사용했지만, 이후의 여러 묵시적 바울 해석자들과는 달리, 그리스도의 십자가와 부활로 시작된 우주적 전투에 초점을 맞추지 않았다는 사실과 관련이 있을 수도 있다.

바르트에 따르면, 바울은 그리스도 안에서 우리가 "보이지 않는 새 시대"[70]에 있다고 생각했다. 연대기적이고 순차적인 시간은 환상이다. 참된 시간은—그 자체는 시간 안에 있지 않은 **"지금!**을 통해 자격을 갖춘"[71] 시간은—시간의 경계에 있는 시간이다.[72] 영원은 시간 **안에서** 알려질 수 있지만, 시간**적인** 것은 아니다. 이 시간을 사는 삶의 강렬함은 이미와 아직 사이(두 시대 사이)에 끼어 있는 강렬함이 아니라, 사랑에, 예수 그리스도의 임재에 온전히 깨어서 사는 강렬함이다.[73] 우리는 필연적으로 "연이은 순간들 속에서" 사랑할 것이나, 우리가 사랑한다는 것은 그 순간을 알고 있기 때문이다.[74]

여기서 바울의 시간관에 대한 비전이 묵시적인 까닭은 슈바이처처럼 유대 묵시론적인 두 시대 틀을 바울이 재구성했다고 보기 때문이 아니다(실제로 바르트는 자신의 주석에서 유대 묵시 문헌을 언급하지 않는다). 오히려 점진적 계시 개념에 대한 이의 제기와 그 비전의 규모 때문에 묵시적이다. 즉, 인류가 시간의 경계선 너머를 엿보고 "감히 알지 못하는 존재를 사랑하고, 끝에서 시작을 파악하고 이해할 수 있는"[75] 식의 시간을 세우기 위해, 영원(하나님)이 시간을 해체했다는 것이다. 바르트의 《로마서》는 있었던 일과 하나님이 하신 일 사이에

---

70. Barth, *Romans*, 497.
71. Barth, *Romans*, 498(강조는 원문의 것).
72. Barth, *Romans*, 501.
73. Barth, *Romans*, 501.
74. Barth, *Romans*, 498.
75. Barth, *Romans*, 501.

절대적 불연속이 있다고 주장한다는 점에서 (성서학계 및 신학계에서 묵시적이라는 말을 이해한 바와 같이) 묵시적이다.[76] 《로마서》가 아닌 다른 저술에서 바르트의 말을 빌리자면, 종말은 "앞서 있었던 것에서 이어지는 연장, 결과, 귀결, 다음 단계가 **아니라, 오히려** 반대로 앞서 있었던 모든 것과의 근원적 단절이며, 바로 그런 점에서 앞서 있었던 것의 본래적 의미와 동력이기도 하다."[77]

에른스트 케제만

케제만은 묵시가 초기 그리스도교의 토대였다고 보는 생각을 (상당한 반대에도 불구하고) 대중화한 공로가 있다.[78] 케제만은 유대 묵시론과 바울을 비교하는 데는 잉크를 몇 방울밖에 쓰지 않았다.[79] 그는 묵시 사상을 우주적 세력들과 하나님 사이의 싸움으로 보고 있었고,

76. 이러한 근원적 불연속성은 《교의학》에서 훨씬 미묘하게 드러날 것이다. 애덤스는 바르트가 예수 그리스도를 이스라엘 역사의 틀 안에 위치시키는 *Dogmatics* IV/1, 170과 관련하여 이러한 점을 지적한다(Adams, *Reality of God*).

77. "Der Christ in der Gesellschaft," 35에 대한 필립 지글러(Philip G. Ziegler)의 번역이다. Ziegler, *Militant Grace*, 8에서 인용했다.

78. 특히 다음을 보라. Käsemann, "Beginnings of Christian Theology"와 "Primitive Christian Apocalyptic." 케제만은 "Primitive Christian Apocalyptic"에서 게르하르트 에벨링(Gerhard Ebeling)과 에른스트 푹스(Ernst Fuchs) 같은 자신의 비평가 몇 명에게 직접 답한다.

79. 그는 자신의 로마서 주석에서 비교 작업을 조금 수행한다(예컨대 Käsemann, *Romans*, 308. 《로마서》). 그는 사해 문서를 간략히 언급한다("Primitive Christian Apocalyptic," 123).

개인이 아닌 민족과 전 세계에 관한 것으로 보고 있었다. 이러한 묵시론 이해는 이후 묵시적 바울 해석자들에게 계승되며 미묘한 차이가 생겼다.

시간과 관련하여, 케제만은 자기 스승 불트만과 달리 바울의 종말론이 오로지 현재적이기만 한 종말론이 아니라고 단호하게 주장한다. 오히려 바울 서신은 "현재와 미래 종말론 사이의 절충"[80]을 보여 준다. 그 증거는 바울이 고린도 개종자들의 열광(즉, "역사의 종말이 … 이미 발생했다"[81]는 믿음)에 대해 "종말론적 유보"[82]로 반대한다는 점이다. 바울은 "마지막 때의 날이 이미 시작"[83]되었지만, 아직 기대해야 할 미래가 남아 있다고 믿었다. 즉, 죽음의 계속된 통치가 끝나는 그리스도의 재림이 남아 있다는 것이다. 케제만이 확신한 바에 따르면, 바울은 신자들이 그리스도의 죽음에 참여하지만, 아직 그의 부활에는 참여하지 않는다고 생각했다. 죽음은 그리스도를 지배하지는 못하지만, 여전히 신자들을 지배하고 있다. 앞으로 올 것이 더 있다.

바울은 이제 우주적 세력들이 그리스도의 주권에 복종한다는 점을 바탕으로, "묵시론적 두 아이온 도식을 수정한다."[84] 현재 사망 권세를 제외한 모든 세력이 교회 안에서 패배하여, 그 결과 두 가지 현

---

80. Käsemann, "Primitive Christian Apocalyptic," 131.
81. Käsemann, "Primitive Christian Apocalyptic," 133.
82. Käsemann, "Primitive Christian Apocalyptic," 132.
83. Käsemann, "Primitive Christian Apocalyptic," 133.
84. Käsemann, "Primitive Christian Apocalyptic," 134.

실—"구속받은 교회와 구속받지 못한 창조물인 세상"[85]—이 존재한다. 다시 말해, 이어지는 두 시대가 아니라, 이제 서로 대립하는 두 세계가 있는 것이다.[86] 그럼에도 바울은 개종자들이 아직 종말에 있는 것이 아니라 "여전히 메시아의 고난을 겪고"[87] 있음을 깨닫는 것이 중요하다고 보았다.

그리스도의 죽음과 부활 이후 시간은 종료점 및 궁극적 종말 이전의 마지막 시기를 지닌 것으로 알려진 실체다. 종말은 시작되었지만 아직 임하지 않았다. 종말은 파루시아에서만 일어날 것이다. 케제만은 바울 종말론의 현재적 측면이, 이후 묵시적 바울 옹호자들이 이미–아직에 관해 말할 때와 같은 방식으로 선형적 시간을 단절시키는지에 대해 숙고하지 않는다. 케제만의 시간적 틀은 시간이 묵시적으로 무엇을 의미하는지에 대한 자신의 이해에 바탕을 둔다. "세계에는 분명한 시작과 분명한 끝이 있으므로, 역사의 흐름은 분명한 방향이 있고 돌이킬 수 없으며 서로 명확하게 구별되는 일련의 시대로 표현된다."[88] 케제만에게 시간은 순차적이다. 미래는 시간의 침입이나 단절이 아니라, 종말의 시기에 자리 잡은 것이다.

이것은 바울의 신학이 구원사로 형성되었다는 케제만의 주장을 설명하는 데 도움이 된다.[89] 그러나 그것은 "심히 역설적인"[90] 구원사

85. Käsemann, "Primitive Christian Apocalyptic," 134.
86. Käsemann, "Primitive Christian Apocalyptic," 129.
87. Käsemann, "Primitive Christian Apocalyptic," 136.
88. Käsemann, "Beginnings of Christian Theology," 96.
89. Käsemann, "Justification and Salvation History," 66. 그리고 *Romans*, 307.

다. 이 구원사는 "역사적 발전 과정"[91]과 다르다. 왜냐하면 이 구원사에서는 종말이 역사에 침입하여 뿌리내리고[92] 앞서 보았듯이 두 개의 대조되는 영역(아담의 영역과 그리스도의 영역)에서 나타나기 때문이다.[93] "연속적인 두 아이온에 관한 묵시적 도식은 … 현재로 옮겨진다."[94] 그러나 앞으로 올 것이 더 있기도 하다. 그리스도의 주 되심이 드러날 그리스도의 본질적 재림이 남아 있다. 종말론은 역사의 일부로, "창조에서 이스라엘에 대한 선택과 약속을 통해 그리스도와 파루시아로 이어지는" "통합력"[95]을 제공한다. 역사의 종말과 이 역사의 종말이 파루시아에서 이루어지리라 예상된다.

케제만은 바울이 두 시대라는 묵시적 개념을 충돌하는 두 현실(교회와 세상)이 있다는 개념으로 수정했다고 제안하는데, 이는 선형적 시간 이해에 부합한다. 마지막 시간에는 두 가지 현실, 곧 하나님께 순종하는 현실과 그렇지 않은 현실이 존재한다. 이는 파루시아에서 끝날 것이다. 시간은 종말을 향해 나아가고 있는 실체다.

---

90. Käsemann, "Justification and Salvation History," 68.
91. Käsemann, *Romans*, 316.
92. Käsemann, "Justification and Salvation History," 68.
93. Käsemann, "Justification and Salvation History," 67.
94. Käsemann, "Justification and Salvation History," 67.
95. Käsemann, "Justification and Salvation History," 68.

J. 크리스티안 베커

베커는 바울이 묵시 사상가라는 생각을 더 밀고 나간다.[96] 베커는 케제만과 비슷하게, 바울 신학이 묵시적이며 그리스도의 부활에 비추어 유대 묵시론의 두 시대를 수정했다고 주장한다. 또한 케제만과 마찬가지로 시간적 연속성을 전제한다. 베커는 과정에 대해서—과정에 개입하시는 하나님에 대해서,[97] 변화 과정의 시작인 그리스도의 부활에 대해서[98]—말한다. 베커는 유대인뿐만 아니라[99] 모든 사람과 함께하는[100] 하나님의 구원사를 언급한다.

베커는 케제만과 자신을 구분하면서 다음과 같이 주장한다. 케제만은 묵시론을 이방인 신자들의 열광에 맞선 바울의 논쟁적 가르침으로 보았지만,[101] 오히려 묵시론은 "바울 신학을 정합성 있게 하는 중추"이며,[102] "바울은 신 중심의 전망을 가진 묵시 신학자다."[103] 베커는 또한 불트만의 종말론이 창조 세계의 변화와 하나님의 최후 심

---

96. Beker, *Paul the Apostle*. 베커는 "바울 사상을 일관적으로 묵시적으로 해석하는 것만이 바울 사상의 근본적 일관성을 보여 줄 수 있기 때문에, 바울에 대한 새로운 이해를 위해"(143) 특히 케제만이 발전시킨 묵시적 이해를 "밀고 나가"고자 한다고 쓴다.

97. Beker, *Paul the Apostle*, 19.

98. Beker, *Paul the Apostle*, 149.

99. Beker, *Paul the Apostle*, 243.

100. "하나님의 구원사는 하나님의 한 백성의 창조, 곧 유대인과 이방인으로 구성된 단일한 교회의 창조에서 종말론적 단계에 이른다"(Beker, *Paul the Apostle*, 83).

101. Beker, *Paul the Apostle*, 17

102. Beker, *Paul the Apostle*, xiv.

103. Beker, *Paul the Apostle*, 362.

판의 "아직"을 간과하고 있다고 주장하며 비판한다.[104] 베커는 또한 쿨만이 그리스도를 계속되는 과정의 중심점에 위치시킨 것도 잘못이라고 생각한다. 베커가 볼 때, 이는 종말을 사실상 무기한으로 연장하여, 종말을 "지속적이고 영구적인 변수"로 만들기 때문이다.[105]

베커에 따르면, 바울은 약속과 성취의 관점에서, 하나님과 반하나님 세력(특히 죽음) 사이에서 계속되는 전투가 종결을 기다리고 있다는 관점에서, 철저하게 묵시적인 방식으로 사고한다. 바울 비전의 우주적 범위는 교회와 세상의 나님이 없음을 의미하고,[106] 또한 교회와 세상 모두 창조 세계가 변화되는 하나님의 최후 승리를 기다리고 있음을 의미한다. 그리스도의 부활로 인해 묵시적 미래가 현전하지만,[107] 베커는 "그리스도 사건이 우주적 완성을 기다린다"[108]는 점을 강조한다. 하나님의 최후 승리는 보장되었지만, 아직이다.

베커가 생각한 바울의 시간관은 케제만의 개념과 마찬가지로 선형적이다. 시간 선은 미래가 현재로 들어올 수 있음("미래가 현재로 침입하는 것"[109])을 의미한다. 그리스도의 부활은 "역사에서 종말이 출현"[110]한 것이다. 베커의 요지―바울에게 하나님의 승리는 아직 완

---

104. Beker, *Paul the Apostle*, 179.
105. Beker, *Paul the Apostle*, 355.
106. 그럼에도 베커는 교회를 "적대적 세상에서 새 창조의 선봉"으로 묘사한다(Beker, *Paul the Apostle*, 155).
107. Beker, *Paul the Apostle*, 58, 153.
108. Beker, *Paul the Apostle*, 277.
109. Beker, *Paul the Apostle*, 145.
110. Beker, *Paul the Apostle*, 149.

성되지 않은 것이다―는 선형적 시간 이해에 기대고 있다. 하나님의 승리는 시간 선 아래 어딘가에 있다. 지금의 삶은 "십자가와 부활의 **변증법**"이며, "하나님의 최후 승리에서 우리의 십자가 형태의 삶 **이후** 부활의 삶이라는 **연속적** 과정에 포괄될 것이다."[111] 베커는 연대기적, 순차적, 선형적 시간을 바울이 작업한 묵시적 시간의 본질로 가정하고, 종말의 현전이 역사적(연대기적) 시간을 변화시키는지는 고민하지 않는다.

J. 루이스 마틴

마틴의 연구에 비판이 없는 것도 아니고,[112] 심지어 그의 추종자들도 그의 연구의 중요한 특징들에 대해 동의하지 않거나 조심스러워한다.[113] 그럼에도 바울의 묵시 사상, 특히 갈라디아서에서의 묵시 사상에 대한 마틴의 확신에 찬 설명은 실제로 "갈라디아서 해석의 새로

---

111. Beker, *Paul the Apostle*, 207(강조는 원문의 것).

112. N. T 라이트는 다른 무엇보다도 마틴이 유대 묵시 문헌에 분명히 나타나는 것을 반영하지 않는 방식으로 '묵시'를 사용한다고 비판한다(Wright, *Paul and His Recent Interpreters*, 170).

113. 리처드 B. 헤이스(Richard B. Hays)는 "마틴이 자신의 해석대로 갈라디아서를 읽었을 때, 갈라디아서가 반유대적인 대체주의 그리스도교 신학으로 필연적으로 이어지지 않는다고 정말로 끝까지 주장할 수 있는가?" 하고 묻는다(Hays, review of *Galatians*, 377).

운 기준점이고"[114] "바울에 대한 가장 위대한 독해 중 하나"[115]로 여겨진다. 마틴이 다음 장에서 다룰 그의 제자 마르티누스 C. 드 부어에게 빚졌다는 사실은 인정되어야 한다. 유대 묵시적 사유에는 두 가지 노선, 즉 법정적 노선과 우주적인 노선이 있다는 드 부어의 중요한 진술은 마틴의 연구에 기초를 이룬다.[116]

마틴은 현재와 과거의 불연속성과 현재와 미래의 불연속성을 모두 강조한다. 마틴은 그가 바울에 대한 구속사적 해석이라고 부르는 해석 방식을 반대한다. 바울이 그리스도 안에서 절정에 이른 "역사적 노선"[117]의 측면에서 사고한다는 생각은 바울의 관점이 아니라 이방인 선교에서 바울을 반대하는 자들의 관점이다. 마틴은 바울을 "구속사적 신학자로"[118] 생각하는 해석자들과 자신을 구별했다. 바울은 순차적 발전의 측면에서 사고하지 않았다. 바울은 시간을 선형적인 방식으로 생각하기보다, 하나님께서 점적인 방식으로 행동해 오셨다고 생각했다.[119] 이는 아마도 마틴이 보기에 하나님께서 단순한 인과적 방식으로 연결될 수 없는 특정 순간들에 사건들을 창조하시는 방식으로 시간을 이용하신다는 것이 바울이 생각했던 바라는 의미다. 하나님의 손에서 시간은 실체다. 하나님은 하나님이 원하시는

---

114. Cousar, review of *Galatians*, 4.
115. Barclay, review of *Galatians*, 5.
116. 다음을 보라. de Boer, *Defeat of Death*.
117. Martyn, *Galatians*, 344.
118. Martyn, *Galatians*, 347. 마틴이 거명하는 사람 중에는 J. 크리스티안 베커와 N. T. 라이트도 있다.
119. Martyn, *Galatians*, 348.

것을 하나님이 원하시는 대로 시간이라는 실체 속에 창조하신다. 이를테면 언약적 약속(아브라함)과 "단수이며 점적인 씨(그리스도)"[120]라는 두 점적인 사건이 그렇다. 마틴은 첫 번째 사건이 두 번째 사건을 "가리킨다"[121]라고 썼지만, 그 방식에 관해서는 깊이 생각하지 않았다.[122] 이와 관련하여 마틴에게 중요한 것은 "일련의 사건으로서의 이스라엘 역사는 전혀 바울의 관심이 아니었다"[123]라는 필리프 필하우어의 진술을 그가 긍정함으로써 강조된다.

마틴의 바울은 과거와 현재의 관계에 대해 상식적인 시간 이해의 결을 거스르는 이해를 가지고 있었다. 과거는 현재에 흘러들지 않는다. 과거에 있는 것이 현재를 "가리킬" 수는 있지만, 시간의 흐름을 통해 현재로 이동하는 것은 아니다. 하나님은 과거의 어떤 사건이 현재에 있어야 하는지(그리고 어떤 사건이 있으면 안 되는지)를 결정하실 수 있다.[124] 그리고 그러한 사건이 현재에 있는 것은 하나님께서 거기에 두셨기 때문이다. 하나님이 과거에 아브라함에게 하신 약속

120. Martyn, *Galatians*, 339.
121. Martyn, *Galatians*, 339.
122. 예컨대 마틴은 이러한 언급을 약속-성취로나 모형론적으로 설명하지 않는다.
123. Vielhauer, *Oikodome*, 218. 다음에서 인용했다. Martyn, *Theological Issues*, 223n30.
124. 바울이 율법과 언약을 분리했다는 마틴의 주장은 과거의 어떤 것(율법)이 더 이상 현재의 일부가 아닌 일례다. 마틴은 "하나님의 성서의 참된 음성"은 율법이 아니라 하나님께서 아브라함에게 말씀하신 언약적 약속이라는 유명한 주장을 한다(*Galatians*, 340). "언약은 오직 하나님께서 아브라함에게 하신 약속과만 동일시되어야 하며, 따라서 율법과는 엄격히 분리되어야 한다"(341).

은 이제 "단수형 씨, 그리스도"[125] 안에서 현재에 있다. 과거가 현재로 흘러서 들어온 게 아니라, 하나님께서 과거를 현재에 두셨기 때문에 과거가 현재에 들어온 것이다. 물론 이것은 시간에 대한 우리의 일반적 이해를 넘어서는 것이다.

이러한 과거와 현재 관계 이해에 필수적인 것은 다음과 같은 마틴의 확신이다. 즉, 하나님께서 악한 시대에 침입하신 것은 율법을 비롯한 체계로 된 과거와 그리스도 안에서 현재 하나님의 활동 사이의 근원적 구별을 나타낸다. 마틴에 따르면 두 시대는 "묵시적 사고에 기본적인 도식이다."[126] 마틴은 바울이 두 시대의 관점에서 사고했다는 주장을 근거로, 바울에게서 두 시대 사이의 "분리적 이원론"[127]을 읽어 낸다. 한 시대가 다른 시대로 변하는 것이 아니라, 두 시대 사이의 이원론적 단절이 존재한다는 것이다. 새 창조/새 시대가 현재로 들어오는 것은 과거가 현재로 발전했기 때문이 아니라, 하나님께서 옛 시대가 끝나고 새 시대가 오도록 결정하셨기 때문이다.[128]

이러한 시간의 특성은 악한 현시대, 하나님께서 그리스도와 영을 보내셔서 침입해 오신 악한 현시대가 새 창조와―다른 종류의 시간

---

125. Martyn, *Galatians*, 349.

126. Martyn, *Galatians*, 98.

127. Martyn, *Theological Issues*, 178.

128. 마틴은 베커의 *Paul the Apostle*에 대한 리뷰에서, 베커가 묵시를 연속성으로 구조화된 것(구원사)으로 이해한다고 비판한다. 하나님의 최후 승리가 하나님이 주관하는 역사라는 연속체를 통해 이루어진다는 베커의 견해는 마틴이 바울의 묵시 사상의 근본적 이원론으로 보는 것과 상반된다(Martyn, *Theological Issues*, 178).

과―"역동적으로 상호 관련되어" 있다는 것이다.[129] 새 창조는 새로운 대립antinomies과 새로운 인식 방식이 있는 새로운 현실이며, 또한 새로운 종류의 시간이다. "그렇다면 현 시간의 기본 특성은 새 창조와 악한 현시대의 접점이라는 사실에 있다."[130] 이 접점은 근원적 분리의 결과다. 과거―즉, 악한 현시대―가 더 이상 현재로 흘러들지 않기 때문에, "근원적으로 새로운 시간 개념"[131]이 존재한다. 하나님께서 그리스도와 영으로 침입하셔서 과거에 관한 모든 것을 재정리하셨기 때문에, 과거는 끝났다. 마틴의 용어를 쓰자면 바울은 "점적인 해방" 같은 것이 있다고 생각했다. 이는 "점진적 성숙"과 반대되는 개념이다.[132]

시간의 측면에서 볼 때, 하나님이 시작하셔서 그리스도의 죽음과 부활에서 과거와 현재 사이의 단절이 발생했다는 마틴의 주장은 사실상 미래를 현재로 가져온다. "종말론적인 세계 정복이 이미 시작되었다."[133] 우리 성서학자들은 이러한 주장에 너무 익숙해져서, 이러한 주장이 시간에 관하여 주장하는 바가 무엇인지 들리지 않을 수도 있다. 종말은 미래인데, 미래가 현재에 시작되었다는 것은 미래가 현재로 들어왔다는 의미다.

마틴에게 새 창조는 악한 현시대인 "앞"에 침입한 "뒤"다.[134] 이 침

129. Martyn, *Galatians*, 66.
130. Martyn, *Galatians*, 102.
131. Martyn, *Galatians*, 104.
132. Martyn, *Galatians*, 389.
133. Martyn, *Theological Issues*, 113.

입은 현재를, 마틴이 강조하듯이 다른 대립이 있는 다른 현실로 변화시킨다. 그러나 악한 현시대는 계속된다. 악한 현시대의 구조들, 예컨대 육신은 새 창조가 침입했기 때문에 이제 도전을 받는다. 그래서 예컨대 영은 이제 육신과 전쟁 중이다.[135]

바울이 두 시대가 동시에 존재한다고 생각했다는 마틴(과 다른 이들)의 주장은 사도의 시간관에 대한 특정한 이해를 보여 준다. 즉, 현재와 미래가 공존한다는 것이다. 현재가 미래로 진입함으로써 미래로 변한다고 이해하지 않고, 오히려 현재를 미래와 전쟁을 벌이는 실체로 (그리고 미래도 현재와 전쟁을 벌이는 중이라고) 생각하는 것은 낯설고 이상한 시간 개념에 의존한다. 미래는 현재 이후에 오는 것이 아니라 현재 안에 있을 수 있으며, 미래가 현재에 있다고 해서 현재가 미래로 바뀌는 것은 아니다. 현재와 미래는 같은 순간에 존재할 수 있다. 이는 시간이 과거에서 현재로, 미래로 계속 이어지는 방식으로 작동한다는 우리의 일반적 이해를 거스른다. 또한 이는 시간에 대한 우리의 경험과도 다르다. 우리는 거의 항상 현재 순간이 과거와 미래를 담는 방식으로 시간을 경험한다. (건강하고 온건한 인간에게) 현재는 과거를 기억하고 미래를 예측하기 위한 분명한 맥락이다. 기존의 시간 이해는 과거나 미래를 실제로 현재 **안에** 있는 것으로 보지 않는다. 바울을 묵시 사상가로 보는 이러한 비전에 따르면, 시간과 관련하여 바울은 과거가 현재와 연속적이지 않으며 미래와 현재

---

134. Martyn, *Theological Issues*, 121.
135. Martyn, *Theological Issues*, 121.

가 지금 같은 시간에 존재한다고 생각했다.

비벌리 R. 가벤타

가벤타는 바울의 신학이 "묵시 신학"이라고 이해한다. 묵시 신학은 "인류를 포함한 전 우주를 위해 상상 불가능한 규모로 하시는 하나님의 행동"[136]을 나타내는 명칭이다. 가벤타에 따르면, 바울은 창조물이 반하나님 세력의 노예가 되었으며 하나님이 그리스도 안에서 이 끔찍한 상황에 침입하셨다고 보고 있다. 전투가 벌어졌고, 하나님은 자기 창조물을 노예로 삼는 세력과 싸우신다.[137] 그 결과 한편으로는 그리스도와 새로운 창조물, 다른 한편으로는 우주가 대립하게 되었다.[138] 그리스도의 십자가 처형이 전투에서 승리한 것은 아니지만, 권세들의 가면을 벗기고 그들의 불가피한 패배를 알린다.[139] 이런 의미에서 그리스도의 십자가 처형은 "새로운 시대를 출발시킨다."[140]

가벤타는 로마서 8장을 바탕으로 바울이 생각하는 바를 읽어 낸다. 즉, "예수 그리스도의 부활과 신자들의 새 삶에도 불구하고, 창조

---

136. Gaventa, *Our Mother Saint Paul*, 84.
137. 가벤타는 로마서조차 군사적 이미지로 가득 차 있다고 주장한다("Rhetoric of Violence").
138. Gaventa, *Our Mother Saint Paul*, 108.
139. Gaventa, *Our Mother Saint Paul*, 122.
140. Gaventa, *Our Mother Saint Paul*, 103.

물은 계속 노예로 팔려 가고 있다"는 것이다.[141] 그럼에도 그리스도 안에서 하나님의 개입은 권세들이 "승리할 수 없고 하지 않을 것"[142]을 의미한다. 가벤타의 묵시적 바울은 십자가에서 하나님이 노예화하는 반하나님 세력과 싸움을 시작하셨다고 본다. 인류를 포함한 하나님의 창조물에 대한 해방은 "완성되지 않았다."[143] 전투가 계속되고 있다는 징표는 **죄**와 **죽음**이[144] 계속 현전한다는 것이다.

가벤타의 주장에는 그리스도의 십자가 이전에 있던 것과 이후에 오는 것 사이의 불연속이라는 암묵적 이해가 있지만, 그럼에도 시간과 관련하여 의미하는 바는 불분명하다.[145] 가벤타는 자신이 생각하는 바울의 확신에 초점을 둔다. 즉, 바울은 하나님이 시작하셔서 계속되는 반하나님 세력과의 싸움이 아직 궁극적 승리에 이르지 않았다고 확신하고 있다는 것이다. 가벤타는 바울이 선형적 시간 이해를 가지고 작업했다고 가정하는 것으로 보인다. 그녀는 "현재 일어나고 있는" 하나님의 종말에 관해 이야기하지만,[146] 이는 하나님의 최후

141. Gaventa, *Our Mother Saint Paul*, 60.

142. Gaventa, *Our Mother Saint Paul*, 60.

143. Gaventa, *Our Mother Saint Paul*, 81.

144. 바울을 묵시적으로 해석하는 사람들은 자주 죄와 죽음을(그리고 종종 육신을) 대문자로 표기한다(한국어판에서는 고딕체로 표기했다). 이는 바울이 이것들을 인류를 통제할 수 있는 강력한 초인적 실체로 그리고 있었다는 자신들의 이해를 나타내기 위해서다. 나도 바울을 묵시적으로 읽는 학자들의 견해를 설명할 때 같은 방식으로 표기하곤 한다.

145. 가벤타는 로마서가 이스라엘을 향한 하나님의 언약적 신실하심에 관한 내용일 수 있지만, 일차적으로는 그리스도의 죽음과 부활 이후 하나님이 하나님 자신을 위해 세상을 되찾고 계신 "갈등 안에" 이스라엘을 포함한 모든 사람이 있음을 선언하는 내용이라고 주장한다(Gaventa, *Our Mother Saint Paul*, 122-23).

146. Gaventa, *Our Mother Saint Paul*, 81.

승리가 아니라 하나님이 창조 세계에 침입하신 것을 가리킨다. "묵시 드라마"[147]는 순차적으로 진행된다. 그리스도의 죽음은 노예화된 창조 세계에 하나님이 침입하신 것이며, 이는 인간을 죄에서 해방하고, 신자들을 하나님의 자녀로 변화시킨다. 이 하나님의 자녀들은 "궁극적인 최종 구속을 기다린다."[148]

더글러스 A. 캠벨

캠벨의 방대한 저서 《하나님의 구원》*The Deliverance of God*의 부제는 "묵시로 다시 읽는 바울의 칭의"다. 캠벨은 "묵시적으로 다시 읽기" 위해 칭의와 관련된 개신교의 바울 해석을 재고하고 있지만, '묵시'를 정의하는 데는 많은 시간을 들이지 않는다. 그에게 묵시는 그리스도 이후 두 가지 상반되는 통치가 있다는 식의 이해를 의미하는 것으로 보인다. 그리스도를 통한 하나님의 통치와, "더 사악한 존재들"의 통치가 있다는 것이다.[149] 캠벨이 "비그리스도교적 현실"이라고 부르는 것은 죄와 사망의 노예가 된 현실이다.[150] 이렇게 노예화된 억압 상태에 대한 유일한 해결책은 하나님께서 인류를 구출하시는 것이며, 하

---

147. Gaventa, *Our Mother Saint Paul*, 140.
148. Gaventa, *Our Mother Saint Paul*, 135.
149. Campbell, *Deliverance of God*, 63
150. Campbell, *Deliverance of God*, 63.

나님은 사랑으로 이를 행하신다.[151] 그 결과 사람들이 육신이 아닌 그리스도 안에서 살 수 있게 하는 영의 역사, 즉 "근본적인 변화"가 일어난다.[152] 캠벨은 "이 사건의 무조건적, 계시적, 변혁적, 해방적 측면은 이 사건이 '묵시'로 적절히 기술된다는 의미다"라고 말한다.[153]

캠벨이 이러한 묵시적 바울 구원론 읽기의 시간적 함의에 대한 중요한 성찰을 제공한 것은 방대한 두 번째 저서 《바울 교의학: 하나님 사랑의 승리》*Pauline Dogmatics: The Triumph of God's Love*가 나오면서부터다.[154] 캠벨은 이와 관련하여 내용비판Sachkritik을 사용하여, 바울의 시간 이해를 현대 과학적 시간 이해에 기초하여 근본적으로 탈신화화하려고 한다. 캠벨은 시간이 "일정하게 움직이는"[155] 선이나 상수가 아니라 장field이라는 아인슈타인의 설명을 수용한다. 캠벨은 "바울 본인은 이러한 시간관을 이해하지 못했다"고 말한다.[156] 그럼에도 캠벨에 따르면, 이런 발상은 자신이 바울 사상에서 본 긴장, 즉 신자들이 부활한 영적인 마음을 지녔지만 또한 죽을 몸 안에 살고 있다는 데서 오는 긴장을 설명하는 데 도움이 된다. 바울은 신자들의 부활이 "어떤 의미에서는" 현재적이며, 이미 "시작되었다"[157]고 믿었다. 고린도후

---

151. Campbell, *Deliverance of God*, 65-66.

151. Campbell, *Deliverance of God*, 65-66.
152. Campbell, *Deliverance of God*, 64.
153. Campbell, *Deliverance of God*, 66.
154. 캠벨은 *Deliverance of God*과 *Pauline Dogmatics* 사이에 두 권의 작은 책, *Framing Paul*과 *Paul*을 출간했다.
155. Campbell, *Pauline Dogmatics*, 157.
156. Campbell, *Pauline Dogmatics*, 161.
157. Campbell, *Pauline Dogmatics*, 105.

서 5:17은 바울이 "모종의 부활 같은 것이 일어났다고"[158] 생각하고 있음을 보여 준다. 시간을 선형이 아니라 장으로 이해하면, 신자들 부활의 부분성에 내재된 긴장의 형태가 바뀐다. 이 긴장이 해결되어야 하며 언젠가 해결될 것이라는 것이 아니다. 오히려 죽은 자들이 들어가는 시간의 완성 속에는 미래가 없다는 것이다.[159]

캠벨에 따르면, 하나님이 시간을 창조하신 것은 아니지만 시간을 지탱하신다는 점을 이해해야 한다. 시간은 "하나님에 의해 유지되는 과도기적 질서 구조"다.[160] 캠벨은 바울도 시간을 하나님이 "창조하기로 택한 질서"에 속하지 않는 과도기적 체제의 측면에서 생각했다고 주장한다. 캠벨의 바울 독해에 따르면, 모세의 시대도 그러한 과도기적 질서 체제 중 하나다.[161] 그래서 캠벨이 볼 때, 시간에 한시적 기능이 있다는 생각이 바울에게 자연스러웠으리라는 발상은 그리 비약이 아니다.

사도의 시간 이해를, 그리고 신학적 관점에서 시간 자체를 이렇게 매혹적으로 재평가하는 근거는 시간이 하나님과 별개라는 생각인 것 같다. 캠벨은 하나님이 "시간의 장 '위에' 계신다"[162]고 말한다. 캠

---

158. Campbell, *Pauline Dogmatics*, 105.

159. Campbell, *Pauline Dogmatics*, 163.

160. Campbell, *Pauline Dogmatics*, 582. 캠벨은 하나님의 원래 의도에 속하지 않은 "질서 구조"에 관한 T. F. 토렌스의 제안(Torrance, *Space, Time and Resurrection*, 185)에 의존하고 있다. 이러한 질서 구조는 혼돈을 억누르는 역할을 한다(*Pauline Dogmatics*, 580).

161. Campbell, *Pauline Dogmatics*, 583.

162. Campbell, *Pauline Dogmatics*, 158.

벨은 하나님이 과거, 현재, 미래가 모두 한꺼번에 있는 시간의 완전성을 살고 계신다는 바르트의 구상을 긍정하지만,[163] 이것을 시간이라고 기술할 수 있는지는 따져 보지 않는다. 그것은 정확히 말하면 시간의 완전성이다.[164] 그는 "완전히 다른 유형의 시간—부활의 시간 … 새로운, 완전한 시간"에 대해 이야기한다.[165] 그러나 캠벨은 바울 서신을 바탕으로 이러한 발상을 탐구하는 모습은 거의 보여 주지 않는다. 그저 "옛 시간"과 완전한 시간을 구분하기만 할 뿐이다.[166]

캠벨은 시간이 하나님에 관한 것이 아니라고 가정하는 것 같다. 시간은 하나님에 의해 창조되지 않았고, 하나님은 시간을 초월해 계시며, 시간을 살지 않으신다—더 나은 표현으로는, 하나님은 우리와 같은 식의 시간, 즉 "옛 시간"을 살지 않으신다. 캠벨은 바울이 이런 주장을 하지 않았음을 인정하지만, 그럼에도 "바울의 입장 중 일부는 그가 진술한 입장에서 이렇게 더 성숙한 해법을 추론할 수 있게 허용한다"고 말한다.[167] 캠벨의 "더 성숙한 해법"은 선형적 시간관에 기초한 이미-아직이라는 낡은 제안을 넘어서는 길을 제공하는데,

---

163. Campbell, *Pauline Dogmatics*, 158.
164. 캠벨은 "완전한 시간"이 있을 것이라는 생각을 본인이 품고 있다는 암시를 던지고(*Pauline Dogmatics*, 158), "시간의 완전성"에 관해서는 간략하게 이야기한다(163). 시간의 완전성에 관한 캠벨의 몇몇 언급은 바울에 대한 주석이 아니라 바르트에 근거한 것이다(158). (물론 이러한 관찰은 바르트의 이해가 바울을 읽은 것에 근거한 것인지 질문하게 만든다.)
165. Campbell, *Pauline Dogmatics*, 159.
166. Campbell, *Pauline Dogmatics*, 159.
167. Campbell, *Pauline Dogmatics*, 164.

바울이 시간에 대해 가정했던 바를(그리고 해석자들이 바울의 본문에 가져다 놓은 가정들을) 성찰하는 바울 학자를 발견하는 것은 정말 신선한 일이다. 하지만 시간 문제에 관해 바울과 주석적으로 더 씨름한 것 없이는, 사도가 이 헌신적인 해석자의 교정을 환영했을지는 의문으로 남게 된다.

묵시적 바울 가설의 시간

묵시적 바울 해석에서 중요한 것은 현시대 상황이 얼마나 절박한지에 관한 이해다. 이 해석의 관점에서 볼 때, 구원사적 접근이 점진적으로 전개되는 하나님의 계획을 강조하는 것은 하나님이 고치시기로 결정한 문제를 축소한다. 이는 하나님의 은혜의 범위를, 하나님께서 자기 아들을 희생하여 악한 세력으로부터 인류와 창조물을 해방하려고 끔찍한 현시대에 침입하기로 하신 것을 축소한다. 비벌리 가벤타의 표현을 빌리자면, 묵시적 바울 해석은 하나님이 고치려고 개입하신 딜레마를 "와이드 스크린"으로 묘사한 것이다.[168] 이러한 딜레마에 대한 분석과 함께, 그것은 적대 세력을 물리치는 하나님의 은혜로운 수고의 방대함을 강조한다. 문제가 너무 비극적이고 해법이 너무 놀랍기 때문에 점진적 구원 개념은 어울리지 않는다. 하나님이 주시는

---

168. Gaventa, "Cosmic Power of Sin."

새 세상은 끔찍하게 오염된 현재 세상과는 완전히 불연속적이다.[169]

묵시적 바울 읽기에서 시간은 악한 현시대와 새 창조라는 두 가지 경쟁하는 현실을 그 안에 담을 수 있다. 두 현실 사이의 경쟁은 보통 대립하는 세력들의 경쟁으로 묘사되지만, 이 두 현실에는 종종 간과되는 시간적 차원이 있다. 현시대는 그리스도께서 오시면 끝날 것이므로 유한한 반면, 새 창조는 일종의 영원한 시간성이다. 묵시적 해석은 두 종류의 시간성—유한한 시간성과 영원한 시간성—을 동시에 존재하는 것으로 그리고 있지만, 오직 그리스도를 믿는 신자들만이 이를 경험하고 알 수 있다.[170] 신자들은 자신들이 아는 시간에 영원이 침입했음을 이해한다. 또한 신자들은 동시에 두 시간성 속에서 살아갈 수 있으며, 이미-아직 속에 살고 있다.

조르조 아감벤

아감벤의 《남겨진 시간》은 바울의 시간 이해에 관한 논의에서 중요한 부분을 차지하므로, 나의 특수한 관점으로 넘어가기 전에 조금 주목할 필요가 있다. 아감벤은 바울의 시간관에 대한 설명을 구성하

169. 하지만 이미 지적했듯이, 케제만과 베커는 모두 점진적 구원 개념을 유지하면서도 바울을 묵시적으로 해석한다.
170. 앞서 지적했듯이 이 점에서 슈바이처는 다르다. 옛 시대가 계속되는 동안 그리스도 안에 있는 사람들은 "이미 초자연적인 존재"로 살아간다(*Mysticism*, 110). cf. 바르트는 그리스도 안에 있는 사람들은 "보이지 않는 새 시대"에 있다고 썼다(*Romans*, 497).

면서, "유대 묵시 전통 및 랍비 전통"과 구분하여 "메시아적 시간"에 대해 말하기[171] 때문에 여기서 논하는 것이 적절하다.

묵시는 사도의(바울의) 이해와 대조적으로 "종말을 관조한다."[172] 반면 바울은 종말의 시간을 관조하는 게 아니라 종말의 시간—지금 단축되고 있고 끝나기 시작한 시간—을 살아간다. 바울은 메시아적 시간을 살아간다. 메시아적 시간은 지금의 시간으로[173] 파루시아가 올 때까지 지속되는 시간이다.[174] "메시아적 시간은 세속적 시간이 완전히 변하며 단축을 겪는 부분이다. … [그것은] 두 시간 사이의 분할을 분할하고, 그 안에 분할을 넘어서는 나머지(resto)를 도입한다."[175] 아감벤은 귀스타브 기욤의 언어학적이고 철학적인 개념인 "작동 시간"operational time을 바탕으로, 바울에게 메시아적 시간은 시간을 끝내는 데 필요한 시간, 즉 우리에게 남겨진 시간이라고 제안한다.

지금, 메시아적 시간, 곧 작동 시간은 "표상된 시간에 단절과 지연을 도입한다."[176] 그러나 이것은 시간을 보충하거나 연기하는 식의 시간이 아니다. 메시아적 시간은 오히려 "시작점으로, 이를 통해 우리가 시간을 붙잡아서, 우리의 시간 표상을 이루어 내고, 시간이 끝나게 하는 것이다."[177] 그렇다면 메시아가 시간에 대해 갖는 의미는 이

171. Agamben, *Time That Remains*, 61.
172. Agamben, *Time That Remains*, 62.
173. Agamben, *Time That Remains*, 53, 61.
174. Agamben, *Time That Remains*, 63.
175. Agamben, *Time That Remains*, 64.
176. Agamben, *Time That Remains*, 100.
177. Agamben, *Time That Remains*, 100.

제 시간이 끝날 수 있고, 우리가 유일한 실제 시간―지금―에서 살 수 있다는 것이다. 메시아적 시간 내지 작동 시간은 "그 자체 안에 또 다른 시간을 품고 있다"[178]―즉, 끝나는 데 걸리는 시간을 말이다.[179]

아감벤에게 바울의 시간(메시아적 시간)은 예수님의 부활과 파루시아 사이의 시간으로, 메시아가 완전히 임재하고 시간이 "폭발하여 다른 아이온 속으로, 영원 속으로 통합되는"[180] 때다. 따라서 메시아적 시간은 있게 될 것―"시간이 영원으로 이행하는 **종말**"[181]―과 구별된다. 메시아적 시간에는 "바울의 구원 개념을 정의하는 **이미**와 **아직** 사이의 역설적 긴장"[182]이 있다. 파루시아에는 이 긴장은 끝나고 "시간의 종말"[183]이 있을 것이다.

아감벤은 묵시적으로(그리고 구원사적으로) 바울을 읽는 사람들과 마찬가지로, 미래가 현재에 임했다고 생각한다. 메시아 이후로는 "두 올람 사이의 명확한 구분"[184]이 없다는 것이다. 또한 아감벤은 묵시적, 구원사적 해석자들처럼, 신자들이 현재 살고 있는 시간은 파루시아에서 끝날 것이라고 본다. 게다가 구원사 사상가들, 그리고 여러 묵시적 해석자들과 같이, 아감벤에게 시간은 근본적으로 선형이다. 그

---

178. Agamben, *Time That Remains*, 71.
179. Agamben, *Time That Remains*, 68.
180. Agamben, *Time That Remains*, 63.
181. Agamben, *Time That Remains*, 63(강조는 원문의 것).
182. Agamben, *Time That Remains*, 69(강조는 원문의 것).
183. Agamben, *Time That Remains*, 69.
184. Agamben, *Time That Remains*, 63(옮긴이 주: '올람'은 시간, 시대, 영원, 세상 등을 뜻하는 히브리어. 원문에는 복수형 '올라밈'으로 쓰였다).

가 제시한 도표는 세 가지 시간적 사건을 나타내는데(A는 창조; B는 메시아 사건, 곧 예수님의 부활; C는 "시간이 영원으로 이행하는 때인 **종말**"[185]), 선으로 되어 있으며, 선 위의 지점에 A, B, C라는 글자가 있다.

묵시적 시간관과 구원사적 시간관 요약

구원사적 해석자와 묵시적 해석자와 아감벤에게 공통적인 시간 주장을 간략히 살펴보자. 대략적으로 요약하면, 구원사적, 묵시적 해석자들과 아감벤은 현재 두 시대가 동시에 동시에 존재하며 신자들은 두 시대를 동시에 살고 있다는 확신을 공유하고 있다.

또한 아감벤과 마찬가지로 구원사 학자들과 묵시론 학자들은 바울이 현재 모든 인간이 살고 있는 시간은 유한하며 끝날 것으로 생각했다고 본다. 파루시아에는 영원이 유일한 시간성으로 확립될 것이다. 이는 모든 인류에게 영향을 미칠 것이다. 현재는 중첩된 두 가지 시간이 있다. 신자들만이 두 시대를 동시에 살고 있다. 이 이미-아직 형태의 시간은 더 이상 '아직'이 없는 순간에 ㅡ 즉, 영원이 모든 것이 되는 때 ㅡ 끝날 것이다. 또한 구원사적 해석자와 묵시적 해석자의 이해에 따르면, 바울은 시간과 영원은 근본적으로 구별되는 시간성이며, 이 둘이 닿을 때 시간 구조가 영향을 받는다고 생각했다. 특

---

185. Agamben, *Time That Remains*, 63(강조는 원문의 것).

히 영원이 시간에 닿을 때, 현재는 적어도 미래의 일부를 그 안에 담을 수 있게 된다.

3

그리스도 안의 시간 — 시대의 중첩이 아닌 시간

앞 두 장에서 설명한 바울의 시간관에 관한 견해들은 다음과 같은 근본 확신을 공유한다. 즉, 사도는 신자들이 옛 시대와 새 시대의 중첩 속에 산다고 생각했다는 것이다. 또한 이러한 중첩이 바울의 유대적 유산 — 두 시대 틀이 포함된 유산 — 에 기인한다는 것은 결이 다양한 바울 해석자들이 공유하는 생각이다.[1] 두 시대 틀은 유대인의 시간성 이해를 다음과 같이 형성한 것으로 추정된다. 즉, 현시대에는 하나님의 통치가 도전받고 있으며, 이러한 상태는 지속될 수

---

1. 바울 학자들은 점점 더 유대 묵시론 학자들과 상호작용을 통해 자신들이 두 시대와 관련된 유대 묵시 사유들에 대해 지나치게 단순한 견해를 취하고 있다는 점을 인정해야 한다고 도전받는다. 예를 들어, 제2성전기 유대 문헌 학자인 매튜 고프(Matthew Goff)는 "유대 묵시 사상이 '두 시대' 교리를 갖는 것으로 규정되어야 하는지는 … 전혀 명확하지 않다"고 쓴다("Heavenly Mysteries," 135). 로렌 스터켄브룩은 일부 유대 묵시 텍스트는 시간이나 현실을 악한 세력이 지배하는 이 시대와 이 세력들이 패배할 때 올 시대로 나누고 있지 않음을 보여 준다. 유대인들은 "하나님의 악에 대한 선견적 통제 확립과 종말에 악의 실질적 패배 사이 시간에 자신들이 살고 있다고 이해할 수 있었다"("Posturing 'Apocalyptic' in Pauline Theology," 256).

없고, 하나님 주도로 새 시대가 방해 없는 하나님의 통치를 나타낼 때 대체될 것이다. 학자들은 바울이 이 시나리오를 가지고 작업했고 그리스도의 부활에 비추어—부활은 새 시대가 오기 전까지 일어나지 않아야 할 것으로 추정되었던 사건이다—이 시나리오를 수정했다고 주장한다. 사도는 그리스도의 부활이 신자들의 부활을 동반하지 않는 수수께끼를, 비순차적이고 겹치는 시대를 구상함으로써 해결했다. 어떤 학자들은 바울이 하나님의 점진적 행동을 생각했다고 보고,[2] 어떤 학자들은 사도가 묵시적으로 생각했다고 보는데,[3] 이 두 부류의 학자들 모두 두 시대 시나리오가 바울의 사고를 구성했다는 근본 전제를 공유한다.

하지만 이 근본적인 해석학적 전제의 문제는 바울이 새 시대에 관해 말하고 있지 않다는 점이다.[4] 바울이 새 시대에 관해 말하지 않았

2. 구원사 해석자인 던은 바울이 "시대들의 중첩"을 생각하고 있었다고 썼다(*Theology of Paul*, 464). 그는 다음과 같이 이어 간다. "다가올 시대의 시작이 현시대에 끌려들어 왔지만, 현시대는 아직 끝나지 않았으며 파루시아까지 지속될 것이다"(464). N. T. 라이트는 두 시대 개념이 묵시 저술과 랍비 저술 모두에서 발견된다는 점을 인식하면서, 다음과 같이 말한다. "창조주와 우주의 문제를 다루는 유대인의 표준 방법 중 하나는 세계사의 두 시대, 곧 현시대와 다가올 시대의 측면에서 이야기하는 것이다. 이러한 포괄적 서사에 대한 바울의 구체적 기여는 '오는 시대'가 예수님을 통해 이미(아직 완성되지는 않았지만) 시작되었다고 주장한 것이다"(*Paul and the Faithfulness of God*, 476-77). 라이트는 갈 1:4가 "'두 시대' 믿음을 분명히 보여 주는 진술이자, 이 시대들이 지금 **중첩**된다는 바울의 특별한 주장도 똑같이 분명하게 보여 주는 진술"이라고 주장한다(477[강조는 원문의 것]).

3. 묵시적 해석자 마르티누스 C. 드 부어의 묘사에 따르면, 바울은 "신자들이 옛 시대에 사는 것도 새 시대에 사는 것도 아니며, 새 시대의 세력이 옛 시대의 세력과 계속 싸우는 시대들의 연결점에 살고 있다"고 생각했다(*Galatians*, 34).

4. 에베소서는 여기서 예외다. 그러나 에베소서는 저자 문제가 논란거리다. 그럼에도 에베소서의 증거를 포함하더라도, 에베소서 1:21에서 이 시대와 오는 시대를 언급한 것은

다는 이 중요한 세부 사항이 가끔 언급되긴 했지만, 바울이 그런 생각을 암시적으로 말하고 있다는 주장이나[5] 바울이 사용하는 다른 용어에 같은 내용이 담겨 있다는 주장 때문에 간과되었다. 마르티누스 드 부어는 새 창조, 하나님 나라, 영생은 "분명 다가오는 시대에 관해 말하는 다른 방법"[6]이라는 진술을 통해, 학계가 공유하고 있는 생각을 명확히 표현한다.

바울에게 '새 창조', '나라', '영생'이라는 표현은, 이 말들이 악한 현 시대를 변화시키는 하나님의 구속적 임재와 활동을 의미한다는 점에서 의심의 여지 없이 새 시대 개념이다. 이런 점에서 바울이 '새 시대'라는 용어를 사용하지 않았다는 사실은 문제가 되지 않는다. 하지만 '새 시대'에 대한 언급이 없다는 점은 두 시대라는 명백한 시간적 구조가 바울이 그리스도의 부활을 해석하는 틀이었다는 가정을 문

이 서신에서 "시대"에 대한 또 다른 두 언급으로 인해 복잡해진다. 에베소서 2:7은 오는 시대들(복수형)에 대해, 3:9는 비밀의 ἡ οἰκονομία('계획' 또는 '업무')가 하나님 속에 감추어졌던 '시대들'에 대해 이야기한다. 따라서 에베소서는 정확히 두 시대로 된 시간성을 제시하지 않는다. 최근 제이미 데이비스는 "Why Paul Doesn't Mention the 'Age to Come'"과 *Apocalyptic Paul*에서, 바울이 새 시대를 언급하지 않는다는 꽤 분명하지만 대체로 간과되었던 사실을 지적하고 탐구한다. 데이비스의 책이 출간된 시기와 내가 이 책의 원고를 제출한 시기가 일치했다. 이런 이유로 나는 매우 안타깝게도 그의 책에 마땅한 주의를 기울이지 못했다.

5. 리앤더 켁(Leander Keck)은 바울이 "이 [두 시대] 개념을 완전하게 진술한 적은 없지만, 이 개념에 대한 그의 암시들은 이 개념이 그의 사상에 얼마나 깊이 뿌리내리고 있는지 보여 준다"고 썼다(*Christ's First Theologian*, 83). Cf. Furnish, *Theology and Ethics in Paul*, 115.《바울의 신학과 윤리》.

6. De Boer, "Paul and Jewish Apocalyptic Eschatology," 187n17. 또한 그의 책 *Galatians*, 17을 보라. 앤드루 링컨(Andrew Lincoln)은 바울이 하나님 나라를 오는 시대와 동일시했다고 본다(*Paradise Now and Not Yet*, 170).

제시하게 만든다. 바울은 현시대에 관해서는 이야기하는데, 만일 그가 물려받은 두 시대 틀을 고집하고 있었다면, 왜 그 틀에서 비롯된 다른 용어―'새 시대'나 '오는 시대'―는 사용하지 않았는가? 그럼에도 특히 묵시적 바울 해석자들 사이에서 표준적인 견해는 사도가 유대인의 두 시대 시간 구조를 각색하여 "유대 묵시적 종말론의 그리스도론적 개작"[7]을 이루어 냈다는 것이다.

이 널리 퍼진 견해의 결과는 바울이 그리스도를 자신이 물려받은 틀에 맞추었다는 이해 방식이다. 이 관점은 사실상 바울이 이 틀에 우선순위를 두었다고 본다―비록 수정도 있었지만, 본질적으로 그리스도를 어떤 구조에 통합시킨다. 이는 사도가 그리스도를 이해하는 방식을 계속 형성한다. 예컨대 그리스도의 부활이 새 시대를 (완전히 가져오는 게 아니라) 개시했다고 이해한다. 그래서 바울은 신자들이 그리스도에 대한 믿음으로 인해 부분적으로는 새 시대에 살고 부분적으로는 옛 시대에 살고 있다고 생각했다는 것이다.

아마 의도하지는 않았겠지만 이러한 견해의 결과는 바울이 새 시대를 하나님의 구원 목표로 간주하고 그리스도를 그 목표 달성 수단으로 간주하는 것으로 보인다는 점이다. 그리스도가 부활한 결과, 이제 새 시대라는 목표는 부분적으로 여기에 있지만, 여전히 계속되고 있는 옛 시대와 싸워야 한다. 그러나 그리스도께서 마침내 재림하시고 신자들이 부활할 때는 모든 것이 제대로 될 것이다. 옛 시대는 마

---

7. De Boer, *Galatians*, 34.

침내 사라지고 새 시대가 충만하게 성취될 것이다.

하지만 내가 바울 본문을 읽고 내린 결론은 바울이 새 시대가 아니라 그리스도 안에 사는 삶, 그리스도와 함께 사는 삶을 인류를 향한 하나님의 목표로 간주했다는 것이다. 바울이 특정 개념들('새 시대'를 함의하는 그의 언어로 제안한 개념들)을 그런 삶과 연결하긴 하지만, 그는 **새 창조, 나라, 영생이 그리스도와 함께하는 삶의 결과이자 상태**라는 점을 분명히 한다. 바울의 최우선 초점은 그리스도다. 그가 새 시대 개념들을 그리스도와 연관시킬 때도 여전히 초점은 그리스도다. 이는 사도가 그리스도의 부활을 그가 물려받은 두 시대 틀에 맞춘다는 견해에 의문을 제기한다. 따라서 도처에 퍼진 시대 중첩(이미-아직) 가설도 의문시하게 된다.

새 창조

해석 전통에서 '새 창조'라는 문구를 자유롭게 사용하다 보니 이 표현이 하나님의 구원 목표에 대한 바울의 정의라고 생각할 수도 있지만, 이 표현은 사실 단 두 번 나온다. 또한 이 표현은 무관사 형태로 나오기 때문에 새 창조_{new creation}를 "새 시대"_{the new age}와 쉽게 동일시하는 것을 경계해야 한다. 바울이 '새 창조'를 매우 드물게 사용했다는 나의 독해 결과는 καινὴ κτίσις(새 창조)가 아니라 그리스도가 초점이라는 것이다.

갈라디아서 6:14-15

바울은 갈라디아서 6:14-15에서 "새 창조"와 "세상"을 나란히 놓는다. "세상"이 무엇을 의미하든, 악한 현시대와 동일하지는 않더라도 적어도 악한 현시대의 한 측면을 나타낸다. 바울은 세상에는 할례와 무할례의 구분이 있지만, 세상이 자신을 대하여 십자가에 못 박히고, 자신도 세상에 대해서 그러하다고 주장한다. 세상은 여전히 남아 있지만, 바울 자신에게는(그리고 다른 이들의 본보기로서의 자신에게는) 남아 있지 않다. 세상으로부터의 해방은 그리스도의 십자가를 통해 온다.[8] 그리스도의 십자가 못 박히심은 καινὴ κτίσις의 가능성을 창조한다.

6:14에서 바울의 "우주적 차원의 십자가 처형"[9]에 관한 주장은 바울이 시대들의 중첩의 측면에서 사고하고 있다고 주장하는 여러 바울 해석자의 생각과 정면으로 배치된다. 앤드루 부아치가 적절하게 표현했듯이, "바울(여기서는 모든 신자의 대표)에게 더 이상 세상은 없다."[10] 이 구절에 나오는 "세상"을 "악한 현시대"와 동일시하면서도 바울이 시대 중첩의 측면에서 사고했다고 주장하는 해석은 이 점을 놓치고 있다.[11]

8. 드 부어는 남성 관계 대명사로 된 구조가 그리스도가 아니라 십자가를 가리킬 가능성이 높다는 의견을 제대로 피력한다(*Galatians*, 401).
9. 이 표현은 다음에서 빌려온 것이다. Hubbard, *New Creation*, 131.
10. Boakye, *Death and Life*, 202. Cf. Frank Matera: "바울은 현시대에 대해 죽었고, 현시대는 더 이상 바울을 좌지우지할 수 없다"(*Galatians*, 226).
11. 드 부어는 아슬아슬한 줄타기를 한다. 즉, 여기서 우주는 "율법의 세상"이다(*Galatians*, 401). 이는 묵시적 세상/시대라기보다 세계관으로서의 세상을 의미하는 것으로 들

갈라디아서에 새 창조가 단 한 번 언급된다는 사실은 특히 그리스도와의 공동체적이고 개인적인 연합에 대한 언급이 많다는 점과 비교할 때,[12] 바울이 새 창조 개념을 자기 경험과 이해를 가장 잘 설명해 주는 개념으로 생각하지 않았음을 보여 준다. 그리스도가 십자가에 못 박히심이 새 창조의 **토대**이긴 하지만,[13] 바울이 강력히 강조하는 것은—새 창조가 아니라—그리스도가 십자가에 못 박히신 결과인 그리스도와의 연합이다.

고린도후서 5:17

바울은 고린도후서 5:17에서 "그리스도 안에" 있음이 "새 창조"라고 말한다. 바울은 "그런즉 누구든지 그리스도 안에 있으면 새 창조new creation, 새 창조물라"는 주장을 "옛것the old things은 지나갔으니, 보라, 새것new things이 왔도다"(고후 5:17, 나의 번역)라는 진술과 결합한다. 이 놀라운 진술은 두 시대를 대조하는 게 아니라 옛것과 그리스도(그 안에 있는 새 창조, 즉 새것)를 대조한다. τὰ ἀρχαῖα("옛것")가 현시대를 의미

릴 수 있다. 그러나 이렇게 말한 직후 드 부어는 바울에 대해 십자가에 못 박힌 세상을 악한 현시대와 암묵적으로 동일시한다(402). "따라서 바울이 말하는 새 창조는 '이 악한 세상'과 반대되는 것이다. … 새 창조의 도래는 … '악한 현시대'에 침입하는 것을 의미한다"(402).

12. 테레사 모건(Teresa Morgan) 다음과 같이 "그리스도 안에"가 나오는 곳을 나열한다. 갈 1:22; 2:4, 17; 3:14, 26, 28; 5:6, 10(Being "in Christ" in the Letters of Paul, 303). 또한 2:20; 4:6, 19; 5:24; 6:14과 같은 구절은 하나님의 아들이 바울 속에 나타나셨다는 진술(1:16)과 함께 그리스도와의 연합 개념이 갈라디아서에서 중심임을 보여 준다.

13. 던은 새 창조가 새 시대가 아닌 까닭은 "바로 새 창조가 십자가로 시작되기 때문이다"라고 주장한다(Theology of Paul, 412).

할 가능성은 거의 없다.[14] 또한 바울은 καινὴ κτίσις라는 문구를 반복하지 않고, 그 대신 τὰ ἀρχαῖα를 대체한 것을 기술하기 위해 관사 없이 형용사 καινά새것를 사용한다. 아마 "새것"은 바울이 주변 구절에서 묘사한 것, 즉 그리스도의 죽음과 부활의 의미를 가리키는 것 같다. 그리스도께서 죽으시고 부활하신 결과는 사람들이 다시는 그들 자신을 위하여 살지 않고 그리스도를 위하여 살도록 한 것이다(5:15). 그리스도를 통해 하나님은 세상을 자신과 화목하게 하신다(5:19). 하나님께서는 신자들로 하여금 그리스도 안에서 하나님의 의가 되게 하시려고 그리스도를 죄로 삼으셨다(5:21). 즉, "새것"은 그리스도로부터 오는 삶과 관련 있고, 그 결과인 그리스도를 위해, 그리스도 안에서 사는 삶과 관련 있다. καινά가 καινὴ κτίσις와 병행을 이루면서 새 창조의 의미를 형성한다. 즉, '새것'이라는 문구에 함의된 그리스도의 사역이 새 창조의 의미를 결정한다. 이러한 해석은 바울이 새 창조창조물를 **그리스도 안에**라는 표현으로 제시했다는 점에서 분명해진다.

새 시대를 나타내는 개념인 καινὴ κτίσις는 그리스도에 의해 정의되고 포괄된다. 새 창조는 높아지신 그리스도의 인격을 근원으로 하고, 높아지신 그리스도의 인격으로 정의된다. 높아지신 그리스도의 인격은 타자를 자기 안에 포함하는 존재이며, 본질적으로 새 인류를

14. 다른 곳에서 바울은 현시대가 끝났다고 주장하지는 않지만, "옛것"은 끝났다고 말한다(갈 1:4에서 바울은 그리스도께서 악한 현시대에서 우리를 해방시키셨다고 주장하지만, 그 시대가 끝났다고 주장한 것은 아니다. 갈 6:14에서는 신자들이 세상을 대하여 죽었다고 진술한다 ―세상 자체는 파괴되지 않았다).

형성하고 그 새 인류가 거주하는 대체 환경이다. 명확히 하자면, 새 창조^{창조물}는 인간 이해와 관련된 개념―악한 현시대에 존재하는 새로운 인류―이상을 의미한다.[15] 새 창조^{창조물}는 **그리스도 안에** 실존하는 새 인류다.

나라

바울은 로마 청중의 윤리적 초점을 재구성하기 위한 근거로 하나님 나라를 사용한다.[16] 사람들이 먹는 것과 마시는 것은 중요하지 않다(롬 14:17). 오히려 성령 안에 있는 의와 평강과 희락이 하나님 나라와 관련된다.[17] 에른스트 케제만은 이 구절에 대해, 그 나라가 현전하는 것은 그리스도가 주님이시기 때문이라고 올바르게 지적한다(하지만 케제만은 본인이 바울의 종말론적 유보로 보는 것을 강조하는 그 특유의 관심사로 인해, 그 나라가 텔로스에서 완전해질 것이라고 덧붙인다).[18] 바울은 앞 구절들에서 그리스도의 주 되심을 강조한다. 로마서 14:5-11에

---

15. Hubbard, *New Creation*과는 다른 견해다.

16. 이 연구의 목적상 바울이 그 나라를 현재와 미래로 언급하는 것과 관련된 문제를 논할 필요는 없다. 롬 14:17과 고전 4:20에서는 하나님 나라를 현재로 언급하고 있다는 것, 반면 고전 6:9-10; 15:24, 50과 갈 5:21에서는 그 나라가 미래인 것이 표준적 독해다.

17. 이 구절에 반영된 먹고 마시는 것과 관련된 구체적 쟁점에 대한 유용한 제안으로는 다음을 보라. Shogren, "Is the Kingdom of God about Eating and Drinking or Isn't It?"

18. Käsemann, *Romans*, 377.

서 κύριος("주")라는 단어는 그리스도께 죽은 자와 산 자의 주권이 있다(14:9)는 강력한 진술과 더불어 반복적으로 나온다. 그리스도의 현재 주 되심의 필연적 귀결은 그 나라의 현전이다. 하지만 바울에게 최고로 중요한 것은 분명 그리스도와 그의 주 되심이다. 그 나라는 그리스도의 주 되심의 결과이며, 바울은 그 나라보다는 이 주 되심에 초점을 두고 있다.

바울은 하나님 나라의 본성을, 그리고 사람들이 그 나라에 부합하게 행동하고 있는지를 안다고 주장한다. 그는 하나님 나라가 능력에 있다(능력으로 나타난다)고 주장한다(고전 4:20).[19] 바울이 여기서 하나님의 통치를 언급하는 이유는 자신들이 이미 통치하고 있다는 일부 고린도 교인의 믿음을 반박하는 중이기 때문일 가능성이 크다(4:8). 바울은 이런 고린도 교인들의 기대와 상황을 "그리스도 때문에 어리석은" 자기 무리의 기대 및 상황과 대조한다(4:10). 그는 고린도 교인들에게 자신을 본받으라고 요청하며(4:16), 자신의 행사는 그리스도 안에 있다고 말한다(4:17). 바울이 아는 그 나라는 희생을 요구하며, 그 능력은 하나님의 능력—바울이 약하고 두려워하고 심히 떨 때 청중들에게 나타났다고 상기시킨 능력(2:3-5)—이다. 그 나라의 특성은 유대 사상에서 바라던 지복의 시대가 아니라 그리스도의 특성을 반영한다. 약함과 희생 속에 나타나는 하나님의 능력을 말이다.[20]

19. 칼 폴 돈프리드(Karl Paul Donfried)는 여기서 "능력"이 바울의 선교에 나타난 능력의 행위들을 가리킨다고 제안한다("Kingdom of God in Paul").
20. Cf. 고든 D. 피(Gordon D. Fee): "바울은 … 자기 주님을 특징짓는 유형의 약함 속에 살았다"(*Corinthians*, 192).《(NICNT) 고린도전서》.

바울은 하나님 나라 유업에 대한 소망을 고린도 교인들이 자기들이 받은 의에 따라 행동하도록 격려하기 위해 사용한다. 고린도전서 6:11에서 사도는 고린도 교인들이 그리스도의 이름으로 의롭게 되었다고 말한다. 그는 ἄδικοι('불의한 자들, 사악한 자들')는 하나님 나라를 유업으로 받지 못할 것이라고 경고한다(6:9). 그 나라를 상속받을 사람은 의롭게 된 사람들이다. 이 연구의 목적상 ἄδικοι가 교회 안에 있지만 불의하게 행동하는 사람들을 가리키는지, 아니면 교회 밖에 있는 사람을 가리키는지를 논할 필요는 없다.[21] 여기서 중요한 것은 하나님 나라 상속이 예수 그리스도의 이름과 하나님의 영 안에서 의롭게 되는 것에 달려 있다는 사실에 주목하는 것이다(6:11). "유업으로 받다"라는 단어의 반복은 고린도 교인들이 자기들이 받은 의에 따라 행동할 때 그들이 하나님 나라를 직접 기대할 수 있다는 점을 전달한다. 예수 그리스도와 하나님의 영은 신자들이 그 나라를 유업으로 받을 수 있게 하는 의의 토대다. 바울은 그 나라 상속이 그리스도의 이름과 그 영 안에서 오는 의로 변화되는 것에 전부 달려 있다고 제시한다. 그 나라가 변화시키는 게 아니다. 그리스도와 그 영이 인류를 변화시키고, 그 나라는 그 결과다.

바울은 그리스도께서 그 나라를 하나님께 넘겨 드릴 때의 텔로스에 관해 말한다―그 나라는 아마도 부활한 사람들로 구성되고, 그들

---

21. 고린도전서 6:11에서라면, ἄδικοι가 교회 밖에 있는 사람들을 가리킨다는 암시가 있다―바울은 그들이 불의한 일을 행했던 사람들이었는데 씻음과 거룩함과 의롭다 하심을 받았다고 쓴다.

의 변화는 부활 생명에 적대적인 모든 통치와 권세와 능력이 파괴되었음을 확증할 것이다. 그러나 그 나라는 초점도 아니고, 목표로 제시되지도 않는다. 초점은 그리스도다. 바울이 고린도전서 15:22에, 그 나라 안에서가 아니라 "그리스도 안에서 모든 사람이 삶을 얻으리라"라고 쓴 것처럼 말이다. 그 목표는 하나님이 모든 것 안에서 모든 것이 되시는 것(15:28)이다. 그리스도께서 하나님께 자신을 복종시키시는 것도 이 '모든 것 됨'의 일부다.

바울은 신자들이 하늘에 속한 이의 형상을 입으리라(고전 15:49)는 바로 앞에서 한 말을 확증하면서, 썩지 아니할 것만이 (썩지 아니할) 하나님 나라를 유업으로 받을 수 있다고 강조한다("내가 이것을 말하노니").[22] 하늘에 속한 이는 "마지막 아담, 생명을 만들어 내는 영"(15:45)[23] — 곧 예수 그리스도 — 이다. 몸도 그리스도로 인해 썩지 아니할 나라에서 영적인 몸, 살 수 있는 몸이 된다. 그리고 더 나아가 그 나라에서 삶의 본성은 그리스도의 형상을 입는 것이다(15:49). 썩지 아니함은 생명을 주는 영이신 그리스도로 인한 결과이며, 하늘에 속한 이이신 그리스도와 일치하게 해 준다. 이 소망이 그 나라의 본성을 정의한다.[24]

---

22. 여기서 "유업으로 받다"(inherit)라는 단어로 형성된 병행법(옮긴이 주: 개역개정에는 "이어 받을"과 "유업으로 받지"로 각각 번역되어서 병행이 덜 선명하다)은 그 나라 자체가 썩지 아니할 것이라는 의미로 쓴 것임을 시사한다.

23. 하트(Hart)의 번역이다(*New Testament*).

24. 리처드 B. 헤이스는 가장 좋은 사본들에 "하늘에 속한 이의 형상을 입자"로 되어 있기 때문에, 여기서 바울이 "독자들에게 변화의 원천이자 소망으로 오실 분, 예수 그리스도를 바라보라"고 촉구하는 것으로 판단한다(*First Corinthians*, 274).《고린도전서: 목

갈라디아서 5:21에서 바울은 하나님 나라를 유업으로 받는 것에 관해 다시 말한다. 그 나라를 유업으로 받는 사람들은 그 영을 따라 행하는 사람이므로, 육체의 욕심을 이루지 않는다(5:16). 그리스도 예수께 속함으로써 육체의 욕심을 채우지 않는 것이 가능한데, 예수님께 속함으로써 육체와 함께 그 정욕과 탐심이 십자가에 못 박혔기 때문이다(5:24). 따라서 그 나라를 유업으로 받는 길은 그리스도 예수께 속하는 것이다.

바울은 데살로니가인들과 함께 있을 때 하나님의 복음을 전했는데(살전 2:8-9), 그 복음에는 하나님의 아들이 죽은 자들 가운데서 다시 살아나셨고, 장래의 노하심에서 신자들을 건지시기 위해 하늘로부터 강림하신다는 내용이 있다(1:10). 또한 하나님께 합당히 행하라는 권면도 있다(2:12). 복음 전도 방문의 후속 조치인 이 서신에서, 바울은 복음을 받아들인 사람들을 하나님 나라와 영광에 이르게 부르시는 분이 하나님이심을 분명히 밝힌다(2:12). 하나님 나라는 하나님의 영광을 수반한다. 즉, 하나님 나라에는 하나님의 임재(하나님의 영광)가 있다.[25] 여기서 초점은 그 나라가 아니라 하나님이다. 하나님의 통치가 하나님의 영광을 나타낸다는 것이다. 이 서신의 다른 부분에서, 바울은 하나님의 아들이 현재 하나님과 함께 계시며, 장래의 노하심에서 신자들을 건져서 하나님 나라에 들어갈 수 있게 하시는 분

회자와 설교자를 위한 주석》.

25. 하나님 나라와 영광이 나란히 있다는 웨이마(Weima)의 주해는 충분히 깊게 들어가지 않았다(*1-2 Thessalonians*, 158).《(BECNT) 데살로니가전후서》.

임을 분명히 한다(1:10; 5:9). 즉, 그리스도는 하나님 나라의 본유적인 부분이며, 하나님 나라와 하나님의 영광 속으로 들어감에 있어 결정적이다. 바울은 비록 직접적으로 기술하진 않았지만, 그리스도의 오심을 분명 하나님 나라와 영광을 드러낼 사건으로 이해했다. 그리고 재림의 궁극적 목표는 신자들이 항상 주와 함께 있는 것이다(4:17; 5:10). 하나님의 통치는 하나님의 영광 안에서 그리스도와 함께 사는 삶을 가능하게 한다.

'새 창조'와 '하나님 나라'에 관한 바울의 언급이 새 시대를 가리키는 개념들이 아니라 그리스도에 초점을 맞추고 있는 것들이며, 새 시대를 가리키는 개념들도 그리스도 이해를 통해 형성되었다는 점에 주목하면, 바울이 죽음, 부활, 높아짐에 대한 이해를 두 시대 틀로 정리했고, 그 결과 신자들에게 시대가 중첩된다는 사고를 구성했다는 주장에 의구심을 품게 된다. 오히려 증거가 강력히 시사하는 바는 바울이 현재 아이온과 높아지신 그리스도를 서로 배타적인 두 실체로 생각했다는 것이다.

그리스도는 십자가에 못 박히시고 부활하시고 높아지심으로써 그 영을 통해, 높아지신 자신과의 연합을 제공하신다. 5장에서 살펴보겠지만, 높아지신 그리스도의 삶에는 그의 성육신도 포함된다. 성육신하신 그리스도는 부활하고 높아지시기 전에는 현재 아이온과 상호 작용하셨다. 그러나 부활하시고 높아지신 후에는 상호 작용하지 않으신다. 앞으로 살펴보겠지만, 바울은 그리스도의 신실하심, 고난,

죽음(성육신)이 부활 및 승천과 동시에 존재한다고 이해했다. 이는 현시대의 빈약함, 무능함, 유한함을 드러내고 오직 그리스도로만 유지되고 형성되는 삶을 가능하게 하는 현실—**유일한** 현실—을 창조한다. 십자가에 못 박히시고 부활하시고 높아지신 그리스도는 현시대와 상호 작용하는 게 아니라, 현시대로부터 해방된 삶을 사신다. 아마도 이는 악한 현시대에서 인류를 해방하는 그리스도의 능력에 필요한 근거일 것이다(갈 1:4).

따라서 바울은 신자들이 전적으로 그리스도 안에 사는 것으로 묘사한다. 그리스도와 합한 사람은 전적으로 결합해 있으므로, 바울은 결혼할 때 한 몸이 된다는 비유를 사용한다. "주와 합하는 자는 한 영이니라"(고전 6:17). 고린도후서 5:17에서는 "누구든지 그리스도 안에 있으면 새 창조^{창조물}라. 옛것은 지나갔으니, 보라, 새것이 왔도다"(나의 번역)라고 말한다. 바울은 그리스도 및 그와 연합한 사람들을 현시대에서 해방되어 분리된 현실에 위치시킨다.[26] 따라서 신자들은 낮에 속한 것처럼(살전 5:5, 8), 낮에 있는 것처럼(롬 13:13), '마치' 이 세상이 지나간 것처럼(고전 7:29-31) 살 수 있다. 바울은 부활이 없다 한 고린도 교인들이 그리스도의 부활과 결속했기 때문에 부활할 것임을 인식하라고 촉구한다(고전 15장; 또한 이 책 6장을 보라).

바울은 신자들이 부분적으로는 그리스도 안에 있고 부분적으로는

---

26. 앞서 우리는 고후 5:17의 "옛"(the old)이 현시대를 가리킨다는 주장을 의심할 만한 이유를 살펴보았다. 바울은 그리스도와 현시대의 관계를 주장하고 있지 않으며, 심지어 병치 관계를 주장하고 있지도 않다.

악한 현시대 안에 있다고 묘사하지 않는다. 신자들은 전적으로 그리스도 안에 있다. (그리스도와의 연합은 그리스도를 닮는 것과 같지 않다는 점을 지적할 필요가 있다. 신자들은 연합을 인식함으로써만 일어날 수 있는 계속되는 과정을 통해 그리스도처럼 되어 간다[빌 3:8-11]. 즉, 바울은 그리스도와의 연합은 불완전한 것으로 제시하지 않지만, 그리스도와 닮은 것은 불완전할 수 있다고 제시한다[갈 4:19].) 중요한 것은 바울이 하나님의 구속의 목표로 생각하는 것은 그리스도 자체지, 새 시대가 아니라는 점이다. 그리스도는 사도의 사고에서 가장 중요하다—바울은 이 존재의 부활과 높아지심이 악한 현시대의 시공간과 분리된 시공간을 제공한다고 여긴다.

영생은 그리스도이며 신자들의 시간이다

바울이 ζωὴ αἰώνιος(일반적으로 '영생'으로 번역된다)를 언급한 적은 별로 없다. 거의 로마서에서만 이 문구가 언급되는데,[27] 악한 현시대의 문제에 대한 하나님의 해법이 지닌 시간성을 나타낸다. 이 문구는 형용사 αἰώνιος 영원한라는 한정사가 붙은 일종의 삶을 묘사한다. 일라리아 라멜리와 데이비드 벤틀리 하트가 정확히 지적했듯이, 형용사 αἰώνιος는 새 시대를 가리킨다.[28] 이 문구는 어떤 시대와 관련된 삶—

---

27. 이 문구는 로마서에 4회 나오고, 갈라디아서에 1회 나온다.
28. 라멜리는 αἰώνιος가 "하나님을 가리킬 때만 '영원한'이라는 의미를 담는다"고 언급

제이미 P. 데이비스가 "**아이온적**"aionial 삶이라고 적절하게 부른 것[29]
—에 대해 말한다.

아이온이 이 형용사의 의미 어근이기에, 이 문구는 시간성을 강조
한다. 명사 '생'生命, 삶은 시간을 나타내는 환유가 아니더라도 그 자체
로도 시간적 범주다.[30] ζωὴ αἰώνιος는 "그리스도 예수 안에" 있는 하나
님의 선물이다(롬 6:23). ζωὴ αἰώνιος는 그리스도의 시간성이므로 "그
리스도 안에" 있다—하나님과 높아지신 그리스도가 사는 종류의 시
간이다. 이러한 이해는 로마서 2:7에서 바울이 이 문구를 사용한 방
식에서 확인된다. 거기서 이 문구는 불멸—오로지 신만이 사는 종류
의 시간—과 상응하는 자리에 나온다. ζωὴ αἰώνιος는 그 영으로부터
오는데(갈 6:8), 그 영 자체가 "그리스도 예수 안에서" 받을 수 있는
것이다(3:14). '아이온적' 삶(ζωὴ αἰώνιος)은 그리스도로부터 오고, 그리
스도의 삶이다. 그것은 그리스도가 소유한 종류의 삶이고, 그리스도
가 소유한 종류의 시간이다.

한다(*Christian Doctrine of* Apokatastasis, 28). 그녀는 바울이 ζωὴ αἰώνιος를 사용할 때
는 거의 대체로 "다음 세상의 삶과 연결된다"고 주장한다(31). 하트의 번역은 라멜리의
관찰을 되울린다. 그는 ζωὴ αἰώνιος를 "그 시대의 삶"(life of the Age)으로 번역한다(*New
Testament*, 특히 537-43). cf. N. T. 라이트는 자신의 신약성서 번역 전반에 걸쳐 ζωὴ
αἰώνιος에 대해 "오는 시대"(age to come)라는 표현을 사용한다(*Kingdom New Testa-
ment*).

29. J. Davies, "Why Paul Doesn't Mention the 'Age to Come,'" 205.

30. cf. 마우로 벨카스트로(Mauro Belcastro)는 인간이 그들 고유의 시간을 만든다고
주장하는 과정에서 "나는 나의 시간성이다"라고 썼다("Advent of the Different," 487).
또한 플래처는 "살아 있는 것은 시간적으로만 존재할 수 있는 속성을 가지고 있기 때문에"
생명과 삶은 "명백히 시간적 범주다"라고 썼다(*Narratives of a Vulnerable God*, 31).

우리는 ζωὴ αἰώνιος가 죽음과 죄에서 벗어난 방식의 시간이기 때문에(롬 5:21), 이런 종류의 시간을 "생명-시간"life-time이라 부를 수 있다. ζωὴ αἰώνιος로서의 텔로스는 죄에서 자유로움(이는 실질적으로 옛 아이온에서의 해방을 의미한다)으로써만 가능하다(6:22). 예수 그리스도는 이 다른 시간성의 도관이다(5:21).

그리스도와의 연합은 신자들이 하나님께 대하여 살 수 있게 해 주는데, 왜냐하면 그리스도께서 그러하시기 때문이다(롬 6:10-11). 이는 일종의 삶인 동시에 일종의 시간이다. 그리스도의 부활 이후 죽음의 세력은 더 이상 죽음으로 그리스도를 지배하지 못한다(6:9). 그리스도는 생명-시간—삶이 멈출 수 없이 계속됨으로 형성되는 시간—을 산다. 그리스도와의 연합은 신자들에게도 같은 종류의 시간을 선사한다. 그리스도의 시간을 살아가기에, 신자들의 몸의 죽음은 변신의 순간이다(이에 관해서는 나중에 더 설명할 것이다). 신자들의 시간은 어떤 결말에 의해 형성되는 게 아니라, 죽을 몸이 변화되어 그리스도의 영광스러운 몸과 같은 몸을 얻음으로써(빌 3:21) 그리스도께 더 온전히 참여할 수 있게 된다는 사실에 의해 형성된다. 사람들이 그리스도와 합한 다음 사는 시간은 생명-시간—시간을 멈추게 하는 죽음의 권세로부터 해방된 시간—이다. 이 시간성은 악한 현시대의 시간과는 전적으로 다르다. 나는 그런 시간을 "죽음-시간"이라고 부른다.[31] 이 시대의 시간과 구별되는 그리스도와 합한 사람들의 시간성

---

31. 바울이 게헨나나 지옥에 대해 언급하지 않았다는 사실은 그가 그리스도가 없는 (apart from) 사람들의 물리적 죽음 이후 계속되는 종류의 시간이 있다고 생각하지 않았

은 그리스도가 소유한 형태의—끝없는—시간이다.[32]

요약

바울은 하나님이 그리스도를 통해 실존을 변화시키는 광대함을 전하는 데 도움이 된다는 측면을 제외하면 새 시대 개념에 큰 관심이 없다. 바울의 관심은 그리스도에게 있고, 또한 그 영을 통해 가능해진 그리스도와의 연합에 주의를 기울일 때 보게 되는 경이로운 것들에 있다. 신자들이 살아가는 시간성에 대한 사도의 생각은 두 시대틀이 아니라 그리스도에 의해 형성된다.[33]

바울이 그리스도와 함께하는 삶을 새 시대에 사는 것과 동일시했다는 생각은 바울을 이해하는 데 도움이 되지 않는다는 점을 더욱 강조해야겠다. 예를 들어, 드 부어가 "바울이 유대 묵시적 종말론을 그리스도론적으로 수정한 것에는 '이미' … 그리고 '아직도 더' 사이의 잘 알려진 긴장이 들어 있다"[34]고 썼을 때, 그의 표현은 그리스도

음을 암시한다(지옥에 대한 언급이 없다는 것은 또한 바울이 로마서 5:18에서 자신이 말한 그대로를 의미했음을 시사한다고 이해할 수도 있는데, 즉 그리스도의 의로운 행위가 모든 사람(개역개정: 많은 사람; 공동번역·새번역·새한글: 모든 사람)을 생명의 의로 이끈다는 것이다. 즉, 텔로스에는 아무도 '아이온적' 생명에서 제외되지 않는다는 것이다).

32. 그리스도께서 종말에 자신도 하나님께 복종하실 때(고전 15:28) 그리스도의 시간성이 무엇을 의미하는지에 대해 바울은 말하지 않는다. 그러나 짐작건대, 하나님의 끝없는 시간은 하나님 안에 있는 모든 것의 시간성이 될 것이다.

33. 나의 글 "Christ Doesn't Fit"을 보라.

34. De Boer, *Galatians*, 34.

와 새 시대를 동일시하는 것으로 자연스럽게 이어질 수 있다.[35] 그러나 바울 서신에는 이를 정당화할 만한 것이 전혀 없다. 게다가 하나님의 메시아와의 연합 개념이 오는 시대에 대한 유대인의 기대와 어떻게 부합하는지에 관한 문제를 간과한 것도 문제다. 사도가 수정된 유대 묵시적 두 시대 틀로 사고했다는 견해와 그리스도와의 연합을 생각했다는 견해를 모두 주장하는 사람들은 이 확연한 문제에 정면으로 부딪친 적이 없다. 소수의 학자가 이 문제를 다루고 있지만, 설득력을 얻지 못했다.[36]

사도가 옛 시대와 새 시대에 관해 말하는 게 아니라 악한 현시대

35. cf. 퍼니쉬도 마찬가지로 바울이 현시대와 오는 시대라는 틀로 작업했다고 확신했다. 그는 "하나님이 현재도 세상을 자신과 화해시키는 통로이신 그분 안에서 두 시대가 '만난다'"고 주장했다. 퍼니쉬는 이어서 "'그리스도 안에' 있는 사람은 '새 창조(물)'"라고 말한다. 이는 새 창조가 새 시대와 동일하며, "그리스도 안에" 있음이 새 시대 안에 있음과 같다는 것을 함의한다(*Theology and Ethics*, 126).

36. 알베르트 슈바이처에 따르면, 유대 묵시론은 "메시아 나라로 택함받은 자들이 서로서로 그리고 메시아와 연합이 예정되어 있다"는 생각을 담고 있다(*Mysticism*, 101). 매튜 V. 노벤슨은 "이후 이 이론을 일차 자료에 입각해 입증하는 데 심각한 문제가 있다는 점이 잘 입증되었다"고 지적한다(*Christ among the Messiahs*, 122).

N. T. 라이트는 고대 이스라엘의 왕권 사상, 즉 "왕과 백성이 함께 묶여 있다"는 생각에 호소한다(*Climax of the Covenant*, 46). 또한 바울이 바리새인의 예상에 비추어 그리스도의 부활을 이해한 방식은 바울의 그리스도께 참여 개념에 이바지했다. 바리새인 바울은 마지막 날에 이스라엘 모두에게 부활이 일어날 것이라 믿었다. 그가 예수님께 그런 일이 일어났다고 믿게 되었을 때, "그것은 **이스라엘의 하나님이 이스라엘에게 하실 것으로 여겨졌던 것을 예수께 하셨다**는 의미로 곧장 이해되었다. … 그는 사실상 몸소 이스라엘이셨다. 그가 그렇게 자기 백성을 대표했던 것은 바로 **메시아로서였다**"(*Paul and the Faithfulness of God*, 827–28[강조는 원문의 것]). 하지만 라이트의 주장은 유대 경전(사무엘-열왕기) 중 아주 적은 부분에만 근거를 두고 있으며, 라이트 본인도 이러한 문제를 암시적으로 내비친다. "이 본문들은 본문 자체로 1세기에 그런 언어가 익숙했음을 제안하기에는 충분하지 않지만, 적어도 신선한 결합적 언어 사용, 즉 왕이 백성을 대표한다는 결합적 언어 사용이 자랄 수 있는 아이디어의 모체를 시사한다"(*Climax of the Covenant*, 47).

와 그리스도에 대해 말하고 있다는 사실이 인정되어야 한다. 우리는 바울이 그리스도를 유대 묵시론에서 기대한 새 시대를 대신하는 분으로 여겼다는 증거를 찾지 못한다. 바울은 그리스도를 사람들이 그 안에서 살 수 있는 실제 **존재**로 이해한다. 새 시대와는 달리, 높아지신 그리스도는 사랑하시고, 중보하시고, 다시 오실 것이다. 바울에게 그리스도는 현재 활동 중이시며, 그리스도의 파루시아에서 하나님이 주관하시는 사건에 참여하실 것으로 예상된다. 이는 새 시대에 대한 유대 묵시론의 생각과 별로 유사하지 않다. 바울은 신자들이 새 시대에 살고 있는 게 아니라, 예수 메시아와 합해 있다고 주장한다.

이러한 사실을 진지하게 여긴다면, 바울의 지배적 개념인 그리스도와의 연합에 대한 우리의 이해는 두 시대 틀에서 벗어나야 하며, 또한 바울이 새 시대가 차지했던 자리에 그리스도를 두었다는 생각을 거부해야 한다. 오히려 우리는 그리스도와의 연합 개념을 그 개념 자체로 이해해야 하며, 새 시대에 관해 말하는 또 다른 방식으로 이해해서는 안 된다. 그렇다고 해서 바울이 새 시대에 사는 삶보다 높아지신 그리스도와 함께하는 삶에 초점을 맞춤으로써 시간 문제를 소홀히 했다고 생각하면 안 된다. 앞으로 살펴보겠지만, 사실은 그 반대다.

4

그리스도는 시간을 사신다

그리스도와의 연합은 그리스도의 시간과의 연합이다. 신자들은 그리스도 안에서의 삶을 통해 높아지신 그리스도의 시간성에 접근할 수 있다. 내가 도입한 제안은 바울이 두 종류의 시간, 곧 죽음-시간과 생명-시간이 있다고 보았다는 것이다. 여기서 죽음-시간과 생명-시간이 옛 시대와 새 시대를 대체하는 명칭이 아니라는 점이 중요하다. 나는 오히려 죽음-시간과 생명-시간에 대해 말함으로써, 두 시대 틀에서 벗어나서 바울의 시간 사유를 재구성했다. 내가 보여주었듯이 두 시대 틀은 적절한 증거를 기반으로 한 것이 아니다.

시간이란 무엇인가?

나는 서론에서 우리가 일반적으로 시간을 어떻게 생각하는지에 관한 몇 가지 사고방식을 제시했고, 시간(과 영원)에 관한 영향력 있는 신학적, 철학적 이론 몇 가지를 기술했다. 여기서는 승천하신 그리스도와 연합한 사람들의 시간성에 대한 바울의 이해를 탐구하면서, 내가 시간 개념을 어떻게 사용하는지 기술할 것이다. 물론 사도가 시간의 본성을 숙고했다는 것은 아니다. 그렇다면 나는 다른 곳에서, 즉 나 자신의 시간 이해에서 출발해야 한다. 나는 평범한 시간 이해로 생각되는 것을 제시할 것이다.

시간은 본질상 변화와 관련된다. 우리는 시간 없이는 변화를 인지할 수 없으며, 변화 없이는 시간을 인지할 수 없다. 오래전 아리스토텔레스는 이런 이해를 명확하게 나타냈다. 그는 《자연학》 서두에서 "시간은 변화와 분리될 수 없다"라는 유명한 진술을 했다.[1] 아리스토텔레스는 이를 시간에 관한 상식적 이해로 여겼다.

나는 시간이 본질상 변화와 관련될 뿐만 아니라, 본유적으로 운동과 관련된다고 본다. 이 역시 오래된 고대의 발상이다.[2] 운동은 변화에 필수적이고, 변화는 운동을 인지하는 데 필수다. 물론 아리스토텔레스는 시간과 운동을 동일시하는 것을 거부했다. "시간이 곧 운동은 아니며, 셀 수 있는 한에서만 운동일 뿐이다. 이를 증명하자면, 우리는 수로 많고 적음을 구분하지만, 시간으로는 운동의 많고 적음을 구분한다. 그러므로 시간은 일종의 수다."[3] 하지만 나는 시간이 헤아려

1. 아리스토텔레스, 《자연학》 4.11, 218b.
2. 시간과 운동이 본질적으로 연결되어 있다고 생각한 고대 철학자의 예들로는 다음을 보라. Clark, "Theory of Time in Plotinus."
3. 아리스토텔레스, 《자연학》 4.11.

진 운동 이상이라고 본다. 시간과 운동은 본유적으로 관련된다.[4]

시간과 운동의 본질적 관련성은 행동, 사건, 변화의 실재와 나타남을 설명한다. 변화는 행동으로 인해 발생하고, 행동은 사건을 낳는다. 행동, 사건, 변화는 운동 없이 일어날 수 없다. 다른 식으로 말하자면, 행동, 사건, 변화는 시간 없이 일어날 수 없다. 운동이 실질적으로 분명하든, 아니면 인간의 생각 속에서만 분명한 것이든 간에, 시간이 나타나려면 한 행동, 사건, 변화에서 다른 행동, 사건, 변화로의 움직임이 있어야 한다.

시간적 운동은 과거성, 현재성, 미래성으로 나타난다. 시제들은 행동, 사건, 변화를 가능하게 한다. 맥태거트처럼 시간의 실재를 반대하는 사람들조차 시간, 사건, 변화 사이의 본유적 연관성을 인정한다.[5] 맥태거트의 철학적 걸작은 통상적인 인식의 오류를 일깨우려는 의도가 있지만, 과거와 미래를 현재와 일치시키면서도 동시에 그것들을 구분하는 인간 능력의 경이로움을 놓치고 있다. 맥태거트가 지적했

---

4. 아리스토텔레스가 시간과 운동을 동일시하지 않은 이유는 시간은 어디에나 있는 반면 운동은 움직이는 사물과 그 위치에 국한되기 때문이다(《자연학》 4.10). 나는 운동이 사물에 국한되어야 할 이유가 없다고 본다. 예를 들어, 우리의 마음속에서도 운동이 일어날 수 있으며, 비어 있는 곳에서의 운동을 상상하는 것도 가능하다. 시간은 아리스토텔레스가 추측했듯이 어디에나 있을 수 있다. 그런데 운동도 마찬가지일 수 있다.

5. 맥태거트는 과거, 현재, 미래(그가 말한 A계열)의 관계들조차 변화를 나타내지 않는다는 점을 보이고자 함으로써 시간의 존재를 반박한다. 모든 사건은 모든 순간처럼 과거, 현재, 미래다. 맥태거트는 실제로 변하는 것은 아무것도 없으므로 시간 안에 아무것도 없다고 결론 내린다("Time"). 나는 맥태거트의 생각에 동의하지 않지만, 그를 여기에 끌어들인 이유는 변화와 시간을 식별함에 있어서는 서로 일치하기 때문이다.

듯이, 미래의 사건은 현재가 되고 과거가 될 것이다.[6] 하지만 여기서 우리가 시제를(따라서 시간을) 비실제적인 것으로 이해해야 한다는 결론이 따라 나오지는 않는다. 이는 오히려 시간의 움직임과 그 움직임을 파악하는 인간의 능력에 관해 말해 주고 있다.

시제가 있는 시간은 어떤 행동이, 따라서 사건이 일어났음을 보여준다. 시간이 없으면 행동이나 변화는 불가능하다. 행동/사건은 다양한 종류의(내적, 외적, 개인적, 사회적) 상황에서 변화를 불러오거나 불러오려 한다. 이러한 변화는 시제 속에서만 이루어질 수 있다. 즉, 변화는 시제로 된 시간이 있어야만 사유되고, 가시화되고, 가능해진다. 시간은 행동, 사건, 변화와 뗄 수 없는 관계다. 시제를 통해 우리는 변화―있었던 것에서, 있는 것으로, 있을 것으로의 운동―를 인식하고 개념적으로 정리할 수 있다.

시간이 행동, 사건, 변화와 항상 결부되어 있다는 한결성은 인간이 과거, 현재, 미래 시제를 순차가 아니라 동시에 경험할 수 있다(아마 일반적으로 그렇게 경험한다)는 사실로도 나타난다. 앞서 인용했듯이 아우구스티누스는 이러한 경험을 다음과 같이 표현한다. "과거의 현재, 현재의 현재, 미래의 현재라는 세 가지 시간이 있습니다. 이렇게 서로 다른 시간들은 마음속에 존재하지만, 볼 수 있는 곳에는 있지 않습니다. 과거의 현재는 기억이고, 현재의 현재는 직접적인 지각이며, 미래의 현재는 기대입니다."[7]

6. McTaggart, *Nature of Existence*, 20 (para. 329).
7. 아우구스티누스, 《고백록》 11.20.

현재를 살라고 가르치는 지혜의 스승들은 이러한 일반적 경험을 인정하며, 과거에 대해 생각하고 미래를 계획하는 것 말고 현재의 일을 하는 것이 얼마나 어려운지 인지했다. 그렇더라도, 개인의 경험에서 과거와 미래가 현재를 침범하더라도, 제정신인 사람은 이것들이 다름 아닌 과거의 사건, 또는 미래에 일어나길 희망하는 사건임을 분간한다.

시간의 한결성은 사람들이 대부분 개인적 경험을 제외하면 사건에서 자신의 위치를 순차적으로 정리한다는 점으로도 나타난다. 우리는 우리 자신에 대해 어느 정도 객관적인 대상으로 생각할 때, 시제 구분을 유지한다. 즉, 우리 개인의 삶, 가족의 삶, 문화적 삶 등에는 과거가 있고, 현재도 있고, 미래도 있다. 시간에 대한 이러한 역사적/연대기적 사고는 각각의 시제가 순차적이며 실재한다고 본다.

어떤 식으로 나타나든, 시간적 운동은 행동, 사건, 변화와 뗄 수 없는 관계다. 그리고 시제들은 시간이 구성되고 사유되는 방식이다. 운동이 있는 시간은 시제를 필요로 하고, 시제를 기반으로 사유된다. 나는 바울이 시간에 대한 이러한 통상적 이해를 바탕으로 사고했다고 제안한다.

또한 나는 시간을 삶과 본유적으로 연결된 것으로 이해한다. 삶이 없으면 시간도 없다. 성장, 상실, 변화를 수반하는 실존의 사실과 현실로 이해되는 삶은 필연적으로 시간적일 수밖에 없다. 시간이 없으면 사건과 변화를 수반하는 삶은 이해될 수 없다. 삶이 없으면 시간은 함께할 대상이 없다. 삶과 시간은 서로 필수 파트너다. 나는 삶에 대해 말하는 것은 곧 시간에 대해 말하는 것이며 그 반대도 마찬가지라는 생각에 바울도 동의했을 것이라고 제안한다.

높아지신 그리스도는 하나님처럼 시간적인 존재다

바울은 하나님과 함께 계시는 높아지신 그리스도를 묘사한다. 사도는 그리스도가 하나님 우편에 계시고(롬 8:34; 또한 골 3:1), 하나님이 그리스도를 지극히 높이셨으며(빌 2:9), 그리스도는 현재 하늘에 계신다(빌 3:20; 살전 1:10)고[8] 말한다. 승천하신 그리스도는 하나님과 함께 살기 때문에, 아마도 바울은 하나님의 시간성을 사는 그리스도를 생각하고 있었을 것이다.

바울은 하나님을 영원하신 능력이 있는 분으로 묘사하지만(롬 1:20), 그 어디에서도 하나님이 영원 안에 사신다거나 영원 자체라고 말하지 않는다. 바울은 이사야와 달리 하나님이 "영원에 거하신다"(사 57:15)고 말하지 않는다. 바울은 아우구스티누스처럼 "Domine, cum tua sit aeternitas"[9](하나님, 당신은 영원**이십니다**[10])라고 진

---

8. 우리의 물음은 바울이 생각한 하나님과 그리스도의 위치에 관한 것은 아니지만, 그리스도와 하나님이 하늘에 계신다는 바울의 개념은 그리스도와 하나님이 인간과 떨어진 위치에 살고 계신다는 생각을 의미하지 않는다는 점에 유의해야 한다. 사도는 인간의 삶의 한복판에 임재하시는 하나님과 그리스도와 그들의 영에 대해 자주 말한다.

9. 아우구스티누스, 《고백록》 11.1.1.

10. 젠슨의 번역이다. Jenson, *Systematic Theology*, 29(강조는 원문의 것).

술하지도 않는다. 바울이 하나님에 대한 고전적 그리스도교의 이해를 공유했다는 단순한 가정을 경계하기 위해, 바울이 무엇을 말하지 **않았는지** 아는 것은 중요하다. 고전적 그리스도교는 하나님이 비시간적이고 변화가 없는 영원을—모든 순간을 동시에 포함하는 지금을—살고 계신다고 이해했다. 예를 들어 아우구스티누스는 영원을 "끝없는 현재"[11]로 정의했다. 이 위대한 신학자에게 영원을 산다는 것은 과거의 모든 시간과 미래의 모든 시간이 동시에 존재한다는 것을 의미한다.[12] 이는 사실상 비시간이다. 에프레임 래드너는 하나님의 현실을 "비시간적"인 것으로 이해하는 것은 교부식 해석이라고 정확하게 설명한다.[13]

바울은 하나님의 끝없는 지속에 관한 자신의 확신을 드러내며 하나님이 세세 무궁토록 for ever and ever 찬양받으시기를 바라는 마음을 자주 표현하지만,[14] 하나님의 지속의 성격은 영원한 무시간성과 불변성이 아니다. 오히려 바울 서신은 영원하신 하나님이 과거, 현재, 미래가 있는 시간적 실존으로 사시지만 하나님께 이러한 시제가 순차적

---

11. 아우구스티누스, 《고백록》 11.13.

12. 아우구스티누스, 《고백록》 11.13.

13. Radner, *Time and the Word*, 57.

14. 바울은 εἰς τοὺς αἰῶνας, εἰς τὸν αἰῶνα 또는 εἰς τοὺς αἰῶνας τῶν αἰώνων이라는 문구를 사용한다. 이 문구는 고후 9:9를 제외하면 송영에 등장한다. 하나님 또는 그리스도를 영화롭게 하거나(롬 11:36; 16:27; 갈 1:5; 빌 4:20) 찬미하는(롬 1:25; 9:5; 고후 11:31) 인간으로서 바울은 그러한 영광과 찬미가 영원히 계속되기를 기도한다. 사도는 하나님을 향한 인간의 끝없는(영원한) 헌신을 지지한다. 이 문구가 다른 식으로 나오는 경우(고후 9:9)는 바울이 시편 111:3, "그의 의가 영원히 서 있도다"를 인용한 경우다.

이지 않다는 그의 이해를 보여 준다. 하나님은 과거의 일이든 미래의 일이든 모든 사건 내지 순간을 알고 계신다. 하나님께서 전에 지은 죄를 간과하셨다[passed over] (롬 3:25)는 바울의 진술은 하나님의 시간성에 대한 이러한 이해를 나타낸다. 죄는 과거에 있지만, 하나님은 그것들을 넘어가실[pass over] 수 있다. 마찬가지로, 로마서 1:2에서 이 복음은 하나님이 선지자들을 통하여 성서에 미리 선포하셨다는 바울의 진술은 사도가 인간처럼 시제를 순차적으로 살아가는 하나님을 생각하고 있지 않았음을 나타낸다.[15]

그러나 모든 시간을 동시에 알 수 있는 하나님의 능력에 관한 바울의 관념은 하나님이—적어도 자기 창조물과의 관계에서—정적인 존재로 사는 분이라는 이해를 수반하지 않는다.[16] 이는 영원하신 하나님에 대한 사도의 이해가 영원을 무한한 지속으로 본 오스카 쿨만의 이해[17]와 유사하다는 의미일까? 그 답은 '아니요'여야 한다. 바울과 관련하여 쿨만의 이해가 놓친 것이 있다. 바울이 하나님의 시간성과 인간의 시간성 사이에서 양적인 차이 이상의 무언가를 생각했다는 점이다. 사도는 주로 질적인 차이가 있다고 보았다. 하나님의

---

15. 나의 글 "Promise and Purpose," 13-14를 보라.

16. 여기서 유의해야 할 점은 우리가 알 수 있는 것에 관해서만 이야기하고 있다는 것이다. 즉, 우리는 바울이 하나님 자체가 아니라 창조물과 관련해서만 하나님의 시간성을 어떻게 생각했는지 이야기하는 중이다. 롬 11:34에서 사 40:13을 언급한 것이 시사하듯이, 바울은 하나님의 존재 자체에 관해서는 어떤 정보도 주장하지 않는다. 바울은 외재적으로만, 즉 하나님과 그 창조물의 관계와 관련해서만 하나님의 시간성을 고찰하고 있다.

17. 쿨만은 이렇게 썼다. "신약의 장에서 대립하는 것은 시간과 영원이 아니라, 제한된 시간과 무제한적인, 끝없는 시간이다"(*Christ and Time*, 46).

시간은 끝이 없기 때문만이 아니라 본유적으로 무한성과 관련되기 때문에, 하나님의 시간에는 생명만 있기 때문에, 하나님이 사시는 시간의 유형은 생명-시간이다. 생명 가운데 사는 삶(생명-시간)은 죽음 가운데 사는 삶(죽음-시간)과 질적으로 완전히 다르다. 나는 바울의 두 가지 시간 유형을 논하는 맥락에서 이 차이를 설명할 것이다.

물론 하나님의 영원을 이해하기 위한 다른 현대적 선택지도 있다.[18] 내가 보기에 바르트가《교회 교의학》에서 했던 만큼 바울에 근접한 것은 없다. 내가 바르트를 언급하는 것은 바르트와 바울의 시간 이해에서 유사점과 차이점을 자세히 설명하기 위해서가 아니다—이 자체만으로도 하나의 책에 담아야 하며, 나는 그런 글을 쓸 적임자가 전혀 아니다. 오히려 바울의 영향을 깊이 받은 이 위대한 성서 신학자가 하나님의 영원을 시간적인 것으로 보았다는 점에 주목하고자 바르트를 언급하는 것이다.[19] "영원에 대한 신학적 개념은 시간 개념에 대한 추상적 대립물인 바빌론 포로에서 해방되어야 한다"[20]는 바르트의 유명한 선언은 하나님은 "지극히 시간적"[21]이라는 주장으로 이어진다.

바르트의 선언과 그 효과에 대한 현명한 비평가들이 있는데, 특히

---

18. 예를 들어, 영원에 관한 과정적 견해를 "영원은 시간과 마찬가지로 흐르는 현재, a *nunc fluens*이며, 시간과 함께 움직일 뿐만 아니라 그 자체의 자기-실현을 필요로 한다"라고 요약한 헌싱어의 글을 보라("*Mysterium Trinitatis*," 188).

19. 물론 바르트의《교회 교의학》은 그의 유명한 로마서 주석의 뼈대를 이룬, 시간과 영원의 절대적 차이에 대한 극적인 설명을 넘어선다.

20. Barth, *Church Dogmatics* II/1, 611.

21. Barth, *Church Dogmatics* III/2, 437.

로버트 젠슨은 바르트가 에둘러 말한다고 비판한다.[22] 젠슨은 우리가 바르트에게서 "시간을 벗어난 고양이의 미소"[23]를 계속 발견할 수 있다고 말한다. 그럼에도 영원하신 하나님의 시간성에 대한 바르트의 이해에는 바울적인 면이 많이 있다. 쿨만이 하나님의 시간과 우리 시간의 질적 차이를 놓쳐서 바울을 빈약하게 읽은 부분이 나타난 반면, 바르트는 질적 차이를 강조하면서 바울의 사상을 강력하게 반영하고 있다. 조지 헌싱어는 하나님의 시간성에 관한 바르트의 사상을 설명하며 "하나님은 순수 영원인 자기 자신 안에 실제로 '시간'을, 즉 자기 고유의 특별한 시간성 모드를 가지고 계신다"[24]고 말한다. 바울이 이해한 하나님(과 그리스도)의 시간에 대해서도 분명 이렇게 이야기할 수 있을 것이다.

바르트와 바울 모두 하나님의 삶과 하나님의 시간을 분리할 수 없는 것으로 보았다. 바르트는 성서의 하나님을 살아계신 하나님으로 생각했다. "하나님의 존재는 **삶**이다."[25] "삶은 신적 존재에 근본 요소"다.[26] 마찬가지로 바울도 하나님의 시간을 지속적이고 창조적인 삶―비생명체의 어떤 힘보다 더 강력한 삶―으로 본다. 앞으로 보

---

22. Jenson, *Systematic Theology*, 35.
23. Jenson, *God after God*, 154[옮긴이 주: "시간을 벗어난 고양이의 미소"는《이상한 나라의 엘리스》에 나오는 체셔 고양이에 비유한 표현인 것 같다]. cf. R. T. 멀린스(Mullins)는 신적 무시간성을 거부하면서도 신적 무시간성과 구분이 안 되는 일종의 신적 영원성을 긍정한 "바르트의 실수"에 대해서 썼다(*End of the Timeless God*, xvii).
24. Hunsinger, "*Mysterium Trinitatis*," 201.
25. Barth, *Church Dogmatics* II/1, 263(강조는 원문의 것).
26. Barth, *Church Dogmatics* II/1, 322.

겠지만, 바울은 하나님을 활동적이고, 사건을 창조하고, 변화를 창조하는 분으로 생각한다. 우리는 이를 다음과 같은 하나님의 영원에 대한 바르트의 이해와 비교할 수 있다. "영원은 실제로 살아계신 하나님이기 때문에, 실제로 시작이며, 실제로 중간이고, 실제로 끝이다. 그러므로 영원에는 실제로 어떤 방향이 있고, 그 방향은 역행할 수 없다."[27]

그러나 하나님의 시간과 관련하여 바울과 바르트 사이에는 두 가지 중요한 차이가 있다. 바르트는 하나님과 창조된 시간 안에 사는 존재 사이의 시간성과 하나님 자신 안의 시간성에 모두 초점을 두고 있는 반면, 바울은 전적으로 전자에만 초점을 두고 있다. 바울은 하나님의 시간이 어떻게 창조물에게 영향을 미치는가를 바탕으로 하나님의 시간성을 생각한다. 바울이라면 하나님께서 하나님의 창조물 안에서 시작하신 사건들이 하나님의 삶 자체와 일관적이라고 말할 수도 있겠지만, 바르트처럼 하나님의 내적 삶에 대해 사색하지는 않는다. 바울은 창조물의 삶에 펼쳐지는 하나님의 활동만을, 따라서 인간의 시간 속에 나타나는 하나님의 시간성만을 증거한다.

또한 바르트가 삼위일체적 측면에서 하나님의 삶과 시간에 관해 기술한 것에는[28] 바울적 요소가 없다.[29] 바울이 성부 하나님, 성자 그

---

27. Barth, *Church Dogmatics* II/1, 639.

28. 다음을 보라. Hunsinger, "*Mysterium Trinitatis*"; 또한 Langdon, *God the Eternal Contemporary*, 21.

29. J. 데이비스와는 다른 견해다. 그는 바르트가 "시간과 영원의 문제를 삼위일체적으로 정형화해서 표현한 것"이 바울과 공명한다고 생각한다(*Apocalyptic Paul*, 129).

리스도, 하나님과 그리스도의 영을 심오하고 근본적인 관계적 표현으로 나타낸 데서 알 수 있듯이, 그에게는 분명 삼위일체적 이해가 있었다.[30] 또한 사도는 하나님의 활동(즉, 하나님의 시간성의 나타남)을 설명할 때 하나님, 그리스도, 그 영을 언급하지만, 삼위일체에 근거하여 하나님의 시간성을 설명하지는 않는다. 이는 바울이 하나님의 삶 그 자체를 들여다보려고 시도하지 않는다는 단순한 이유 때문이다. 아마 사도에게 물어본다면, 그는 성육신하신 그리스도의 시간이 하나님 안의 시간적 삶의 본성을 계시한다는 위대한 바울 해석자 중 한 사람의 생각에 동의할 것 같지만, 내가 읽은 바울은 이것을 사색하고 있지 않다.

바울은 앞서 설명한 시간 이해를 바탕으로 하나님이 시간을 살고 계신다고 생각한다. 바울은 하나님의 시간성을 사건적인 것으로 이해한다. 하나님의 시간성 안에는—적어도 하나님과 하나님의 창조물 사이에는—변화가 있다. 바울이 묘사한 가장 중요한 변화는 그리스도를 보내신 하나님의 행동에 의한 창조물의 구원이다. 이와 함께 그 귀결인 십자가에 못 박히심과 부활 사건은 하나님과 창조물, 창조물과 하나님의 관계에 변화를 낳는다. 이 신적 행동과 사건은 화해(롬 5:10)와 의롭다 하심(5:16, 18)을 가져온다. 하나님이 예수 그리스도를 보내심, 하나님이 예수 그리스도를 살리심, 하나님이 그리스도를 지극히 높이심, 하나님이 그리스도의 영을 신자들의 마음 가운

---

30. 특히 다음을 보라. W. Hill, *Paul and the Trinity*.

데 보내심(갈 4:6)은 인류에게도 하나님께도 시간적 사건이다. 이는 하나님과 창조물의 관계에 변화를 낳는 행동과 사건이다.

하나님의 시제

바울은 하나님의 활동에 대해 시제를 사용하여 말한다. 예컨대 하나님이 자기 아들을 보내어 육신의 죄를 정죄하셨다(κατέκρινεν)고 쓴다(롬 8:3). 또한 하나님이 그 아들을 보내셨다(ἐξαπέστειλεν)고 쓴다(갈 4:4).[31] 하나님은 그리스도를 다시 살리셨다(ἤγειρεν; 고전 15:15). 이러한 과거 시제는 인간 시간의 관점에서 신이 시작하신 사건을 나타내지만, 내가 제안하는 바는 바울도 이런 표현들이 하나님께서 창조물과 함께하신 역사를 참되게 나타낸다고 생각했다는 것이다(그러나 다시 말하자면, 하나님의 삶에서 시제는 제한적인 것이 아니다).

바울이 하나님께 창조물과 함께한 역사가 있다고 생각한 점은 "때가 차매"(갈 4:4)라는 그의 기이한 언급에서 분명해질 수 있다. 이 언급은 마치 하나님께서 자기 아들을 보내실 적절한 순간을 위해 χρόνος (때)를 보고 계신 것 같다. 이 문구는 하나님과 시간이 분리되어 있다는 것이 아니라, 하나님이 저기 무시간성에서 시간을 보고 계신다는 것이 아니라 다른 의미를 전달한다. 때가 찼다는 것은 인류가 τὰ στοιχεῖα τοῦ κόσμου("이 세상의 원소적 영들 초등학문")의 노예 상태에서 하나님의 자녀로 입양될 가능성으로(4:3-5) 우주적인 전환이 가능해

---

31. cf. 골 2:15 — 하나님이 십자가에서 통치자들과 권세들을 드러내셨다(ἐδειγμάτισεν).

졌다는 것이다. 이는 미성년 상태에서 유업을 이을 수 있다고 여겨지는 상태로의 시간적인 변화(4:1-2)에 비할 수 있는 전환이다. 하나님은 이 우주적 전환을 발생시키시는 분이다. 하나님은 또한 이 전환과 밀접하게 연관되어 있으시다. 하나님은 하나님 자신의 영을 입양한 자녀들의 마음에 보내셔서 "압바! 아버지!"라 부르게 하신다(4:6).

현재에서 하나님은 마음을 감찰하는 분이시고, 바울의 모범적 행동에 대한 증인이시다(살전 2:4, 10). 미래에 하나님은 하나님이 시작하신 착한 일을 이루실 것이다(빌 1:6). 인간의 시간 속에서 행하시는 하나님의 분명한 활동은 신적인 사건적 시간성을, 변화를 낳는—적어도 하나님과 창조물 사이의 변화를 낳는—활동적 시간성을 나타낸다. 그러나 하나님은 하나님이시므로, 인간이 시제를 경험하는 것과 달리 시제의 경계나 사각지대 없이 사건적이고 변화하는 시간성을 사신다. 바울은 하나님이 연대기적 시간 시제에 내포된 불완전함을 알지 못하시므로[32] 인간과는 다른 방식이긴 하지만 시제를 살고 계신다고 본다. 바울은 하나님의 시간성이 어떤 식으로도 시제로 제한된다고 생각하지 않는다. 하나님께는 과거, 현재, 미래가 하나지만, 그럼에도 과거, 현재, 미래는 하나의 단일한 지금이 아니라 여전히 과거, 현재, 미래다.[33] 하나님의 시제는 시간순으로 작동하지 않는

32. 폴 J. 그리피스(Paul J. Griffiths)는 시제는 부족함을 내포하며, 하나님께는 부족함이 없기 때문에, 하나님은 시제를 살 수 없다고 말한다(Decreation, 72-76).
33. cf. 바르트는 삼위 하나님을 고려할 때 우리는 "한꺼번임(once-for-allness)을 해체하지 않은 이전과 이후가 있음"을 알게 된다고 썼다(Church Dogmatics II/1, 615). 앞서 언급했듯이, 나는 하나님이 시제를 사시는 동시에 모든 사건과 모든 순간을 한꺼번에

다. 하나님의 과거, 현재, 미래는 순차적이거나 따로따로가 아니다. 하나님께는 과거와 미래가 항상 현재에 있다. 이는 마치 하나님이 하나님의 시간을(인간의 시간도) 모두 한꺼번에 볼 수 있는 지점에서 하나님의 과거, 현재, 미래를 보시는 것과 같다. 하지만 이러한 관점이 하나님의 시제를 시제가 없는 '지금'으로 축소하지는 않는다. 바울이 살아계신 하나님께서 하나님과 창조물 사이의 상황을 변화시키기 위해 행동하신다고 믿었다는 사실이 이러한 점을 나타낸다.

그리스도와 신자들의 시간성은 하나님의 시간이다

사도는 높아지신 그리스도의 삶과 하나님의 삶이 일치한다고 생각했다. 이러한 일치는 하나님께서 높아지신 그리스도를 통해 행동하신다는 바울의 확신에 분명하게 드러난다. 예컨대 사도는 예수님을 통해서 하나님께서 자는 자들을 예수님과 함께 데리고 오실 것이라고 썼고(살전 4:14) 하나님의 뜻은 그리스도 예수 안에 있다고 썼다(5:18). 하나님의 삶과 그리스도의 삶의 일치에는 시간성도 포함된다. 하나님의 시간은 승천하신 그리스도의 시간이며, 그 역도 마찬가지다.

우리는 높아지신 그리스도가 하나님의 시간을 살고 있으시며, 그리스도와의 연합은 그리스도의 시간성과의 연합을 수반한다는 점을

알고 계신다는 외견상 상반된 발상을 바울 사상이 담고 있는 이유가 삼위일체 때문이라고 보지 않는다. 바울은 두 발상을 모두 품고 있는 이유를 제시하거나 암시하지 않는다. 그저 두 발상을 품고 글을 썼을 뿐이다.

기초로 하여 논의를 계속해 나갈 것이다. 분명 바울은 자신이나 다른 신자들이 하나님과 그리스도처럼 과거와 미래를 현재와 동시에 볼 수 있다고 생각하지 않았다. 바울은 확실히 순차적 시제의 한계 속에서 자기 삶을 살았고, 동료 신자들도 그렇게 산다고 생각했다. 하지만 바울은 신자들에게 또 다른 시간성―내가 "생명-시간"으로 부르는 것―으로 감싸인 인간의 시간 경험이 있다고 여겼다. 그리스도와 연합한 인간은 시간을 순차적으로 살지만 하나님과 그리스도는 그렇지 않다는 사실은 작은 차이에 불과하다. 이 모두가 살고 있는 가장 심오한 시간적 유사성에 비하면 말이다―이 모두는 생명-시간을 살고 있다.

바울의 두 가지 시간 유형

내가 설명한 시간의 근본 특징―즉 시간은 행동, 사건, 변화와 불가분하다는 점―은 바울에 따르면 유한하게도 무한하게도 나타날 수 있다. 다시 말해 시간은 끝날 수도 있고 영원히 계속될 수도 있다. 그 차이는 표면적으로는 단지 양의 차이, 지속의 차이로만 보일 수도 있다. 하나는 끝나고 다른 하나는 끝나지 않는다는 것이다. 하지만 바울에게 유한한 시간과 무한한 시간은 질적으로도 다르다. 사실상 유일한 진짜 시간은 끝나지 않는 시간 하나다.

　끝나는 시간은 끝나지 않는 시간과 다른 성질이 있다. 끝나는 시간은 그 끝남으로 형성되지만, 끝나지 않는 시간은 계속되는 풍요로 움으로 형성된다. 이는 바울에게 삶의 풍요로움이다. 이는 영구적인 지속일 뿐만 아니라 영원한 삶이다. 나는 바울과 공명하고자, 전자의 유형을 "죽음-시간"으로, 후자의 유형을 "생명-시간"으로 부른다. 바울이 이 두 종류의 시간을 양적으로, 질적으로 구분하는 범주는 '죽음'과 '생명'이다. 바울은 죄가 죽음으로 사람을 지배한 것과 은혜 가 의를 통하여 ζωὴ αἰώνιος에 이르게 사람을 지배한 것을 대조하는 데, 그는 영원한 생명을 죽음과 분리된 것으로, 따라서 영구적인 것 으로 이해한다(롬 5:21). 죄의 활동은 죽음의 시간성 안에 있지만, 그 리스도(죽음으로부터 살아나신 분)에 의해 가능해진 또 다른 시간성은 죽음이 배제된 삶이다.

로마서 5:17에서 사도는 두 사람(죄를 범한 아담과 예수 그리스도)뿐 만 아니라, 두 지배를 대조한다. 하나는 죽음의 지배고, 하나는 은혜 와 의의 선물을 넘치게 받는 사람들의 생명과 삶 안에서의 지배다. 여기서 시간적 함의는 죽음으로 정의되는 시간이 있고, 생명과 삶으 로 정의되는 시간이 있다는 것이다. 이 두 시간성의 차이는 지속이 라는 차이를 넘어서는 것이다. 죽음으로 정의된 시간에서는 아담의 범죄 결과로 죽음이 지배자다. 다른 시간에서는 신자들이 예수 그리 스도를 통해 생명 안에서 지배한다. 즉, 후자 유형의 시간은 끝나지 않을 뿐만 아니라, 신자들 자신이 생명과 함께, 그 생명을 주시는 예 수 그리스도와 함께 지배한다. 한 유형의 시간에서는 끝이 다스리고, 다른 유형에서는 예수 그리스도와 생명과 신자들이 다스린다. 죽음이 지배하는 시간에는 밋밋함과 유한함이 있으며, 사실상 이러한 시간성은 환상이다. 승천하신 그리스도가 자신과 연합한 이들과 공유하는 (실제) 시간에는 질감과 넘침이 있다.

로마서 6:8-11에서 바울은 죽음이 더 이상 그리스도를 지배하지 않기 때문에, 그리스도의 죽음은 그리스도가 다시 죽지 않을 것임을 의미한다고 주장한다. 자신의 죽음이라는 반복할 수 없는 사건 이후 그리스도가 사는 삶은 하나님께 대하여 사는 것 lives to God 이다. 이러한 죽음 이후의 삶은 높아지신 그리스도께서 "영원히 죽음이 닿지 않는 곳에 있는"[34] 실존을 사신다는 의미다. 로마서 6:8-11에 나타난 시간의 의미는 다음과 같다. 즉, 그리스도께서 성육신하신 삶에서 죽음이 지배하는 유형의 시간을 사셨지만, 그리스도의 독특한 죽음 사건이 다른 유형의 시간―죽음이 죽어 버린 시간―을 열었다는 것이다. 바울은 그리스도와 함께 죽은 사람들도 마찬가지라고 주장한다. 그들은 자신을 죄에 대하여는 죽었고 그리스도 예수 안에서 하나님께 대하여는 살아 있는 자로 여길 수 있다. 즉, 그리스도 및 그리스도와 연합한 사람들은 모두 죽음이 없는 시간―생명-시간―을 살고 있다.

바울은 죽음을 위하여 열매를 맺는 삶의 방식(롬 7:5)과 새로운 것―즉, 영[35]―으로 섬기는 삶의 방식(7:6)을 대조한다. 로마서 7:5-6은 육신과 율법의 공모에 대한 바울의 생각을 드러내는 것 외에, 시

---

34. Cranfield, *Romans*, 1:314.《국제비평주석: 로마서》.
35. 크랜필드는 윌리엄 샌데이(William Sanday)와 아서 C. 헤들럼(Arthur C. Headlam)이 그들의 로마서 주석에서 개진한 의견을 정확히 따라서, πνεύματος(영)를 동격의 속격으로 설명한다(*Cranfield, Romans*, 1:339).

간적 틀도 나타낸다. 활동은 죽음(따라서 시간의 종말)이 섬김받는 시간성[36]에서도 발생하고, 사람들이 새로운 것—즉, 영—으로 섬기는 시간성에도 발생한다. πνεύματος(7:6)가 하나님의 영을 가리킨다고 보면, 7:6에서 ἐν καινότητι πνεύματος라는 문구가 "생명의 새로움"을 가리킨다고 이해할 수도 있다. 바울에게 그 영은 생명이기 때문이다 (8:10; cf. 8:2). 과거(ὅτε[때]; 7:5)는 죽음에 의해 조직된 시간성이었다. 이제(νυνί; 7:6) 신자들은 영으로, 그러니까 생명으로 특징지어진 시간성을 살아간다. 바울은 신자들이 두 가지 유형의 시간을 경험했다고 생각한다. 하나는 죽음이 지배하는 시간인데, 신자들은 죽음에서 해방되었다. 다른 하나는 생명의 시간인데, 죽음은 거기서 축출되었다. 즉, 죽음-시간과 생명-시간을 신자들은 경험했다.

바울은 로마서 8:2에서도 비슷한 것을 말한다. 거기서 그는 그리스도 예수 안에 있는 생명의 영의 법을 죄와 죽음의 법과 대조한다. 두 가지 법의 구분이 함의하는 시간적 의미는 시간이 끝난다는 사실로—죽음으로—형성된 유형의 시간 속에서 한 법에 대한 순종이 일어난다는 것이다. 생명의 영의 법에 대한 순종은 그리스도 예수 안에서 일어나므로, 죽음이 배제된 유형의 시간에서 일어난다. 바울이 이어서 말하는 것처럼 그리스도 예수 안에 있는 사람들의 몸은 죽을 몸이지만(8:11), 그들이 죽는 시간은 생명-시간—죽음의 구성력이 더는 없는 시간—이다. 그리스도 예수 안에 있는 사람들은 육체적으

---

36. N. T. 라이트는 로마서 7:5를 다음과 같이 번역한다. "우리가 필멸하는 인간적 삶을 살고 있었을 때"(*Kingdom New Testament*).

로 죽을 것이지만, 또한 살아 있다.

따라서 신자들은 그들이 "해방되기"(8:2) 전에 있었던 것과는 양적으로나 질적으로 다른 유형의 시간 속에서 걷는다/행한다. 이전에 신자들은 죽음-시간을 살았지만, 이제는 그리스도 안에서 하나님의 활동으로 인해 생명-시간을 살고 있다. 그들의 몸이 죄로 말미암아 죽었을지라도 마찬가지다(8:10). 죽는다는 것은 치명적이지 않다. 그들의 몸에는 내주하시는 하나님의 영을 통해 부활 생명이 주어졌기 때문이다(6:4; 8:11).

바울이 *σῶμα νεκρόν* 죽은 몸 (롬 8:10)이라는 문구에서 강조한 바를 이해하는 두 가지 주요 방식—"필멸의 몸"이라는 표현은 몸이 죽는다는 점을 시사하거나, "여전히 죽음에 종속되어 있는 우리 안의 모든 것"을 시사한다[37]—은 다 경청해야 한다. 바울이 부활에 관해서도(8:11), 몸의 행실을 죽이는 것에 관해서도 말하고 있기 때문이다. 즉, 사도는 죽을 몸이 썩지 않게 되는 것에 대해, 그리고 죽을 몸이 영적인 몸이 되기 전에 죄에서(따라서 죽음의 영향력에서) 정화되는 것에 대해 말하고 있다. 아무튼 미래의 부활도, 죄의 잔재를 물리치는 현재의 행동도 죽음이 아닌 생명으로 구성된 시간 안에서만 일어날 수 있다.

갈라디아서 5:24에서 바울이 그리스도 예수께 속한 사람들은 육신과 함께 그 정욕을 십자가에 못 박았다고 선언한 것은 사도의 생각을 보여 주는 또 다른 증거다. 즉, 사도가 그리스도 안에 있음을 생

---

37. Calvin, *Romans and Thessalonians*, 166.

명-시간을 사는 것으로 생각했다는 점을 보여 준다. 이는 생명으로 구성된, 오직 생명으로만 구성된 시간을 산다는 것이다. 그리스도 예수께 속한다는 것은 "악한 현시대에서 우리를 건지시는"(1:4) 분께 속한다는 것이다—즉, 악한 현시대와 갈라져 사는 분께 속한 것이다. 이러한 소속의 시간적 의미는 높아지신 그리스도의 시간—죽음에 의해 구성되지 않는 시간—을 산다는 것이다. 그리스도께 속함으로써 그리스도의 시간을 사는 것의 윤리적, 그리고 아마도 존재론적 결과는 그러한 사람들이 육신을 십자가에 못 박았다는 것이다. 육신을 물리치는 것은 죽음이—육신 안에서 죄에 힘을 실어 주는 반하나님 실체(롬 8:2-9)가—배제된 유형의 시간에서만 일어날 수 있다. 그래서 바울은 두 가지 유형의 시간을 생각한 것이다. 하나는 죽음이 지배하는 시간이고, 다른 하나는 죽음이 그 안에서 아무런 힘도 갖지 못하기 때문에 오로지 생명과 삶뿐인 시간이다. 그리스도와 연합한 사람들은 그리스도의 시간성을—죽음이 배제된 유형의 시간을—살아간다.

죽을 육체를 가지고 생명-시간을 산다는 것은 시대의 중첩 가운데 산다거나 이미-아직의 실존 가운데 산다는 의미가 아니다. 바울은 신자들의 몸이 죽는 이유가 죄 때문이라고 하지만, 그럼에도 신자들의 몸이 그리스도와, 하나님의 영과 연합되어 있다고 주장한다(롬 8:9-11). 높아지신 그리스도는 신자들 안에 사시는데, 이는 신자들의 몸은 죽은 것이어도 그들은 살 것이라는 의미다(8:10-11). 그리스도 안에 있는 사람들은 그 영과, 그리스도와 함께 일하고 함께 사는 자유를 부여받았는데, 이는 육체의 행위(아마도 죄가 주관하는 행위)를 다스릴 힘이 있다는 의미다. 그들의 삶도 비록 죽을 육체를 가졌지만 생명으로 구성된다. 그들은 죽음의 권세가 쫓겨난 유형의 시간 속에서 산다. 그들은 두 시대의 섞임 내지 중첩 가운데 사는 게 아니라, 부활하시고 높아지신 예수 그리스도의 시간, 즉 하나의 시간 속에 산다. 이로써 그들은 그 영을 통해 몸의 행실을 죽일 수 있는 것이다(8:13).

내가 탐구한 두 유형의 시간은 인간의 연대기적 시간과 상호 작용한다. 인간의 연대기적 시간은 모든 인간의 현장이다. 하지만 바울에 따르면, 연대기적 시간은 죽음-시간이나 생명-시간 중 하나로 둘러싸여 있다. 죽음-시간 또는 생명-시간이라는 더 큰 시간으로 둘러싸인 환경이 연대기적 시간에서의 인간 실존을 깊이 형성한다. 이제 우리는 높아지신 그리스도의 시간의 본성, 즉 생명-시간의 본성에 관한 바울의 생각을 더 자세히 살펴볼 것이다.

5

높아지신 그리스도의 시간의 본성

바울은 그리스도의 과거, 현재, 미래에 관해 이야기한다. 그리스도의 시제에는 유동성이 있다. 우리는 성육신하신 그리스도의 과거와 높아지신 그리스도의 현재가 공존하는 것을 보게 될 것이다. 그리스도의 시간은 시제들이 순서에 고정되어 있지 않으며, 시제들이 서로 의존하도록 제한되어 있지도 않다. 과거, 현재, 미래가 한꺼번에 공존한다. 그리스도와의 연합은 그리스도의 현재에 접근할 수 있게 하며, 그리스도의 과거와 미래에도 상당 부분 접근할 수 있게 한다.

그리스도의 과거

인간이 되기 전 그리스도의 삶
바울은 인간이 되기 전 과거 그리스도의 삶에 대해 거의 언급하지 않고, 간략하게만 언급한다. 이런 언급으로는 그리스도가 만물을 창조하는 방편이었던 점이 있다(고전 8:6).[1] 인간이 되기 전 그리스도의 삶에는 인간 시간의 초기 순간들에 임재하신 부분도 있다. 그리스도는 모세와 이스라엘 백성을 따라온 반석이었다(10:4). 바울은 창조와 이스라엘 역사의 사건들에 그리스도께서 임재하신 것을 언급했는데, 이는 그리스도와의 연합이 이러한 사건들과 어떤 식의 상통을 수반한다는 것을 우회적으로 암시한다.

그리스도의 성육신하신 과거

그리스도의 과거에 대한 바울의 언급 중 대부분은 그리스도의 성육신하신 삶에 관한 것이다. 앞으로 보겠지만, 바울은 그리스도와의 연합이 이러한 사건들에 접근할 수 있게 하고 심지어 그 사건들과 연합할 수 있게 한다고 생각한다. 바울은 그리스도의 인간 생애에 관해 이야기할 때 특히 다음과 같은 내용을 썼다.

그리스도는 다윗의 혈통에서 나셨다(롬 1:3).
그리스도는 하나님으로부터 나와서 우리에게 지혜가 되셨다(고전 1:30).
그리스도는 우리를 자유롭게 하려고 자유를 주셨다(갈 5:1).
그리스도는 우리를 위하여 죄로 삼아지셨다(고후 5:21).
그리스도는 부요하나 가난하게 되셨다(고후 8:9).

1. 빌립보서 2:6도 성육신 이전에 그리스도께서 하나님과 함께하신 삶을 언급하는 구절일 가능성이 높다.

그리스도는 우리 죄를 위하여 자신을 주셨다(갈 1:4).

그리스도는 죽으셨다/십자가에 못 박히셨다(롬 5:6, 8; 고전 5:7; 8:11; 15:3; 고후 5:15; 갈 2:21; 살전 4:14; 5:10).

그리스도는 다시 살아나셨다/다시 살리심을 받았다(고후 5:15; 갈 1:1; 살전 4:14).

그리스도의 성육신하신 과거는 이후 세대에 영향을 미친다

그리스도의 인간 생애에서 과거는 다른 인간의 생애와 마찬가지로 이후에 오는 것에 영향을 미치는 작용을 한다. 바울은 그리스도의 성육신하신 삶이 이를테면 바울과 이방인들이 영의 약속을 받은 것과 같은 결과들을 이루셨다고 믿는다(갈 3:14) — 즉, 인간 그리스도의 과거는 이후 세대의 현재에 영향을 미친다.

그리스도의 성육신하신 과거는 인간의 현재에 현전한다

그리스도의 과거는 과거 사건에 대한 인간의 경험을 넘어 미래 사건과 사람들에게도 영향을 미친다. **그리스도의 과거는 인간의 현재에 현전하며 접근 가능하다.** 바울이 축복의 잔은 그리스도의 피에 참여함이며(κοινωνία), 떡도 마찬가지로 그리스도의 몸에 참여함이라고 쓸 때(고전 10:16), 이러한 이해가 분명히 나타난다. 바울은 다른 곳에서 그리스도께서 죄 있는 육신의 모양으로 오셨고(롬 8:3), 사람과 같이 되셨으며(빌 2:7), 몸과 피로 된 인간이셨다고 확언한다. 높아지신 그리스도는 더 이상 피와 살이 아니지만, 그래도 바울은 그리스도의 몸과 피를 나눌 수 있는 것으로 생각했다. 그리스도의 몸과 피는 성육신 이후에 사는 사람들도 참여할 수 있다. 그리스도의 시간성은 그의 과거가 그의 현재에 있을 수 있게 하며, 따라서 그와 연합한 사람들의 현재 시제에도 있을 수 있게 한다.

그리스도의 고난과 죽음

고린도 교인들에게 바울은 "그리스도의 고난이 우리에게 넘친다"고 쓴다(고후 1:5). 이와 관련하여 바울은 자신과 동료들이 항상 예수의 죽음을 몸에 짊어지고 있다고 믿는다(4:10). 빌립보 교인들에게 바울은 자신의 가장 깊은 바람이 그리스도와 그 부활의 권능을 알며, 그 고난에 연대함을 알고, 그의 죽으심을 따르는 것이라고 묘사한다(빌 3:10). 바울의 바람은 그리스도의 고난에 실제로 참여하고, 그리스도의 죽음의 형태를 취하는 것이다. 사실상 사도의 소망/기대는 인간 시간성의 경계를 초월하여, 과거 사건들에 직접 접근하는 것이다―이는 그가 시간 여행자이기 때문이 아니라 그리스도의 과거가 현재이기 때문이다. 그리스도의 고난과 죽음은 인류(와 그리스도)의 과거에 있었던 사건이지만, 또한 바울에게 현재이며 바울을 위한 현재다.[2]

바울은 그리스도께서 나를 사랑하사 나를 위하여 자신을 내어 주

---

2. 골로새서는 이를 확실히 보강한다. 지금(νυνὶ) 그리스도의 육체의 죽음으로 골로새 교인들과 화목하셨다(골 1:22; cf. 롬 5:11). 그리스도의 죽음은 인간의 시간에서는 과거에 있었던 일임에도 지금 현전한다. 그것은 과거에 일어난 사건일 뿐만 아니라, 그 사건 이후에 사는 사람들이 접근할 수 있는 것이다.

셨다(갈 2:20)는 진술에서, 그리스도의 과거가 현전한다는 이러한 확신을 강조한다. 그리스도와 바울은 그리스도가 십자가에 못 박히기 전에는 만난 적이 없지만,[3] 바울은 개인적으로 그리스도께서 바울을 위해 자신을 내어 주셨다고 생각한다. 그리스도의 과거는 이후 인간의 현재들에 현전할 수 있다.

바울은 현재 신자들의 고난을 그리스도와 함께 받는 고난이라는 틀로 본다(롬 8:17).[4] 하나님의 자녀들이 아는 그리스도와 함께 받는 고난은 그리스도께서 성육신한 상태에서 경험하신 고난을 가리키는 것일 수도 있고, 그리스도께서 높아지신 아들로서 하나님과 함께하는 삶 속에서 여전히 고난받고 계심을 가리키는 것일 수도 있다. 이 구절은 이 두 방식으로 해석되어 왔다. 조셉 A. 피츠마이어는 그리스도의 역사적 죽음을 가리키는 것으로 본다.[5] 반면 C. E. B. 크랜필드는 동사가 현재 시제이므로 "아직 그리스도를 주님으로 알지 못하는 세상에서"[6] 그리스도께 대한 신실함에 필연적으로 동반되는 고난을

3. 스탠리 E. 포터(Stanley E. Porter)는 행 9:1-9, 고전 9:1, 고후 5:16에 대한 특수한 독해에 주로 근거하여, 바울이 예수님을 만났었다는 오래된 이론을 복원하려 하지만, 설득력은 없다(*When Paul Met Jesus*).

4. 롬 8:18이 급격한 사고의 단절이라는 케제만의 주장은 εἴπερ가 사실을 진술하는 게 아니라 조건을 도입하는 것이라는 그의 결론을 정당화하지 않는다. 우리는 케제만이 바울에게서 종말론적 긴장을 확인하려는 그의 관심이 그의 해석을 좌우한다는 점을 감지할 수 있다. 그는 롬 8:17에서 바울이 열광적 확신에 경고하는 소리를 듣고 있다(*Romans*, 229). 크랜필드는 εἴπερ가 "방금 한 말을 확증하는 사실"을 진술하는 표현이라고 올바르게 지적한다(*Romans*, 1:407).

5. Fitzmyer, *Romans*, 502. 《(앵커바이블) 로마서》.

6. Cranfield, *Romans*, 1:408.

가리켜야 한다고 말한다. 크랜필드는 또한 바울이 "높아지신 그리스도께서 형제들의 고난에 참여하신다"[7]고 생각했을 가능성도 가늠해 본다.

이러한 해석들 사이에는 두 가지 차이가 있는데, 서로 관련이 있다. 하나는 시간적 차이다. 바울이 생각하고 있는 것은 과거의 사건이거나, 아니면 현재의 고통이다. 하나는 초점의 차이다. 바울이 초점을 두고 있는 것은 그리스도의 고난이거나, 아니면 신자들의 고난이다. 즉, 바울은 그리스도가 신자들과 함께 고난을 받는다고 말하고 있거나, 아니면 신자들이 그리스도와 함께 고난을 받는다고 말하는 중이다. 문맥상으로는 바울이 그리스도께서 성육신하신 과거에 받은 고난을 생각하는 중이다. 왜냐하면 사도가 자녀들에 대해 설명하고 있기 때문이다. 자녀들은 자녀 됨의 영의 도움으로, 예수님이 성육신하신 삶에서 사용하셨던 것과 같은 단어인 "아바! 아버지!"(갈 4:6)를 부른다. 이는 바울이 성육신하신 삶을 사신 그리스도께 초점을 두고 있음을 강력하게 시사한다. 또한 바울은 고난을 영광을 받기 위한 전제 조건으로 제시한다 —이는 그리스도의 지상의 삶에서 일어난 일과 이후 승천하신 삶에서 일어난 일의 순서다. 반면 바울이 그리스도께서 높아진 삶에서 겪으시는 고난이 영화로 이어진다고 생각했을 것이라고 상상하기는 어렵다. 높아지신 상태에서(빌 2:9) 그리스도는 이미 영화롭게 되신 것이다. (이는 바울이 그리스도께

---

7. Cranfield, *Romans*, 1:408.

서 고난당하는 동시에 영화로워지는 것을 생각하지 않았다는 의미는 아니다.)
이러한 관찰은 바울이 그리스도의 고난에 초점을 두고 있으며 고난
이 성육신한 삶에 있었다고 읽는 쪽으로 해석의 저울을 기울인다.
그러므로 자녀들이 공유하는 고난은 과거 그리스도의 성육신 당시
의 고난이다. 여기서 우리는 사도가 인간의 현재에 있는 그리스도의
과거를 생각하는 또 하나의 예를 본 것이다.

고린도전서에서 우리는 성육신하신 그리스도의 과거가 높아지신
그리스도의 현재이기도 하다는 또 다른 암시를 발견한다. 바울은 자
신이 십자가에 못 박힌 그리스도(고전 1:23), 곧 하나님의 능력이요
하나님의 지혜를(1:24) 전한다고 말한다. 십자가에 못 박히신 그리스
도가 십자가 사건 이후를 살아가는 사람들에게 하나님의 능력과 지
혜일 수 있다는 것은 바울에게 십자가 사건이 그리스도의 시간성에
서 여전히 역사하고 있음을 나타낸다.[8] 갈라디아서에서 바울은 자신
이 그리스도와 공동으로 십자가에 못 박혔다고 말한다(갈 2:20). 바
울은 그리스도의 십자가 사건을 그리스도와 연합한 사람에게 현재
적인 사건으로 생각한다. 과거는 그리스도의 현재 안에 있다.

로마서에서 바울은 신자들이 그리스도의 죽으심 안으로 세례를

---

8. cf. 골로새서는 청중에게 그들이 그리스도와 함께 죽었음을 인식하라고 촉구한다―
ἀπεθάνετε σὺν Χριστῷ(골 2:20). 그리스도의 죽음은 그리스도와 인류의 과거에 일어난 사
건이지만 현재적이며, 인간의 현재 시제에 "들어갈 수" 있다. 그리스도의 죽음의 **결과만
이 아니라 그리스도의 죽음 자체가** 들어올 수 있다. 그리스도의 죽음의 특별한 방식―십
자가에 못 박히심―이 강조된다. 단순히 신자들이 그리스도께서 과거에 하신 일의 혜택
을 누리는 것이 아니라, 신자들이 실제 사건 속으로 들어가는 것이 그려지고 있다.

받았다고 말한다. 실제로 신자들은 그리스도의 죽으심 안으로 세례를 받음으로써 그와 함께 장사되었다(롬 6:2-4). 그리스도와의 연합은 그리스도의 성육신하신 과거의 순간에, 그리스도께서 죽으신 순간과 장사되신 순간에 직접 접근한다는 의미다. 이는 신자들이 그리스도의 과거로 여행을 하기 때문이 아니라, 그리스도의 과거가 인간의 현재 시제에 현전하며 인간의 현재 시제에 알려질 수 있기 때문이다. 사도는 신자들이 그리스도의 죽음과 비슷한 모양으로[9] 유기적으로 연합된(σύμφυτοι) 자라고 쓴다(6:5). "비슷한 모양"은 신자들이 그리스도의 죽음의 혜택에는 참여하지만 그 사역에는 참여하지 않음을 시사한다.[10] 그러므로 그리스도의 죽음 안에 있는 사람들은 동일하지는 않지만 유사한 죽음에 함께 심어진다. 그리스도의 죽으심은 그가 죄에 대하여—따라서 죽음이 지배하지 못하도록(6:9)—"단번에(모든 시간에 대해 단번에)"[11](6:10) 죽은 최초의 사람이라는 점에서 유일하다. 그리스도의 죽음은 거대한 유일 사건으로 반복될 수 없지만—이는 바울이 놓치고 싶지 않은 점이다—과거에 갇혀 있는 사건도 아니며, 그저 계속해서 영향만 미치는 사건도 아니다.[12] 그리스도의 죽음은 그 사건 이후에도 들어가 참여할 수 있는 것이다. 바

9. 크랜필드는 "그의 죽음과 비슷한 모양"이라는 문구가 세례식에 관한 언급이라는 견해를 현명하게 벗어나서, 바울이 여기서 빌 3:10의 사유—그의 죽으심을 본받음—와 공명하고 있다고 제안한다(*Romans*, 1:308).
10. cf. Cranfield, *Romans*, 1:308.
11. 이는 ἐφάπαξ에 대한 리앤더 켁의 번역이다(*Romans*, 164).
12. 피츠마이어는 오도할 가능성이 있는 그리스도의 죽음의 "결과"라는 표현을 사용한다(*Romans*, 435).

울은 로마서 6장의 첫 부분에서 이 점을 강조한다. 신자의 옛 사람은 그리스도와 공동으로 십자가에 못 박혔고(6:6), 신자들은 그리스도와 함께 죽었다(6:8).

그리스도의 부활

그리스도의 부활은 그리스도와 인류의 과거에 일어난 사건이지만, 그 사건 이후에 사는 사람에게 현재적이다. 그리스도의 부활은 신자들의 현재에 현전한다. 신자들은 그리스도께서 죽은 자 가운데서 살아나심 같이(ὥσπερ) 생명의 새로움 가운데서 살아갈 수 있다(롬 6:4).[13] 신자들이 죽을 몸에서 해방됨―즉, 그들 **자신의** 부활(고전 15:20-23; 살전 4:14)―을 알게 되는 것은 신자들에게는 미래의 일이지만, 신자들은 자신들이 살아가는 현재 시간에 **그리스도의** 부활에 참여한다. 그리스도와 인류의 과거에 일어난 사건이 그리스도의 현재 시제로 현전한다.

그리스도의 과거는 인간의 과거에 현전한다

바울은 또한 그리스도의 죽음이 인류 역사에서 그 이전에 살았던 사람들에게도 유효했다고 생각했을 것이다. 바울은 우리가 원수 되었을 때 하나님의 아들의 죽으심으로 말미암아 하나님과 화목하게 되었다고 쓴다(롬 5:10). "원수"는 인류가 죄에 종노릇한다는 바울의

---

13. 골로새서 저자는 신자들이 그리스도와 함께 다시 살리심을 받았다고 쓴다(골 3:1).

판단을 표현한다. 바울이 로마서 앞부분에서 모든 인간이 그런 상태에 있다고 묘사했던 것을 고려할 때(1:18-20; 3:9-18, 23), 이는 바울이 그리스도의 죽으심을—그리스도의 죽으심 이후의 사람들만이 아니라—모든 세대의 인류를 화목하게 한 것으로[14] 생각했음을 강하게 시사한다. 로마서 5:18은 그리스도의 의의 행위가 모든—모든 역사 시기의—사람에게 의와 생명을 가져온다는 의미로 적절하게 이해될 수 있다. 이것이 보편 구원을 말하는 것인지는 지금 우리가 다루는 문제가 아니다. 하지만 그리스도의 시간성과 관련하여 이것이 함의하는 바는 그리스도의 인간적 과거의 행위가 모든 인류에게 영향을 미쳤다고, 심지어 성육신 이전에 살았던 사람들에게도 영향을 미쳤다고 바울이 생각했다는 것이다. 사실상 그리스도의 과거는 인간의 모든 시간에 걸쳐 있다.

그리스도의 현재

그리스도 안에 있는 사람들이 지각하는 바에 따르면, 높아지신 그리스도의 현재는 활동으로 가득하다. 아마 더 나은 표현으로는, 그리스도와 연합한 사람들 안에서 행하시는 그리스도의 활동은 그리스도

14. cf. 아우구스티누스는 "그리스도교는 인류의 시작부터 그리스도께서 '육신으로' 오실 때까지 고대인들에게 존재했고 없어지지 않았다"고 쓴다(《재론고》[*Retractationes*] 1.12.3).

의 현재 시제를 나타내는 표지다. 그리스도의 현재는 활동적이며, 그리스도와 합한 사람들의 삶과 얽혀 있다. 그리스도는 바울 안에(갈 2:20), 더 일반적으로는 신자들 안에(롬 8:10) 살아 계신다. 바울은 그리스도의 현재가 자신의 현재와 교차한다는 것을 다양한 방식으로 나타낸다. 그리스도 안에서 바울은 낙원에 이끌려 갔었다(고후 12:2-4). 바울은 자신의 과거에 일어난 사건들에 대해 말하면서(물론 그 사건들이 일어났을 때는 그에게 현재였다), 예수 그리스도께서 하나님과 함께 바울을 사도로 삼으셨다고 기록한다(갈 1:1; cf. 롬 1:5). 바울은 예수 그리스도의 계시를 통해 복음을 받았다(갈 1:12). 그리스도(하나님의 아들)는 바울 속에 계시되었다(1:16). 그리스도는 바울을 사랑하신다(2:20). 그리스도의 진리는 바울 속에 있으며, 그리스도는 바울 안에서 말씀하신다(고후 11:10; 13:3). 주님[15]은 주님의 만찬에 관한 귀중한 정보를 바울에게 전해 주셨다(고전 11:23). 주님은 바울에게 권한을 주시고(고후 13:10), 칭찬하신다(10:18). 주님은 바울의 여행 계획을 허락하시거나 허락하지 않으실 것이다(고전 16:7). 그리스도는 바울에게 명령을 주시는데(예: 9:14), 미혼 남녀에 관한 경우에는 계명을 주시지 않으신다(7:25). 고린도전서 9:1에서 바울은 자신이 "우리 주 예수를" 보았다고 기록하는데, 이는 구체적인 경험을 가리키는 것일 수도 있고, 혹은 고린도후서 12:1에서 바울이 주장한 주님의 환상과 계시를 가리키는 것일 수도 있다. 어쨌든 이러한 언급은 그리

---

15. 피(Fee)와 마찬가지로 "주님"이 예수 그리스도를 가리킨다는 이해다(*Corinthians*, 548). "주님"은 바울이 예수님을 지칭하는 일반적 호칭이다(예: 롬 10:9, 고전 12:3).

스도가 바울의 현재에 현전하신다는 이해를 나타낸다.[16]

신자들은 그리스도의 현재 안에서 행동한다. 그들은 주 안에서 수고한다(고전 15:58). 하나님의 모든 약속이 그리스도 안에서 '예'가 된다는 진리에 대한 신자들의 '아멘'은 그리스도로 말미암아 말해진다(고후 1:20). 바울은 그리스도를 통해 고린도 교인에게 호소한다(10:1). 그와 그의 동료들은 그리스도 안에서 하나님 앞에서 말한다(12:19). 바울은 그리스도 안에서 복음을 통해 고린도 교인들의 아버지가 되었다(고전 4:15). 의의 열매는 예수 그리스도를 통해 나온 것이다(빌 1:11). 그리스도의 현재 활동은 그리스도의 복음이 현전할 때 분명하게 나타난다(고전 9:12).[17]

그리스도는 인간의 현재에서 활동하신다. 그리스도는 고린도 교인들의 약혼자가 되셨다(고후 11:2). 그리스도는 신자들에게 공급하시고 그들을 돌보신다. 그리스도를 통해 위로가 넘친다(1:5). 그리스도의 사랑이 신자들을 강권한다(5:14). 바울은 그리스도께서 고린도 교인들을 모든 언변과 지식으로 풍성하게 하셨고, 신자들을 끝까지 견고하게 하신다고 썼다(고전 1:5, 8). 하나님의 아들과의 교제(1:9)는 그리스도께서 자신의 삶을 신자들과 나누신다는 것을 나타낸다.

신자들은 그리스도의 몸이다(고전 12:27). "몸"은 연합을 나타내는

---

16. 앞서 언급했듯이, 바울은 자신의 과거에 일어난 일들에 대해 말하고 있지만, 그 사건들은 바울에게 현재 시제로 일어났다.

17. "그리스도의 복음"(gospel of Christ)이라는 문구가 그리스도에 관한 복음이 아니라 그리스도의 기쁜 소식을 나타내는 것이라는 이해다(Hart, *New Testament*, 334를 보라).

고대의 일반적인 은유 그 이상이다. "그리스도의 몸"이라는 개념은 그리스도와 신자의 하나 됨, 즉 그리스도의 시간성과의 연합을 포함하는 하나 됨을 가리킨다. 신자들은 그리스도의 현재에서 살아간다. 따라서 바울과 그의 동료들은 예수님의 생명과 삶을 나타낸다(고후 4:10). 그들은 그리스도 안으로 세례받았고, 그리스도로 옷 입었다(갈 3:27). 그리스도의 현재가 인간의 시간성을 감싸고 있고, 그리스도와 연합한 사람들은 그리스도의 시간성 안에서 자신들의 시간성을 살아간다.[18]

그리스도와의 연합과 그리스도의 믿음

바울은 신자들에게 그들 자신을 그리스도 예수 **안에서** 하나님께 대하여 살아 있는 자로 여기라고 권고한다(롬 6:11). 즉, 그리스도는 신자들이 자신들이 하나님께 대해 살아 있음을 고찰할 수 있는 맥락이며, 그리스도의 현재 시제는 신자들의 현재 시제다. 이 점은 갈라디아서 2:20에서 바울이 내 안에 그리스도께서 사신다고 쓸 때 가장 분명하게 나타난다.

그리스도의 현재에는 그리스도의 믿음이 포함된다. 높아지신 그리스도는 여전히 순종하는 아들이다. 그리스도의 믿음faith은 하나님을 향한 그의 마음가짐이며, 여기에는 그에게 속한 사람들에 대한

---

18. cf. 골로새서 3:1-3은 신자들의 생명이 하나님 우편에 앉아 계신 그리스도와 함께 감추어져 있다고 주장한다.

그의 신실함^{faithfulness}이 포함된다.[19] 마찬가지로 그리스도의 믿음에 대한 참여로서의 신자들의 믿음은 하나님을 향한 그들의 마음가짐이다. 그리스도의 현재 믿음은 신자들이 참여하는 믿음이다.

그리스도의 믿음은 믿는 자들을 의롭게 한다(갈 2:16). 이 구절에서 πίστεως Ἰησοῦ Χριστοῦ를 주어적 속격으로(즉, 예수 그리스도의 믿음으로) 여기면, 첫 번째 절과 세 번째 절은 그리스도의 믿음을 가리킨다.[20] 그리스도의 믿음은 지상에서 사셨을 때의 믿음만이 아니라, 높아지신 삶에서 계속 이어지는 변함없는 믿음을 나타낸다.[21] 그리스도의 믿음은 믿는 자에게 약속이 주어질 수 있게 한다(3:22).

신자들은 그리스도의 믿음을 통해서 그리스도의 믿음을 믿는데, 그리스도의 믿음은 그리스도의 현재에 일어난다. 높아지신 실존 가운데 계속되는 그리스도의 믿음은 신자들이 하나님의 자녀가 되는 데 중요한 역할을 한다. 데이비드 벤틀리 하트는 갈라디아서 3:26 후반절에서 바울이 의미한 바를 "기름 부음 받은 자 예수 안에 있는 신실함을 통해"[22]로 정확하게 옮긴다.

---

19. 데이비드 J. 다운스(David J. Downs)와 벤저민 J. 라펭가(Benjamin J. Lappenga)의 연구는 높아지신 주님의 신실하심만 거의 전적으로 탐구하고, 하나님에 대한 그리스도의 신실하심에는 간혹 고개를 끄덕이는 정도에 그친다(*Faithfulness of the Risen Christ*).

20. 나의 글 "Peter in the Middle"을 보라.

21. cf. 고린도전서 15:28에서 바울은 마지막에 그리스도께서 하나님께 복종하게 되실 것이라고 쓴다. 이 궁극적인 순종이 믿음의 궁극적 행위다.

22. Hart, *New Testament*, 374.

그리스도를 본받음

바울의 그리스도를 본받음 모티프(고전 4:16; 11:1)는 그리스도가 단순히 선한 행동의 역사적 모델이 아니라는 생각과도 잘 들어맞는다. 바울의 그리스도와의 연합 개념의 맥락에서 볼 때, 본받음은 살아 있고 현전하는 그리스도를 재현하는 것이다. 따라서 신자들은 그리스도와 같은 마음을 품을 수 있다(빌 2:5).

그리스도의 미래

바울은 그리스도의 미래에 있을 사건들, 곧 주님의 날, 파루시아, 그리스도의 나타나심을 묘사한다. 이는 사도가 같은 사건을 다양한 방식으로 말하는 것으로 보인다. 바울은 고린도전서 1:7-8에서 τὴν ἀποκάλυψιν τοῦ κυρίου ἡμῶν Ἰησοῦ Χριστοῦ("우리 주 예수 그리스도의 나타나심")에 대해 말한 직후, 그리스도의 날을 언급한다. 또한 그는 그리스도의 파루시아 때 그리스도가 보이게 될 것이라고 쓴다(살전 4:15-17).

그리스도께서 하늘로부터 강림하실 때, 몇 가지 매우 유익하고 변혁적인 사건을 행하실 것이다. 또는 이루실 것이다. 따라서 바울은 그리스도의 오심에 대한 갈망을 표현하고—마라나-타(고전 16:22)[23]

---

23. 이 아람어 문구는 "주님이 오셨다" 또는 "우리 주님, 오십시오"를 의미할 수 있다. 문맥과 바울이 고린도 교인들에게 이야기하고 있는 의제를 고려할 때, 후자를 의미할 가

— 주님의 만찬을 주님의 죽으심을 "그가 오실 때까지" 전하는 것으로서 먹어야 한다고 선언한다(11:26). 사도는 주님의 오심이 그리스도와 연합한 사람들에게 놀라운 결과를 가져올 것이라고 믿는다. 그것은 "장래의 노하심에서 우리를 구조하시고"(살전 1:10; cf. 빌 3:20에서 구원하는 자라는 언급은 구조를 함의한다), 그리스도께서 신자들의 몸을 그분의 영광의 몸과 같이 변하게 하실 것이다(빌 3:21).

종말론적 사건들이 신자들을 위해, 창조물을 위해 이룰 놀라운 일들을 고려할 때(롬 8:19-23), 사도가 그리스도의 파루시아가 주로 그리스도와 관련된다고 생각한 점을 우리는 쉽게 놓칠 수 있다. 바울은 ἐν τῇ αὐτοῦ παρουσίᾳ("그의 강림에서"; 살전 2:19)라는 문구에서 이 점에 주목시킨다. 파루시아는 그리스도의 삶에, 그리스도의 미래에 일어나는 사건이다. 그것은 그리스도의 날이다(빌. 2:16; 살전. 5:2; cf. 고전 1:8에서는 "우리 주 예수 그리스도의 날"로 언급된다). 이날은 하나님의 날이기도 하지만, 하나님의 정하심 때문에, 그리고 주 예수 그리스도께서 우리를 구원하시는 하나님의 목적 때문에(살전 5:9), 바울은 이날이 "주님의 날"임을 강조한다(고전 5:5; cf. 빌 1:6). 이날은 그리스도께서 행동하실 날이다.

바울은 그리스도께서 나타나시는 사건과 주님의 날을 τέλος텔로스라고 부른다(고전 1:7-8). "끝"end은 "주 예수의 날"(고후 1:13-14)이다. 우리는 "끝"이라는 단어에 "시간의"라는 수식어를 붙여서는 안 된다.[24]

능성이 높다.
24. 학계에서 "시간의 끝"에 대해 말하는 것을 흔히 볼 수 있다(예컨대 Beker, Tri-

바울이 말한 것만 바울의 말로 들어야 한다. 즉, 주 예수의 날은 그리스도께서 우리를 대신하여 하나님을 위해 하시는 일의 목표 내지 끝인 그리스도의 미래의 한 순간이다.

그리스도의 파루시아에 관한 바울의 언급은 높아지신 그리스도께서 더 많은 일을 하실 것이라는 그의 확신을 나타낸다 ─ 그는 텔로스에 현시되실 것이며, 그 날에 그의 행동은 창조 세계를 더 좋게 고치실 것이다. 바울은 그리스도께서 오실 때 일어날 몇 가지 행동과 단계를 묘사한다. 그리스도께서 오실 때 하늘에서 내려오실(καταβήσεται, 살전 4:16) 것이다. 가벤타가 인지했듯이, 바울은 초월의 장면을 시적으로 묘사한다.[25] 그리스도는 공중의 구름을 타고 부활한 자들을 영접하여 그들과 항상 함께하실 것이다. 고린도전서에서도 마찬가지로 바울은 그리스도께서 오실 때 그리스도께 속한 자들이 삶을 얻게 하는 그리스도의 활동을 그린다(고전 15:23). 바울은 또한 고린도 교인들에게, 하나님께서 예수님과 함께 그들도 다시 살리셔서 예수님과 함께 있게 하실 것이라고 쓴다(고후 4:14). 주님이 오시는 시간(καιρός, 고전 4:5)은 "지금 어둠에 감추인 것들을 환히 드러내고 마음의 뜻을 나타낼"(고전 4:5; cf. 3:13) 것이다. 로마서 2:16에서 ("그 날"이 그리스도의 날을 가리킨다고 이해하면) 사도는 하나님께서 그리스도 예수를 통해 사람들의 은밀한 것을 심판하실 것이라고 선언한다.

---

umph, 357을 보라). 주님의 날에 대한 유대인의 기대는 일반적으로 시간의 끝이 아니라 창조 세계의 정화를 의미한다는 점을 고려할 때, 이에 대해 주의하는 것이 특히 중요하다.

25. Gaventa, *First and Second Thessalonians*, 66.

고린도후서에서 바울은 예수님이 심판대에 자리하셔서 그 앞에 "우리가 다 나타나야" 할 것이라고 쓴다(고후 5:10). 여기서 우리는 그리스도의 심판의 연대표를 이해하는 데 어려움을 겪게 되는데, 왜냐하면 바울이 신자들이 심판받는 때에 관해 불일치하는 의견들을 제시하기 때문이다. 고린도후서 5장에서는 그리스도의 심판이 사람들의 죽음에 따라 일어나는 것처럼 보이지만, 고린도전서 4:5에서는 심판이 그리스도의 파루시아까지 대기하는 것으로 보인다. 또한 고린도후서 5:8-9에서 죽음 후에 주님과 함께 있는 것에 관한 수수한 묘사는 영적인 몸이나 부활한 몸을 받는 것에 관한 언급도 없고, 주님이 하늘에서 강림하시고 신자들이 공중에서 주님을 만나 영원히 함께한다는 숨이 멎을 듯한 비전과도 대조를 이룬다(물론 이러한 명백한 불일치는 바울이 종말론적 생각들을 발전시킨 결과로 설명되어 왔다.)[26]

파루시아 이후 그리스도는 마지막 원수—현재 멸망하는 중인[27] 죽음—를 비롯하여 모든 원수를 그 발 아래 둘 때까지 통치하실 것이다(고전 15:25-26). 만물이 그리스도께 복종하게 될 때, 아들 자신도 하나님께 복종하게 될 것이다(앞으로 논하겠지만, "만물을 자기에게 복종하게 하신 이"가 하나님을 가리킨다고 이해한다면[15:28]). 바울이 그리스도의 미래에 관해 묘사한 마지막 사건은 하나님이 모든 것 안에서 모든 것이 되시도록 그가 하나님께 복종하는 것이다.[28]

26. 슈넬레(Schnelle)는 고린도후서를 쓸 무렵에는 종말에 관한 바울의 격렬한 기대가 "누그러졌다"라고 말한다(*Apostle Paul*, 251).
27. "멸망하다"는 헬라어에서 현재 직설법이다.
28. 이는 바울이 고린도전서 13:10의 ὅταν δὲ ἔλθῃ τὸ τέλειον이라는 말에서 언급한 "온

그리스도의 날은 신자들이 살고 있는 그리스도의 현재를 드러내는 날이다

바울은 그리스도께서 더 많은 일을 하신다고 생각하지만, 그 활동 대부분은 그리스도의 실존을 바꾸지는 않을 것이다. 시간을 행동과 사건으로 나타나고 변화를 낳는 운동으로 규정한 나의 정의에 따르면, 그리스도의 종말론적 행동의 대부분은 그에게 변화를 낳지 않으므로 시간적 운동을 암시하지 않는다.

그리스도의 성육신, 십자가, 부활, 높아지심과 달리, 그의 날/파루시아에 그리스도의 행동은 하나님께 궁극적으로 복종하시는 것을 제외하면 전에서 후로 가는 시간적 변화를 나타내지 않는다. 영광의 몸을 지니신(빌 3:21) 높아지신 그리스도의 삶과 완전한 자녀로서의 신실하신 순종은 종말에 **드러난다**_{계시된다}.[29]

그리스도의 날/파루시아와 그의 심판은 이를 개시하는 것 외에는 그의 실존을 바꾸지 않는다. 그리스도께 아직 오지 않은 일은 그의 현재 시제가 드러나는 일이다.[30] 그리스도께서 자신의 높아진 삶의 충만한 영광을 자신에게 속한 사람들과 나누실 때, 이러한 나눔은 신자들의 눈앞에 지금은 감추어져 있는 것이 드러나는 일이다. 이 자체는 새로운 것이 아니다. 다만 있는 것을 새로운 질로 경험하는

전" 내지 "완성"일 수 있다.

29. 그리스도는 아버지께 영구히 순종하신다. 예컨대 고전 3:23과 8:6을 보라. 이 구절들에서는 모든 것의 목표이신 하나님 아버지와 모든 것의 통로이신 그리스도를 구별한다.

30. 나의 관찰은 부활, 성령, 파루시아라는 세 가지 도래에서 "다른 일은 일어나지 않는다"(*Church Dogmatics* IV/3, 293)라고 한 바르트의 의견과 공명할 수 있다. 이 바르트의 언급은 제이미 데이비스 덕에 알게 되었다.

일이다. 사실상 종말은 그리스도께서 현재 살고 계신 시간에 잘 들어맞는 것이다. 그리스도께서 자신의 통치를 넘겨 드리고 하나님께 복종하신다는 단 한 번의 언급(고전 15:24, 28)을 제외하면, 그리스도가 관여하시는 미래의 사건들은 그리스도의 삶에 변화를 일으키지 않는다.[31] ─ 다만 그가 높아지신 현재 삶의 충만함을 다른 이들과 나누는 한에서는 예외다. 높아지신 그리스도는 단서를 둔 제한적인 의미에서 미래 시제를 가지고 계신다. **그리스도께서 아직 개시하지 않은 것은 자신의 현재 시제의 베일을 벗기는 일이다.**

앞서 언급한 바와 같이, 바울은 단 세 개의 편지에서만 그리스도께서 하늘로부터 오심을 묘사한다(고린도전서, 빌립보서, 데살로니가전서). 다른 곳에서는 그리스도의 날에 관해 이야기한다. 바울이 그리는 그리스도의 다른 종말론적 행동은 그가 적대 세력들에 대한 통치를 하나님께 넘겨 드린 다음 하나님께 복종하는 것이다. 이 모든 행동은 계시적 행동이다. 그리스도의 파루시아와 그의 날은 높아지신 그리스도의 삶의 영광스러운 본성을 드러내고, 통치권 이양 및 복종은 하나님께 대한 그리스도의 순종의 심오한 정체를 열어 나타낸다. 이러한 행동은 미래의 일이지만, 그리스도의 현재를 드러내는 일이다. **그리스도의 미래의 행동은 자신의 현재를 드러내는 행동이다.** 이러한 행동은 아직 행하지 않았다는 의미에서 그리스도의 미래 시제

---

31. 여기서 한 가지 주목해야 할 점은 종말에 그리스도께서 하나님께 복종하신다는 것, 따라서 하나님이 모든 것 안에서 모든 것이 되신다는 것은 그리스도의 현재가 더 이상 그리스도의 고난을 포함하지 않게 될 것임을 의미한다(물론 바울은 이에 관해서 쓰지 않았지만).

다. 하지만 그리스도께서 행하실 때도 그리스도께는 거의 변화가 없을 것이라는 점을 감안하면, 그리스도의 행동은 그리스도의 미래 시제의 범위가 다소 제한적임을 나타낸다.

그리스도께서 행하시는 종말론적 사건들은 그리스도의 삶의 현재적 본성을 확증하고 현시한다. 바울이 로마서 6:9에 썼듯이 그의 부활은 죽음을 멸망시켰다. "우리는 그리스도께서 죽은 자 가운데서 살아나셨으매 다시 죽지 아니하시고 사망이 다시 그를 주장하지 못할 줄을 안다." "그리스도께서 죽은 자 가운데서 다시 살아나셨다"(고전 15:20)는 바울의 확언도 같은 것을 말하고 있다. 그리스도께서 십자가에 못 박히시고 부활하시고 하늘에서 하나님과 함께하는 높아진 삶을 사신 이후, 그리스도의 적들—모든 통치와 권세와 능력(15:24)—은 그를 어찌할 힘이 없다. 이는 텔로스에서 분명해진다(15:24).[32]

그리스도께서 통치를 넘겨 드리는 것은 아직은 다가올 일이다. 그러나 이를 하나님께 대한 복종의 한 특징으로 이해한다면(고전 15:28), 이는 그리스도의 현재 상태를 바꾸는 행위가 아니다. (짐작건대 하나님께서 '모든 것 되심'의 결과로 고난이 더 이상 그리스도의 삶의 일부가 아니게 되는 한 가지 변화가 있을 것이다. 하지만 이는 바울이 소리 내어 고민한 부분이 아니다.) 그리스도께서 하나님께 복종하시는 사건은 그리스도의 현재적 실존을 드러낸다. 그리스도의 삶은—지상에서의 삶이든 높아지신 삶이든—하나님의 아들로서 순종하며 사시는 삶이다. 사도는

---

32. cf. 골로새서 2:15: 그리스도께서 십자가에 못 박히심은 통치자들과 권세들을 무력화하고 이기셨다.

그리스도는 하나님의 것이라고 쓰면서(고전 3:23) 이 점을 요약한다. 마지막에 아들이신 그리스도께서 하나님께 복종하시는 것은 현재 상태를 가시화하는 것이다. 바울은 그리스도께서 활동하시는 미래의 사건들을, 그리스도께서 자신의 현재 시제에서 사시는 삶을 인류와 창조물에게 드러내어 그들이 감지할 수 있게 하는 사건으로 이해한다. 따라서 이런 사건들은 인류와 창조물의 미래에 일어날 사건으로, 그리스도의 현재 시제를 열어 주고, 다른 사람들이 그리스도의 현재 실존을 누릴 수 있게 한다.

바울의 비전은 그리스도께서 인간의 현재에 지금은 부분적으로만 존재하는 미래를 가지고 계신다는 것이 아니다. 오히려 사도는 신자들이 그리스도의 현재에 완전히 접근할 수 있을 때—그들의 몸이 썩지 않을 것이 될 때—**신자들의** 미래가 변화될 것을 생각한다. 바울이 묘사한 종말론적 사건 중 어떤 것도 그리스도의 삶의 환경을 변화시키지 않는다. 그리스도 중심의 미래 사건들은 신자들에게는 미래지만, 그리스도께는 자신의 현재를 공개하는 것이다. 따라서 높아지신 그리스도의 미래 시제는 단서가 붙은 미래다. 우리가 표현할 수 있는 최대한은 그리스도께는 한정된 미래 시제가 있다는 것이다—어떤 행동들은 앞으로 행해져야 하지만, 그럼에도 그런 행동들은 그리스도의 현재 시제를 열어 나타내는 것이다. 바울이 묘사한 종말론적 사건들은 본질상 그리스도의 현재 시제의 베일을 벗기는 것이다. 고린도전서 1:7-8에서 바울이 사용한 언어가 나의 요지를 가장 직접적으로 말해 준다. 즉, 우리 주 예수 그리스도의 날은 우리 주 예수 그리스도의 나타나심과 같은 말이다. 그리스도의 날은 그리스도께서 드러나는 때다.

이러한 점이 그리스도와 연합한 사람들에게 미치는 영향

이러한 종말론적 사건들은 그리스도의 현재 시제를 드러내지만, 인간의 연대기적 시간으로는 미래의 일이다. 그럼에도 중요한 것은 생명-시간에서—신자들이 연대기적 시간을 경험하는 환경에서— 이러한 사건들은 그리스도와 그와 연합된 사람들 사이에 변화를 낳지 않는다는 점이다. 신자들은 그리스도가 관여하는 종말론적 사건에서도, 그리고 그 사건을 지나면서도 그리스도께 계속 속해 있다. 신자들이 아직 그리스도와 같은 영광스러운 몸을 갖지 않은 것은 그들이 그리스도와 부분적으로만 연합했기 때문이 아니며, 그들의 구원이 불완전하기 때문도 아니다. 죽을/썩을 자는 그리스도의 부활하시고 높아지신 삶(생명-시간)을 특정한 방식으로 경험한다. 그러나 이러한 방식은 생명-시간이 죽음에 의해 제한된다는 것을 의미하지 않는다. 바울은 현재 생명의 힘과 그 힘이 죽음을 이겼음을 몇 가지 눈부신 진술로 기술한다. "내가 확신하노니 사망이나 생명이나 … 우리를 우리 주 그리스도 예수 안에 있는 하나님의 사랑에서 끊을 수 없으리라"(롬 8:38-39). "우리가 살아도 주를 위하여 살고live to the Lord, 죽어도 주를 위하여 죽나니, 그러므로 사나 죽으나 우리가 주의 것이로다"(14:8; 또한 살전 5:10을 보라).

중요한 것은 주의 날이 신자들이 그리스도와 연합하는 데 간섭을

끼치지 않는다는 것이다. 바울은 주 예수의 날에 신자들이 서로를 자랑스럽게 여기는 것에 대해 이야기한다(고후 1:14). 그는 이러한 감정을 표현하기 직전에, 고린도 교인들을 위로하고자 그리스도의 고난과 위로에 대한 신자의 깊은 유대감과 바울과 동료 사역자들이 고린도 교인들의 고난에 깊이 연합함을 설명한다(1:3-7). 신자와 그리스도 사이의 연합의 정도는 헤아릴 수 없다. 그것은 그리스도의 날에 깨지지 않는다. 바울이 "지금은 구원의 날이로다"(6:2)라고 말할 수 있다는 점에, 그리스도와 연합한 사람들이 그리스도의 날에도 연합된 상태를 유지할 것이라는 사도의 굳건한 확신이 나타난다. 구원의 날은 항상 "지금"일 것인데, 우리 주 예수의 날은 여기에 포함될 뿐더러 특히 그렇다. 그리스도께서 강림하실 때 부활하는 사람은 현재 그리스도께 속한 사람들이다(고전 15:23).

바울은 그리스도와 연합한 사람들이 이제 낮^{the day}에 있듯이 걸을 수 있고 걸어야 한다고 생각했는데(롬 13:12-13), 이는 그 날^{the day}의 사건 가운데서도 그들이 계속 낮에 살아갈 것임을 나타낸다. 그리스도의 날은 신자들이 그리스도와 연결되어 있다는 점을 바꾸지 않는다. 신자들이 낮의 사람들이며 낮에 속하였다(살전 5:5, 8)는 바울의 진술은 신자들이 그 날의 사건에서 낮에 머물러 있을 것이라는 바울의 이해를 명확히 보여 준다.

그리스도와의 연합은 신자들이 그들의 행위에 대한 심판을 피할 것을 의미하지 않는다(고전 3:13). 그럼에도 그들의 행위가 그리스도 안에서 행해지는 한 그들은 구원받을 것이다(3:10-15). 자신들의 행위가 그리스도라는 터 위에 세워진 사람들(3:11, 14)은 그 날에 자기 삶을 심판받을 것이다. 그들은 자신의 터―그리스도―와 완전히 연결된 상태로 심판받을 것이다. 바울은 사탄이 멸하는 것이 육신인 한, 성적 문제를 저지른 사람도 주 예수의 날에 구원받을 것을 확신했다(5:5). 아마도 바울은 그리스도의 것 됨(3:23)이 구원을 지켜 준다고 생각한 것 같다.[33] 그리스도께 속한다는 것은 그리스도의 날과 신자들의 심판 가운데서도 그리스도와 계속 연합되어 있음을 함의한다. 신자들은 완전하고 끊임없이 그리스도와 연합되어 있다. 이 사실은 그리스도의 날에도 변하지 않는다.

33. 이후 나는 현재의 칭의, 그리스도와의 연합, 미래에 보장된 하나님의 진노로부터의 구원 사이의 차이를 언급할 것이다.

6

높아지신 그리스도의 시간에서 미래

나는 그리스도의 미래가 그의 현재 시제를 열어 나타내는 것을 수반한다고 주장했다. 두 중요한 단락이 이 주장을 설명해 준다. 고린도전서 15장과 로마서 8장이다. 나는 이 단락들이 일반적으로 신자와 그리스도 모두의 미래에 관한 내용으로 이해된다는 분명한 이유로 이 구절들을 선택했다.

고린도전서 15장에 나타난 그리스도의 현재 시제 계시

바울은 고린도전서 15:20-57에서 그리스도 중심의 종말론적 사건에 대해 가장 상세하게 설명한다. 여기서 그는 그리스도의 파루시아에서 그리스도의 현재 현실이 열려 나타난다는 자신의 확신을 드러낸다.

고린도전서 15:20 - 28에서 동사들의 주어

고린도전서 15:20 - 28에는 몇몇 동사의 주어가 누구인지에 관한 물음 및 동사 대부분의 시간적 의미에 관한 물음을 비롯하여 수수께끼가 많이 있다. 이 구절이 그리스도의 파루시아에서 일어나는 일을 묘사하고 있다는 점에서, 이러한 물음은 그리스도의 미래에 관한 바울의 생각을 탐구하는 우리의 과제와 직접적으로 관련된다.

고린도전서 15:24 - 28에는 주어가 명시되지 않은 동사들이 나온다. 대부분 주어로 볼 수 있는 선택지는 그리스도나 하나님이다.[1] 예상대로, 어느 쪽을 주어로 볼 것인가에 대한 탄탄한 논증들이 제시되어 왔다.[2] 나는 너무 긴 설명은 생략하고, 15:24 - 26, 27a, 28a에서 동사의 주어가 그리스도라고 제안한다. παραδιδῷ("그가 넘겨 드리다"; 15:24a)의 주어는 분명 그리스도이므로, 헬라어 문장에서 다음에 나오는 동사 καταργήσῃ("멸하다"; 15:24b)의 주어도 그리스도로 이해되어야 한다. 이러한 원리는 우리가 권세들의 복종에 관한 바울의 다른 언급들을 해석하는 방식에도 영향을 미친다. 15:27c에서 바울은 잠재적인 오해의 여지를 바로잡고자 노력한다. 복종하는 권세에 하나님을 포함시키는 오해가 없도록 말이다. 바울은 δῆλον ὅτι ἐκτὸς τοῦ ὑποτάξαντος("만물을 그의 발 아래 복종하게 두신 이가 그중에 들지 아니한 것이 분명하도다")라는 말을 써야 할 것 같다는 느낌이 들었다. 이는 앞

1. 15:27b에서 εἴπῃ의 주어는 하나님 또는 그리스도로 여겨져 왔다. 나는 그 주어를 바울이 인용한 성서로 보고, "그것이 이르기를"(it says)로 읽는다.
2. 중요하고 독특한 견해의 예를 모은 것으로는 다음을 보라. Lambrecht, "Paul's Christological Use of Scripture," 특히 508-11.

선 동사들에서 권세들을 멸하고 복종시키는 행위자가 그리스도라는 점을 시사한다. 사실상 바울은 그리스도가 하나님(만물을 아래에 두신 분)을 제외한 모든 권세를 멸하고 복종시키는 분이라고 말하는 중이다. 즉, 그리스도는 자신이 권세들을 지배할 수 있게 해 주신 분을 복종시키지 않는다. 15:27c의 대명사 αὐτῷ("그에게")는 그리스도를 가리킨다. 바울은 15:27c의 단서를 달아서, 자신이 앞서 권세들을 복종시키는 일에 관해 다음 동사들을 언급할 때 그 행위 주체를 그리스도로 보고 있다는 점을 명확히 한다. καταργήσῃ(15:24), θῇ("두다"; 15:25), ὑπέταξεν("굴복시켰다"; 15:27a), ὑποτέτακται("복종시키다"; 15:27b). 그리스도는 또한 ὑποταγῇ("복종하게 되다"; 15:28)의 주어이기도 하다.

그리스도께서는 모든 통치와 권세와 능력을 멸하실 때 그 나라를 하나님께 넘겨 드린다(고전 15:24). 바울은 시편 110:1을 사용하되 수정하여, 그리스도께서 모든 원수를 자기 (자신의) 발 아래 둘 때까지 통치하신다고 주장한다(고전 15:25).[3] 만일 24절과 25절에서 그리스도가 행위 주체라면, 26절에서 그리스도는 죽음 세력의 멸망이라는 계속 진행 중인 일의 배후에 있는 힘으로 이해되어야 한다(καταργεῖται가 현재 수동태 직설법임에 유의하라).[4] 15:27a에서 바울은 다시 성서의

3. 람브레흐트(Lambrecht)는 여기서 바울의 αὐτοῦ 사용을 "느슨한 헬레니즘식 문법"이라고 부른다("Paul's Christological Use of Scripture," 509). 람브레흐트는 M. 체어빅(Zerwick)에 의존하여 αὐτοῦ가 "헬레니즘 시대 헬라어에서 재귀대명사를 엄격하게 쓰지 않았던 예, 특히 소유적 속격에서의 재귀대명사를 엄격하게 사용하지 않았던" 예라고 지적하면서, "15:27c-28을 고려할 때 15:25b(와 15:27a)에서 αὐτοῦ가 하나님을 가리킬 가능성은 거의 없다"라고 덧붙인다(522n47).
4. 마르티누스 드 부어는 이 동사가 현재 시제이므로, 죽음의 멸망을 확신할 뿐만 아니

언어를 사용하여(또한 수정하여),[5] 만물이 그리스도의 발 아래 있다는 발상을 강조한다. 그다음 구절에서 바울은 만물이 그(자신)에게, 즉 그리스도께 복종한다는 생각을 반복한다(15:28).

고린도전서 15:22 - 28에서 동사들의 시간적 의미

이 구절의 행위는 표면상 미래에 관한 것으로, 미래 직설법 동사인 ζωοποιηθήσονται("삶을 얻으리라"; 고전 15:22)와 ὑποταγήσεται("복종하게 되리니"; 15:28b)로 둘러싸여 틀지어져 있지만, 이 사이에 있는 동사 중 어떤 것도 미래 직설법으로 나오지 않는다. 이 때문에 문법을 내용과 연결하기가 너무 어려워진다. 우리는 그리스도의 미래에 관한 바울의 이해에 관심을 두고 있으므로, 이 어려움을 감당해야 한다.

15:23에는 동사가 없다. 15:24에서는 각각 시제 부사 ὅταν("때")로 시작되는 현재 가정법(παραδιδῷ)과 부정과거 가정법(καταργήσῃ)이 나온다. 여기서 우리는 직접적으로 미래 동사가 나올 거라 예상한다. 해석자들은 καταργήσῃ를 "미래 완료적 용법"futurum exactum[6]이라고 선언함으로써 이 어려움을 덜어 낼 것이다. 15:25에는 부정사(βασιλεύειν,

라 그리스도의 부활로 "죽음의 멸망과 다른 권세들의 멸망이 실제로 시작되었음"을 의미한다고 정확히 해석한다(*Defeat of Death*, 122).

5. 여기서 바울은 시편 8:6의 언어를 사용한다. 바울이 시 110:1의 1인칭을 3인칭인 θῇ로 바꾸고 αὐτοῦ를 추가한 것(고전 15:25)과 시 8:6의 2인칭을 3인칭으로 바꾼 것(고전 15:27)과 같이, 자신이 변화를 준 부분의 의미를 청중이 알아차리리라고 기대하면서, 시 8편과 시 110편을 인유한 것인지는 분명치 않다. 바울이 εἴπῃ를 사용하여 청중으로 하여금 자신이 시 8:6을 언급하고 있음을 주목하게 한다는 사실은 적어도 그가 자기 주장을 뒷받침하는 권위 있는 목소리로 성서를 가져왔다는 점을 시사한다.

6. 다음을 보라. Lambrecht, "Structure and Line," 146.

"통치하다")와 칠십인역에서 인용한 부정과거 능동 가정법(θῇ)이 있다. 고린도전서 15:26은 현재 직설법(καταργεῖται)을 사용한다. 15:27에서 바울은 칠십인역의 문법을 그대로 따르지만, 이를 3인칭으로 바꾸고(ὑπέταξεν, 부정과거 능동 직설법) 부정과거 가정법(εἴπῃ, "그것이 이르기를")을 사용하여 성서에 대한 자신의 풀어 쓰기를 도입하는데, 여기서는 완료 수동 직설법(ὑποτέτακται)을 사용한다. 15:28a에서 만물이 그리스도에게 복종하는 것에 관해 말할 때는 부정과거 가정법(ὑποταγῇ)을 사용한다. 마지막으로, 앞서 언급했듯이, 하나님께 대한 그리스도의 복종을 묘사하는 부분(15:28b)에서 에두름 없는 미래 직설법은 15:22의 미래를 되울린다.

이 모든 세부 사항이 말해 주는 바는 바울이 15:23-28a의 사건을 애매함 없는 미래 시제로 구성하고 있지만, 이 사건들을 기술하면서 직설적인 미래 시제 사용은 피하고 있다는 것이다. 바울이 자기 목적에 맞게 성서의 단어를 자유롭게 바꾸는 것은 너무 분명하기 때문에, 바울의 언어 선택이 바울이 사용한 성서에 의해 결정된다고 할 수는 없다. 그리고 바울이 이 성구들에 대한 고린도 교인의 구원론적 이해를 바로잡으려는 중이라는 드 부어의 주장이 옳다면, 그가 명확한 시제를 고수하지 않는다는 점은 머리를 긁적이게 한다.[7] 바울이 (15:51-57과 달리) 미래 직설법을 우선하여 사용하지 않았다는 사실은 주목

---

7. 이 구절들에는 현재, 부정과거, 완료는 있지만, 미래 시제는 없다. 드 부어는 다음과 같이 썼다. "바울의 시제 사용은 거의 견디기 힘든 긴장을 보여 준다. 특히 15:27-28에서 만물이 그리스도께 복종하는 것은 과거로도 미래의 현실로도 말해질 수 있다"(*Defeat of Death*, 123).

할 만하다. 또한 그의 이상한 시제 선택뿐만 아니라 서법mood 선택도 고려할 필요가 있다.

이 구절에서 동사의 법들이 혼재한다는 점, 더 나은 표현으로는 사건의 순서가 오로지 직설법으로만 제시되지 않았다는 사실[8]은 독자들로 하여금 시간적 지시보다 문법학자들이 동사상verbal aspect이라고 부르는 것에 더 집중하게 할 수 있다. 일반적으로 문법학자들은 헬레니즘 헬라어에서 직설법만이 명백히 시간적 지시를 나타낸다는 점에 동의한다. 서법들과 시제들이 혼란스럽게 혼재한다는 점을 고려하면, 바울의 관심사는 어떤 특정한 관점에서 파루시아 사건들의 질서를 제시하는 것으로 보인다. 직설법이 적은 것은 바울이 그리스도의 재림을 단계적인 방식으로 묘사하는 데 별로 관심을 두지 않았고, 사건 전체에 주의를 기울이게 하는 데 관심이 있었음을 시사한다.[9] 우리는 바울이 여기서 주로 인간의 연대기적 시간의 관점에서가 아니라 그리스도의 시간에서 파루시아를 보고 있다고 말할 수 있다.

---

8. 15:23-28a에서 7개(또는 부정사까지 세면 8개)의 동사 중 단 3개만이 직설법이다.

9. 콘스탄틴 R. 캠벨(Constantine R. Campbell)은 두 가지 유형의 동사상을 유용하게 구분한다. 하나는 행동을 전개되고 있는 것으로 보는 미완료이고, 다른 하나는 행동을 하나의 전체로 보는 완료다. 캠벨은 거리 행진을 바라보는 서로 다른 방법들이라는 표준적인 예를 사용한다. 땅에서는 행진이 펼쳐지고 있는 것으로 보이고(미완료상), 헬리콥터에서는 행동이 하나의 전체로 보인다(완료상)(*Advances in the Study of Greek*, 107). 이 구절의 시제를 바탕으로 볼 때는 바울이 어떤 상을 채택했다고 주장하기는 어렵다. 이 구절은 미완료상의 논거가 될 만한 현재 시제와 미완료 시제가 지배적이지도 않고, 완료상을 나타낼 만한 부정과거가 지배적이지도 않기 때문이다. 게다가 앞서 언급했듯이, 바울이 직설법을 고수하지 않았다는 사실은 그가 시간적 순서를 열거하는 데 별로 관심을 두지 않았음을 시사한다. 사도의 초점은 일련의 사건들을 이 사건들의 종말이라는 맥락에서 기술하는 데 있었던 것으로 보인다 — 이렇게 보면 완료상이다.

그렇다고 바울이 파루시아 사건들의 순서에 관심이 없었다는 말은 아니다. 그는 시간적 접속사들을 사용하고 있다. 하지만 바울은 연대기적 시간과 그리스도의 시간 모두에 주목하고 있으며, 여기서는 후자가 그에게 가장 중요하다. 파루시아에서의 사건들은 인간 시간의 관점에서는 순차적이다 ─ 이는 바울이 이 장 마지막 부분에서 강조하는 점으로, 고린도전서 15:51-57에서는 미래 직설법을 많이 사용한다. 아마도 이 지점에서 바울의 관심은 (앞으로 살펴보겠지만) 부활을 부인하는 고린도 교인들에게 그리스도의 부활이 함의하는 바, 즉 그들도 몸을 가지고 불멸을 살게 될 것이라는 점을 강조하는 것이기 때문에, 사도는 이를 극적으로 제시하는 것이 수사적으로 유리하다고 본 것 같다. 바울은 부활의 변화를 둘러싼 일련의 사건들을 제시함으로써, 신자들이 영적인 몸으로 다시 살아날 것이라는 자신의 확신을 부각시킨다. 그러나 중요한 것은 그가 이 사건들을 그리스도의 시간에 위치시킨다는 점이다. (앞서 언급했듯이, 파루시아의 사건들은 인간에게는 미래지만, 그리스도께는 전적으로 그렇지는 않다.) 15:22-28에 미래 직설법이 이상하리만큼 적은 것은 여기서 자신의 시선이 주로 그리스도의 시간에 고정되어 있음을 알리는 바울의 방식인 듯하다.

바울이 부활의 '부인자들'이 알길 바라는 것

드 부어에 따르면, 고린도 교인 중 부활 '부인자들'은 자신들이 확신하는 근거를 시편 110:1과 시편 8:6을 사용한 전통에 두고 있었다. 부인자들은 그리스도의 부활을 현재 그가 정사와 권세 위에 높아지셨다는 의미로 이해했다.[10] 바울이 바로잡고자 한 오류는 (바울도 동의하는) 이러한 그리스도론적 이해가 아니라,[11] 이로부터 일부 고린도 교인이 취한 구원론적 이해다. 일부 고린도 교인은 모든 권세들이, 심지어 죽음도 이미 그리스도의 발 아래 있기 때문에, 자신들도 높아졌다고 생각했다.[12] 드 부어는 바울이 그리스도론에 대해서가 아니라, 현재 그리스도께서 권세들을 통치하시는 것의 구원론적 의미에 대해서 고린도 교인들의 의견에 동의하지 않았다고 주장한다. 그 통치는 신자들도 높아져서 통치한다는 것을 의미하지 않는다(고전 4:8을 보라). 그러한 구원론적 높아짐은 그리스도께서 죽음을 멸하심이 완성되는 때를 기다린다. 드 부어는 그리스도의 통치에 비추어서 죽음을 문제로 여기지 않았던 고린도 교인들에게, 바울이 죽음을 문제 삼았다고 주장한다.[13]

물론, 바울이 그리스도의 파루시아에서 신자들의 부활을 그토록 상세히 설명한 이유에 대한 드 부어의 해명은 여러 해명 중 하나다.[14]

---

10. De Boer, *Defeat of Death*, 118.

11. 드 부어는 자신이, 그리스도께서 아직 죽음을 이기지 않았다고 생각하는 케제만 및 베커와 다르다고 본다(de Boer, *Defeat of Death*, 187). 드 부어는 이미 그리스도께서 죽음을 비롯한 권세들을 복종시키셨다는 믿음과 관련해서는 "바울도 고린도 교인들만큼이나 승리주의자다"라고 쓴다(123).

12. 드 부어는 "고린도 영지주의자들이 죽은 자의 부활을 부인함으로써, 그리스도의 높아지심을 성례전적으로, 영적으로 자신들의 것으로 주장할 수 있었다"고 말한다(*Defeat of Death*, 123).

13. De Boer, *Defeat of Death*, 124.

14. 대략적으로 말하자면, 두 가지 주요 방식은 바울이 지나치게 실현된 종말론을 바로잡고자 했다거나(예: Thiselton, "Realized Eschatology at Corinth"; Tuckett, "Corinthians Who Say"), 바울이 부인자들에게 종말론적으로 생각하도록 가르치고자 했다는

내가 그의 설명을 선별한 이유는 그에게 전적으로 동의하는 면도 있고, 그렇지 않은 면도 있기 때문이다. 나는 다른 여러 사람과 마찬가지로, 부활하신 그리스도께서 모든 반하나님 세력에 대해 승리하셨음을 바울이 확신했다고 읽는다. 그리스도의 부활은 그리스도의 승리다.[15] 하지만 드 부어와 달리, 나는 바울의 관심이 부인자들에게 그들이 그 승리에 참여하고 있는 상태가 아님을 가르치는 데 있었다고 생각하지 않는다. 정반대다. 바울은 부활의 부인자들에게 죽음과 죄가 이제 그들을 지배할 힘이 없기 때문에 그들의 몸이 변할 것임을 알려 주고자 했다.[16]

것이다(예: Hays, "Conversion of the Imagination").

15. 람브레흐트: "그리스도는 부활 이후로 통치하고 계시고, [그의] 왕권의 목적은 모든 적을 복종시키는 것이다"("Paul's Christological Use of Scripture," 507). C. E. 힐(Hill)은 고전 15:24와 26절이 "통치의 시작점으로 간주될 수 없다"고 지적한다("Paul's Understanding of Christ's Kingdom," 315). 힐은 계속해서 다음과 같이 이어 간다. "바울은 고전 15:24-28에서 그리스도의 나라를 그리스도가 하늘에서 행사하시는 그리스도의 현재적, 우주적 주권으로 이해한다. 그 나라는 그 개시를 위해 파루시아를 기다리는 게 아니라 … 마지막 아담이 생명을 주는 특권을 획득한 부활과, 위대한 다윗의 자손이 하늘에서 하나님의 보좌에 즉위하는 것으로 시작되었다"(317). 노벤슨은 힐의 견해가 "고전 15:20-28과 계 20:1-6 사이의 현저한 차이에 비추어 볼 때 설득력 있다"고 언급한다(Novenson, *Christ among the Messiahs*, 144n30).

16. 부인자들이 자신들의 부활이라는 생각에 저항한 이유에 대해서는 다양한 제안이 있다. 보다 영향력 있는 제안들을 검토한 Tuckett, "Corinthians Who Say"를 보라. 내가 볼 때 가장 설득력 있는 제안 중 하나는 A. J. M. 웨더번(Wedderburn)의 견해다. 그는, 헬라인인 그들은 자신들이 받은 영적 체험을 "생명과 지혜라는 신적 은사"의 수여로 이해했다고 제안한다(*Baptism and Resurrection*, 395). 그들은 몸에서 해방되기를 기대했고, 그들이 보기에 그들의 특별한 체험은 그들이 이미 "새로운 시대와 새로운 세계"에 들어서는 데 성공했음을 보여 주는 것이었다(395). 그들은 몸의 부활을 원하지 않았거나, 자신들에게 필요하다고 생각하지 않았다.

바울이 이해한 부인자들의 견해[17]에 관해 우리가 말할 수 있는 것 하나는, 그리스도의 부활이 그들 자신도 부활할 것을 의미한다는 생각을 그들이 거부했다는 점이다(고전 15:12-13). 아마도 그들은 육체의 삶이 계속되는 것―어떤 형태로든 몸이 계속 있는 것―을 원하거나 소망하지 않았기 때문에 자신들이 부활한다는 생각에 반대했을 것이다. 부활―몸이 살아나는 것―은 몸 없는 불멸에 이르기를 바라는 것과 너무나 다른 소망이다. 그러한 몸 없는 불멸은 여러 그리스-로마 철학에서 주장했던 것이다. 고린도의 부인자들이 이생 너머의 무언가를 바랐다면, 그것은 아마도 육체를 떠나 계속되는 삶이었을 것이다.[18] 바울이 하늘의/썩지 않을/영적인 몸에 대해 길게 설명한 것(15:35-49)은 부인자들이 몸의 부활 사상을 거부한 것에 대한 대응으로 이해될 수 있다. 바울의 원래 청중은 그리스-로마 문화에 젖어서 육체는 무덤이라고 확신하고 있었고, 그래서 육체로 불멸한다는 생각에 불쾌감을 느꼈을 것이다.

그러나 바울의 확신은 그리스도께서 죽은 자 가운데서 부활하신 결과 영의 몸으로 살게 되셨다는 것이다. 실제로 바울이 고린도전서

17. 어떤 학자들은 바울이 고린도 부인자들의 입장을 잘못 이해했다고 제안한다. 예컨대 다음을 보라. Kümmel and Lietzmann, *An die Korinther I-II*, 193; Bultmann, *Theology of the New Testament*, 1:169.

18. 게르하르트 젤린(Gerhard Sellin)이 영향력 있게 주장한 것으로, 그는 필론을 비롯한 헬레니즘 지혜 전통을 조사하여 자기 주장의 근거로 삼았다. 이 전통에서는 영적인 [정신적인] 사람과 영적이지 않은 사람이라는 두 계층으로 사람을 구분한다. 영적인 사람은 지혜가 더 발달한 사람으로, 육체는 영의 장애물이며 필연적으로 폐기될 것이라고 본다(*Der Streit um die Auferstehung der Toten*, 30-31).

15장을 시작하며 강조한 것처럼, 그리스도는 자신의 영-몸을—게바에게, 열둘에게, 오백 명 넘는 사람들에게, 그리고 바울에게—확인시켜 주셨다(15:5-8). 그리스도의 부활은 육체적인 부활이다. 달리 말하면, 부활은 반드시 몸의 부활이다. 반복하자면, 이는 영혼 불멸에 대한 이해와는 다른, 죽음 이후의 삶의 본성에 관한 이해다. 바울에 따르면, 죽을 몸은 죽지 않음을 입어야 한다(15:53; cf. 고후 5:1-4). 즉, 그는 그리스-로마 세계의 많은 사람들에게 개량 불가능할 정도로 역설적인 것으로 보이는 개념을 주장한 것이다. 바로 몸의 불멸이다.

고린도의 부인자들은 그리스도께서 그들의 죄를 처리하셨다는 생각(고전 15:17)을 환영했던 것으로 보인다. 이는 "이생"(15:19)이 육체에서 벗어나 불멸에 이르는 데 장애물이 되지 않을 것이라는 의미다.[19] 바울은 그러한 견해에 따라 무엇이 좌우되는지를 명확히 한다. 즉, 그리스도의 (몸의) 부활에 비추어 볼 때, 이와 유사한 부활에 대한 소망을 거부하는 것은 그리스도의 영광스러운 몸의 삶에 참여하지 못하는 것이다. 그리고 바울은 부인자들의 관점을 재구성한다. 즉, 그들은 그리스도의 부활이 죄를 처리하여 그들 영혼이 불멸의 삶을 살 수 있게 한다고 생각했고, 오직 이렇게 제한적으로만 생각

19. 이런 맥락에서 볼 때, 4:8에서 이미 왕 노릇 하고 있다는 언급은 부인자들이 영적 체험으로 인해 자신들이 이미 불멸의 삶을 사는 것으로 생각한다는 의미일 수도 있다. 불트만은 다른 구절들을 바탕으로, "고린도에서 영지주의를 받아들인 사람들"은 부활을 영적인 것으로 해석했고, 따라서 그들은 부활이 이미 일어났다고 믿었다고 주장한다(*Theology of the New Testament*, 1:169).

했기 때문에 이생을 소망하고 있는 것이다. 고린도의 부인자들이 이 점을 보지 못한다면, 그들은 이생 너머에 대한 소망이 없다. 죽음 이후에 어떤 삶이 있든지 그것은 오직 몸이 있어야 누릴 수 있는 삶이기 때문이다. 실제로 그리스도 안에서 죽은 사람들이 그리스도의 몸의 부활과 연합되어 있지 않다면 멸망한 것이다(15:18).

더 이상 죽음의 지배를 받지 않음

그리스도께 속한 사람들에게 아직 썩지 않을 몸이 없다는 사실은 바울이 볼 때 신자들이 여전히 죽음의 지배를 받는다는 의미가 아니었다. 바울은 계속되는 구원(σώζεσθε, "구원받고 있음"; 고전 15:2)이 이생에서 죄로부터 자유를 부여하는 데(15:17) 그치는 게 아님을 고린도 교인들이 이해하는 게 중요하다고 생각했다. 어쩌면 일부 고린도 교인은 그것을 인간이 바랄 만한 모든 것으로 간주했을지 모르지만(4:8), 어쨌든 그러한 구원이 또한 썩지 않을 몸에 대한 확실성을 부여한다는 점을 이해하는 것이 바울이 볼 때 중요했다. 바울은 그리스도의 부활에 대한 믿음이 곧 자신의 부활에 대한 믿음이기도 하다는 점을 강조했다. 이는 그리스도 안에서 하나님이 몸에서가 아니라 **썩을** 몸에서 탈출하게 해 주신다는 점을 아는 게 중요하다는 그의 확신을 강조한 것이다. 다른 식으로 말하자면, 바울은 몸이 불필요하다는 생각은 그리스도의 십자가와 부활이 주는 구원을 오해한 것이라고 보았다. 그리스도는 몸이 없는 불멸이 아니라 몸이 있는 불멸을 주신다. 바울은 몸이 썩는 문제를 하나님께서 그리스도를 통해

해결하셨다는 점을 고린도 교인들도 알기를 원했다. 죽음이—이제—그 힘을 잃었기 때문이다.

드 부어의 제안과 달리, 바울은 죽음을 문제 삼는 데 관심을 두었던 게 아니라, 그리스도의 부활 문제를 다루는 데 관심이 있었다. 사도는 부인자들이 그리스도 부활의 의미 범위를 깨닫길 원했다. 부활은 단지 죄의 힘을 물리친 게 아니다. 고린도 교인들은 여기에 가치를 두는 것으로 보이지만 말이다(고전 15:17). 바울은 그리스도의 부활로 인해 죽음이 무력화되었기에, 죽는다는 것은 썩지 않는 몸으로 사는 삶에 들어가는 것일 뿐이라는 점을 그들이 이해하길 바라고 있다(15:35-38, 42-44). 그리스도께서 파루시아에서 자신의 부활 상태를 나타내실 때, 죄와 죽음에 대한 그의 승리—신자들이 참여하는 승리—가 가시화될 것이다. 신자들의 몸은 그리스도의 몸과 같이 변할 것이다. 신자들이 그리스도와 연합한 것이 눈부신 방식으로 현시될 것이다.

바울은 종말론적 경고를 가르치거나, 죽음이 언제 최종 정복될 것인지에 관한 시간표를 명확하게 그리고 있는 게 아니다. 오히려 그는 그리스도께 속한 사람들에게 주어지는 경이들을 부인자들에게 빠짐없이 인식시키는 데 관심을 두고 있다. 그들은 죄에서 해방되었을 뿐만 아니라, 하나님의 영으로 충만하여 자유를 누리며 이생을 살아갈 수 있을 뿐만 아니라, 그리스도와 같은 영적인 몸으로 그리스도의 부활 실존에 참여하도록 정해진 것이다. 즉, 그리스도와의 연합은 그들이 알고 있는 것보다 훨씬 더 광범위한 것이다.

바울은 그리스도의 부활과 그들의 부활 사이의 결속을 부인자들에게 확신시키고자 할 뿐만 아니라,[20] (죄와 마찬가지로) 죽음이 그리스도와 연합한 사람들의 삶에서 아무런 역할도—심지어 몸으로 사는 실존으로부터 그들을 해방하는 역할도(만일 이것이 부인자들이 바라는 것이라면)—하지 못한다는 점을 확신시키고자 한다. 이러한 것은 그리스도의 부활 때문이다.[21] 그리스도와 연합한 사람들은 하나님의 통치를 누릴 수 있는 썩지 않을 몸을 받게 될 것이다(고전 15:50-53).

사도는 몸이 썩지 않음을 부인하면 그리스도 부활의 의미도 줄어든다는 점을 고린도 교인들에게 알리고 싶어 한다. 바울은 죽음뿐만 아니라 그리스도와 연합의 의미에도 관심을 두고 있다. 그는 그리스도 안에 있는 사람들(고전 1:2, 4-5)이 현재의 성숙 단계에서 알고 있는 것보다 더 많은 것을 알기를 원한다(3:1). 바울은 부인자들이 받은 하나님의 지혜, 의로움, 거룩함, 구속함(1:30)에 부활하신 그리스도의 삶에 참여하는 것이 포함되며, 이는 그들도 그리스도처럼 영적인 몸을 갖게 될 것이라는 의미임을 그들이 알기를 바란다. 바울은 일부 고린도 교인들이 그리스도의 부활에 지평을 갈아엎는 중대한 의미가 있음을 깨닫지 못하고 있다고 우려한다. 그리스도의 부활은 죄 사함이나 이생에서의 능력 의식 이상의 것을 준다. 부활은 또한 몸이 그리스도의 삶처럼 불멸하기로 정해졌음을 의미한다. 이제 죽음은 그리

---

20. Holleman, *Resurrection and Parousia*.

21. 바울은 롬 5:12에서 죄와 죽음에 역할을 부여하며 그리스도께서 바로잡으러 오신 상황을 설명하는데, 이와 달리 고전 15장에서는 죽음이(그리고 죄가) 아무런 힘을 갖지 못하는 그리스도의 부활 이후의 상황을 묘사하고 있다.

스도 안에 있는 사람들에게 아무런 힘이 없는데, 왜냐하면 그들이 부활하시고 높아지신 그리스도의 현재 시제 속에 살아가기 때문이다.

바울의 관심사는 신자들의 부활 시기가 아니다

바울은 부인자들의 열광을 억제하는 게 아니라 오히려 그 열광을 재구성하고 확장하려는 의도를 품고 있다. 그리스도께 속한 사람인 그들은 그리스도와 같이, 그리스도를 통해(고전 15:45) 영적인 몸을 갖게 될 것이다. 바울은 이 경이로운 사건이 아직 오지 않았다는 점을 명확히 하는 데 관심을 두고 있지 않다. 만일 그랬다면, 이 구절들에서 동사들은 분명 하나같이 미래 직설법이었을 것이다.[22] 바울은 "죽음의 현실과 심각성을 진지하게 다루면서 부활의 미래성을 주장함"[23]으로써 부인자들을 바로잡고 있는 게 아니다. 오히려 그는 그리스도 안에 있는 사람들이 죽지 않을 몸을 얻기 위해 더 일어나야 하는 일은 없다는 점을 강조하고 있다. 중요한 것은 바울이 그리스도의 재림에 수반되는 사건들을 나열할 때, 그리스도께서 마지막 원수인 죽음을 멸망시키고 계심(καταργεῖται)에 관한 진술보다, 그리스도께 속한 자들의 부활을 먼저 언급하고 있다는 점이다.[24] 다시 말해,

---

22. 앞서 언급했듯이, 문법학자들은 직설법을 고대 헬라어에서 시간적 지시를 확실하게 전달하는 유일한 서법으로 인식하고 있다. 다음을 보라. C. Campbell, *Advances in the Study of Greek*, 특히 105-33.

23. Tuckett, "Corinthians Who Say," 274.

24. 고전 15:21과 15:22 사이의 병행점을 보라. 삶을 얻게 된다는 것은 부활하게 된다는 것이다.

죽음의 소멸은 그리스도 안에 있는 사람들이 부활하기 위해 필요한 일로 제시되지도 않고, 그들이 부활한 결과로 제시되지도 않는다. 죽음을 멸망시키시는 그리스도의 지속적인 활동은 신자들의 부활과는 다소 독립적으로 진행된다.

바울이 그리스도론과 구원론을 구분하고 있다 ─ 그리스도께서는 부활로 죽음을 종속시키셨지만, 이것이 신자들에게도 해당하려면, 그들이 부활할 때까지 기다려야 한다고 바울은 생각했다 ─ 는 드 부어의 제안은 바울이 시기에 관심을 두고 있음을 전제로 한다. 바울은 부인자들이 지금 그리스도께서 가지고 있는 것을 자신들은 아직 가지고 있지 않음을 알기를 바랐다. 요컨대 바울은 그들의 구원의 본질이 그리스도께 그저 부분적으로만 참여하는 것임을 그들에게 알려 주고 싶었다. 즉, "그리스도께서 권세들 위에 높아지심을 구원론적으로 적용하는 것은 오직 약속의 관점에서만 이해될 수 있다."[25] 드 부어의 주장에 따르면, 바울은 그리스도께서 사시는 방식과 마침내 신자들이 살게 될 방식 사이에는 시간적 차이가 있음을 받아들여야 한다고 부인자들에게 권고하는 것이다.

그러나 바울의 주된 기본 관심사는 시기가 **아니다.**[26] 사도는 신자와 그리스도의 결속을 강조하고자 했다. 그리스도의 부활은 곧 그들의 부활을 의미한다는 것을 말이다. 바울이 그리스도의 파루시아에

---

25. De Boer, *Defeat of Death*, 123.
26. 이는 그가 파루시아에서 일어나는 일련의 사건(a sequence of events)에 관심이 없었다는 의미가 아니다.

서 일어날 그들의 부활에 관해 말하는 목적은, 그들이 그리스도께 속해 있다는 것은 곧 그리스도께서 가진 모든 걸 그들이 받는다는 것임을 강조하기 위함이다. 그리스도께서 부활하셨기 때문에 신자들도 부활할 것이다(고전 15:12-19).[27] 신자들이 아직 육체적으로 부활하지 않았다는 사실은 그리스도와의 연합에 무언가 부족한 것이 있다는 신호가 아니다. 바울의 요지는 그리스도와의 연합의 총체성―그들이 그리스도의 썩지 않을 몸과 같은 몸을 확실히 갖게 될 것을 내포하는 총체성―을 강조하는 것이다. 그들이 썩지 않을 몸을 가진 분 안에 살기 때문에, 언제 이런 일이 일어날지는 대수로운 문제가 아니다. 그런 일이 일어나는 것은 사실이며, 그리스도의 파루시아에 나타날 것이다.

이는 이 서신의 앞부분에서 바울이 한 말과 일치한다. 즉, 신자들이 그리스도와 완전히 연합되어 있으므로, 창녀와 동침하지 않는 이유는 주님과 합한 자는 주님과 한 영이기 때문이다(고전 6:17). 다른 곳에서, 바울은 신자들이 이제 그리스도의 부활 생명을 공유하고 있으며(롬 6:4; cf. 골 3:1), 낮the day(그리스도의 날the day of Christ)에 속해서 낮에 하듯이 행동할 수 있다고(롬 13:13; 살전 5:5, 8) 주장한다. 낮에 생활한다는 것은 그리스도께 미래인 사건이 부분적으로 현재에 들어

27. cf. 홀러만(Holleman)은 자신의 연구에서 그리스도와의 연합이 신자들의 종말론적 부활의 근거임을―즉, "종말론적 부활은 예수님의 부활에 참여하는 것"임을―강조한다(Resurrection and Parousia, 173). 또한 C. E. 힐을 보라. 그는 다음과 같이 말한다. "그리스도와 그의 백성 사이의 연합 내지 결속은 … 바울이 신자들의 몸의 부활을 주장함에 있어 필수다"("Paul's Understanding of Christ's Kingdom," 303).

왔다는 것이 아니라, 그리스도와 연합한 사람들이 그리스도의 현재를 지금 누릴 수 있음을 나타낸다. 그리스도와 연합한 사람들이 낮에 사는 것과 같이 살 수 있다는 점(롬 13장; 고후 6:2; 살전 5장)은, 고린도전서 15장에서 파루시아가 그리스도의 현재 현실의 열려 나타남이라는 나의 명제를 확증한다.

바울은 단연코 그리스도와의 연합을 제한하지 않는다. 오히려 바울의 구원론과 윤리는 신자들이 그리스도와 완전히 합한다는 점을 근간으로 한다(이는 그리스도를 닮음conformity과 구별되어야 한다). 물론 그리스도와 합한 사람들은 아직 그리스도와 달리 영광스러운 몸을 갖지 못했다. 하지만 이는 바울에게 중요한 문제가 아닌데, 그렇게 될 것이기 때문이다(고전 15:16-19). 신자들은 이제 사망의 권세에서 벗어났다는 것을 알 수 있다(예: 고후 4:10-5:5). 그들 육신의 죽음은 그저 부활 생명을 더 충만하게 경험하기 위한 문일 뿐이다. 다시 말하자면, 죽음의 권세는 신자들이 구원의 충만함(썩지 않을 몸)을 받는 데 장애물이 되지 않는다. 그리스도 안에 있다는 것은 죽음을 정복하신 분 안에 있다는 것이다. 죽을 신자들이 그리스도의 현재 현실 안에 살고 있다.

죽음의 파멸이 일어났다

신자들은 그리스도의 파루시아에서 죽음으로부터의 구원을 기다리지 않는다. 그들은 바울이 로마서에서 말한 것처럼 몸의 구속을(롬 8:23),[28] 혹은 빌립보서에서 말한 것처럼 낮은 몸이 그리스도의 영광의 몸의 형체로 변화될 것을 기다린다(빌 3:21). 바울은 그리스도의 부활 이후 인간의 상황에 대해 말할 때, 죽음의 권세를 현재 썩어짐의 원인이나 미래에 썩지 않는 데 방해가 되는 걸림돌로 제시하지 않는다. 죽음의 파멸은 "그리스도 안에서 죽은 자들"이나 "주께서 강림하실 때" 살아남은 자들이(살전 4:15-16) 주님과 (분명히 썩지 않는 상태로) 항상 함께 있기 위해 넘어야 할 장애물이나, 일어나야 할 사건으로 식별되지 않는다. 신자들의 부활은 미래의 사건(그리스도의 재림) 때문에 확실한 게 아니라, 죽음을 이긴 그리스도의 부활 때문에 확실한 것이다.

죄를 통해 세상에 들어온 죽음(롬 5:12)은 그리스도께서 세상에 들어오심으로 해결된 문제다. 그리스도를 통해 오는 칭의(5:1)는 사실상 죄의 패배다. 하지만 일부 해석자들은 그리스도 십자가의 효력과 그리스도 부활의 효력을 구분한다. 전자는 죄를 처리한 것이고, 후자는 죽음이 마침내 패배했을 때 신자들이 계속 전유해야 할 것으로 추정된다.[29] 조셉 롱가리노[30]는 그리스도인의 죽을 운명에 대한 J. 크리스티안 베커의 다음과 같은 문제 제기를 받아들인다. 죄와 죽음의 상호 연관성에 대한 바울의 확신을 고려할 때, 그리스도의 십자가와

---

28. 물론 롬 8장에서는 이 구속과 연결되는 그리스도의 파루시아를 언급하지 않는다.

29. 예컨대 Käsemann, "Primitive Christian Apocalyptic," 132-33.

30. 롱가리노의 제안은 바울이 그리스도의 부활 이후 하나님께서 죽음을 하나님의 목적을 위해—사람들을 그리스도의 형상대로 더 온전히 형성하기 위해—사용하신다고 생각했다는 것이다. "하나님의 손에서, 죽음은 한편으로 하나님과 인간 사이에, 다른 한편으로 사람들 사이에 친교를 만드는 도구가 된다"(*Pauline Theology and the Problem of Death*, 161).

부활이 죄를 패배시켰다면, 왜 신자들이 죽을 운명인가?[31] 이 학자들이 놓친 것은 바울이 신자의 죽음을 문제로 여기지 않았다는 점이다. 로마서 8:38과 14:7-8, 데살로니가전서 5:10에서 바울이 놀랍게도 육체적 죽음을 대수롭지 않게 진술한 것에서 알 수 있듯이, 바울은 신자들의 육체적 죽음에 대해 고민하기보다, 오히려 별로 고려하지 않고 있다.[32] 또한 고린도전서 3:21-23도 나란히 언급할 만하다. "만물이 다 너희 것임이라. 바울이나 아볼로나 게바나 세계나 생명이나 사망이나 지금 것이나 장래 것이나 다 너희의 것이요, 너희는 그리스도의 것이요, 그리스도는 하나님의 것이니라."

바울은 신자들이 현재 죽을 몸을 가지고 있다는 사실에 대해 크게 걱정하지 않는다. 오히려 그는 로마서에서 진술한 대로, 그리스도를 죽은 자 가운데서 살리신 이의 영이 신자들의 죽을 몸 안에 있기 때문에, 그들의 죽을 몸에도 부활 생명이 주어질 것이라고 확신한다(롬 8:9-11). 바울의 글 전반에 걸쳐 그리스도의 부활에서 완수된 죽음의 패배가 상정되어 있다. 바울이 죽음의 패배를 명시적으로 언급하는 두 부분(고전 15:26, 54-55)에서, 그 패배는 그리스도의 부활로 이미

---

31. Beker, *Paul the Apostle*, 221.

32. 바울은 신자가 아닌 사람들에게 육체적 죽음이 문제라는 점―그들은 소망 없이 슬퍼한다(살전 4:13)―을 인정하고, 신자들이 슬퍼할 수도 있다는 점을 인지하고 있다. 우리는 바울이 그리스도의 파루시아 이전에 육체적 죽음이 일어날 것이라고 생각하지 않았기 때문에 데살로니가인들이 육체적 죽음을 어떻게 이해해야 할지 몰랐다고 생각해 볼 수도 있고(표준적 해석), 바울이 전도 방문을 하면서 그것을 언급할 만큼 중요한 것으로 생각하지 않았다고 상상해 볼 수도 있다.

이루어진 것이다.[33]

또한 강조해야 할 점은 바울이 고린도전서 15장을 제외하면 신자들의 부활이나 영광스러운 몸을 받는 것에 대해 말할 때(예: 롬 8:23; 빌 3:21; 살전 4:14-17) 죽음의 멸망을 언급하지 않는다는 것이다. 또한 앞서 언급한 바와 같이, 고린도전서 15:22-26에서 사건들의 순서는 바울이 죽음의 패배를 신자들의 부활에 필수적인 관문으로 생각한다는 점을 보여 주지 않는다. 죽음은 마지막에 멸망될 원수이며, 그리스도나 그리스도 안에 있는 사람들을 지배할 힘이 없는 패배한 원수다. 신자들은 그리스도의 부활에서 성취된 죽음의 패배로 인해 살아날 수 있다. 그리스도 안에 사는 사람들은 죽음이 잡고 있는 인질이 아니며, 육체의 죽음은 그리스도와의 연합을 더 크게 경험할 수 있게 하는 입구다.[34]

고린도전서 15:22-28에서는 파루시아 사건이 하나의 전체로 보인다. 일련의 사건보다는 그리스도에 더―훨씬 더―초점을 두고 있다. 종말에 그리스도 임재의 영광스러운 드러남은 그리스도께 속한 사람들을 둘러싸고 그들의 부활을 가능하게 한다. 그리스도의 재림이라는 미래 사건은 높아지신 그리스도의 현재 현실이 나타나게 한

---

33. 드 부어는 바울이 고전 15:26-27에서 그리스도께서 부활하셨기 때문에 죽음은 이미 그리스도의 주권에 종속되었다고 주장한다는 점을 정확히 보고 있다(*Defeat of Death*).

34. 바울이 죽는 순간 즉시 그리스도와 함께하는 영광의 삶에 접근할 수 있다고 생각했는지(빌 1:23), 아니면 썩지 않을 삶으로 변화가 그리스도의 재림까지 기다려야 하는 일이라고 생각했는지(고전 15:23; 살전 4:13-17) 알기는 어렵다.

다. 그리스도의 현재 현실에서 죽음을 비롯한 모든 적대 세력이 그리스도께 굴복하고 있다.[35] 죽음은 멸망 중이므로, 신자들이 해방된 현시대는 지나가고 있다(고전 7:31).

그리스도가 권세들에 대한 현재 자신의 통치권을 하나님께 넘겨드리고(고전 15:24) 하나님께 복종하게 되는(15:28) 때인 텔로스에서 그리스도의 상황은 변하지 않는다. 그리스도는 죽은 자 가운데서 부활하셨고(15:20) 지금은 모든 권세를, 심지어 죽음까지도 통치하신다. 그리스도께서 통치권을 하나님께 이양하시는 사건이나 하나님께 복종하시는 일은 그리스도의 상황을 바꾸지 않는다. 그리스도의 미래는 그의 현재 시제를 드러내는 것이다.

고린도전서 15:51-57

그리스도는 고린도전서 15:51-57에서 단 한 번 언급되지만, 그리스도께서 부활하시고 높아지신 상태는 바울이 주장을 펼치는 근거다. 신자들이 자신들도 죽을 운명에서 죽지 않음으로 변화될 것이라고 인식하는 근거는 그리스도께서 그렇게 되셨기 때문이다. 이는 이제—바울이 15:53에서 한 것처럼—선포될 수 있는 원리다. 즉, 죽음이 패배한 현실을 조명하는 원리다(15:54-55). 다시 말해, 15:53-56은 그리스도의 부활에서 성취된 일을 기술한다.[36] 이는 하나님이 그

---

35. 고든 D. 피는 고전 15:26과 관련하여 다음과 같이 쓴다. "어떤 의미에서는, 정복되어야 할 마지막 원수가 그리스도의 부활을 통해 이미 멸망되는 중이다"(*Corinthians*, 757).
36. 반면 홀란더(Hollander)와 홀러만은 이를 "죽음이 '승리에 삼켜'질 때(54절)인 시간의 종말"을 가리키는 것으로 읽는다("Relationship of Death, Sin, and Law," 273). 바

리스도로 말미암아 신자들에게 죽음에 대한 (동일한) 승리를 주시는 (현재 능동 분사다) 분이라는 바울의 진술(15:57)로 확증된다.

고린도전서 15:51-55에서 바울은 신자들에게 미래에 일어날 사건을 극적으로 서술한다. 하지만 이 변화 사건은 그리스도의 부활을 통해 이미 일어난 일에 기반한 것이다. 그리스도의 시간은 인간의 연대기적 시간을 감싸고 있다. 바울이 그리스도의 부활을 첫 열매라고 말한 것(15:20)은 그리스도의 부활이 그리스도께 속한 모든 사람에게 반드시 재현될 것이라는 그의 확신을 강조한다. 신자들의 불멸은 현존하는 것의 필연적($\delta \epsilon \tilde{\iota}$; 15:53) 결과다. 바울은 15:20-28에서와 달리, 여기서는 인간의 연대기적 시간의 관점에서 종말론적 사건에 초점을 맞추고 있다. 미래 직설법을 많이 사용한 것이 이 점을 보여 준다. 인간의 시간이라는 관점에서 볼 때는 이 위대한 사건이 일어나면 기록된 말씀이 이루어질 것이다($\tau \acute{o} \tau \epsilon$ $\gamma \epsilon \nu \acute{\eta} \sigma \epsilon \tau \alpha \iota$; 15:54). 하지만 내가 계속 논했듯이, 바울의 분명한 확신은 신자들이 그 안에 거하

울은 여기서나 다른 어디에서도 "시간의 종말"을 언급하지 않을 뿐만 아니라, 이사야와 호세아 인용문(15:54b-55)이 일어난 일($\kappa \alpha \tau \epsilon \pi \acute{o} \theta \eta$―부정과거 직설법)을 선언하는 기능을 한다는 점에 유의하라. 고든 피가 썼듯이 "이 두 구절은 실제로 그리스도 안에서 성취되었다"(Corinthians, 803). 물론 그리스도께 속한 사람들에게는 썩지 않을 불멸의 존재로 변화될 것이라는 기대가 있다(15:54a). 그럼에도 이 기대가 확실하다는 점($\delta \tau \alpha \nu$; 15:54a), 그리고 이 기대가 죽음을 패배시키신 분 안의 현재 삶의 현실에 근거하고 있다는 점은 실질적으로 신자들이 현재 죽음에 대한 승리 가운데 살고 있다는 것을 의미한다.

이 구절들에 근거한 것은 아니지만, 아타나시오스는 이를 다음과 같이 표현했다. "그는 자기 몸을 죽음에 넘기셨다. … 우리를 향한 순전한 사랑으로 이리하셨으니, 이는 그의 죽음 안에서 우리 모두가 죽고 이로써 죽음의 법이 폐지되게 하신 것이며 … 인간에게 그 힘을 발휘할 수 없게 하신 것이다"(On the Incarnation, 34.《말씀의 성육신에 관하여》). 그는 이어서 말한다. "모든 사람이 부활의 약속 안에서 썩지 않음으로 옷 입게 되었다"(35).

는 그리스도는 이미 죽음을 삼키고 이기셨다는 것이다. "그리스도께서 죽은 자 가운데서 살아나셨으매, 다시 죽지 아니하시고, 사망이 다시 그를 주장하지 못할 것이다"(롬 6:9).

고린도전서 15:20-28에서와 같이, 바울은 인간의 연대기적 시간과 그리스도의 시간 모두를 주시하고 있지만, 앞의 구절과 달리 여기서는 순차적 시간에 주로 관심을 둔다—아마도 몸의 부활을 믿어야 할 필요성에 대한 그의 확신을 부인자들에게 납득시키기 위해서일 것이다. 그럼에도 그리스도의 시간은 여전히 에워싸며 규정하는 시간으로 간주된다. 그리스도와 합한 사람들이 자신의 불멸을 기대할 수 있고 또 기대해야 하는 것은 그리스도께서 죽음을 이기셨기 때문이다.

또한 언급해야 할 점이 있다. 나는 고린도전서 15:53-57을 "마지막 나팔 때" 일어날 일보다 그리스도의 부활 이후 상황을 주로 언급하는 것으로 읽는데, 이렇게 읽으면 15:56에서 바울이 죄와 율법에 대해 언급한 것과 의미가 통한다. 바울은 다른 곳에서와 마찬가지로 여기서도 죽음, 죄, 율법을 한데 묶어 언급한다(롬 5-8장을 보라). 고린도전서 15:56에서 바울은, 그리스도와 연합한 사람은 그리스도의 죽음 및 생명과 합하였기 때문에(롬 6:4) 자신을 죄에 대해 죽은 자로 여길 수 있다(6:11)고 주장하는 로마서의 내용과 생각을 같이한다. 바울에 따르면, 십자가에 못 박히시고 부활하시고 높아지신 그리스도와의 연합 후에는 죄의 지속적인 현존을 피할 수 있다. 마찬가지로 바울은 신자들이 율법에 대하여 죽었다고 주장한다(7:4). 이러한 진술들에는 유보에 관한 암시가 없다. 그리스도의 죽음과 부활을 통해 신자들은 죄에 대해, 율법에 대해 죽었다. 이러한 확신은 고린도전서 15:56에 내포되어 있다. 고든 D. 피는 15:56에서 바울의 생각을 다음과 같이 잘 표현한다. "죄와 율법은 모두 십자가에서 이미 극복되었다."[37]

요약

고린도전서 15장에서 바울은 신자들에게 미래에 일어날 사건에 대해 이야기한다. 그 사건이 확실한 이유는 현재 신자들이 그리스도 부활의 승리 가운데 살고 있기―그리스도의 시간에 살고 있기―때문이다. 그리스도의 부활 때문에 신자들이 미래에 변한다는 점은 절대적으로, 다른 여지가 없이 보장된다. 이 변화는 아직 일어나지는 않았지만, 변화의 확실성이 이 '아직'을 현재의 승리로 변화시킨다. 그리스도와 연합한 사람들은 그리스도와 마찬가지로 죽음의 권세에서 벗어났다. 그들은 아직 썩지 않음을 경험하지 못했지만, 썩음에서 썩지 않음으로 변한다는 확실성은 그들이 합해 있는 분과 마찬가지로 죽음을 이기고 승리한 삶을 살고 있다는 것을 의미한다.

그리스도께서 행하시는 종말론적 사건들은 그리스도의 현재 삶의 본성을 확증하고 드러낸다. 그의 부활은 그에게 죽음을 멸망시켰다. 바울이 로마서 6:9에서 진술한 것처럼 말이다. "그리스도께서 죽은

---

37. Fee, *Corinthians*, 807.

자 가운데서 살아나셨으매, 다시 죽지 아니하시고, 사망이 다시 그를 주장하지 못할 것이다." 그리스도께서 죽은 자 가운데서 다시 살아 나셨다는 바울의 확언(고전 15:20)도 같은 것을 말한다. 그리스도의 십자가 처형, 부활, 높아지심 이후에는 그의 적들 ─ 모든 통치와 권세와 능력(15:24) ─에게 그를 지배할 힘이 없다. 창조물에게 이는 텔로스(15:24)에서 분명하게 드러난다. (골로새서 2:15가 이를 보강한다. 즉, 그리스도의 십자가 처형은 통치자들과 권세들을 무력화하고 이기셨다.)

그리스도께서 자신의 통치를 넘겨 드리는 일은 아직 나중 일이다. 그러나 이를 하나님께 대한 복종(고전 15:28)의 한 특성으로 이해하면, 이는 그리스도의 현재를 변화시키는 행위가 아니다. 그리스도의 현재 생활은 하나님께 대한 순종의 생활이다. 그리스도의 삶은 ─지상에서의 삶이든 높아지신 삶이든 ─하나님의 아들로서 순종하며 사는 삶이다. 이는 그리스도의 신실하심이라는 바울의 주제에 내포되어 있다. 테레사 모건은 바울이 쓴 "믿음"faith의 용례를 분석하면서 하나님에 대한 그리스도의 신실하심faithfulness을 적절하게 포함시킨다. "그리스도는 하나님께 신실하실 뿐만 아니라, 하나님의 신뢰에 합당하시며, 인간에게 신뢰받을 만하시고 또한 신뢰받으신다."[38] 사도는 그리스도가 하나님의 것이라고 쓰면서(3:23) 이를 요약한다. 마지막에 아들 그리스도께서 하나님께 복종하시는 것은 현재 상태에 대한 현시다.

바울은 그리스도께서 행하시는 미래 사건들을, 그리스도께서 자

---

38. Morgan, *Roman Faith and Christian Faith*, 274.

신의 현재 시제에서 사시는 삶을 인류와 창조물에게 드러내어 감지하게 하는 것으로 이해한다. 따라서 이 사건들은 인류와 창조물의 미래에 그리스도의 현재 시제를 공개하는 사건이며, 그리스도께서 현재 존재하시는 공간을 다른 사람들이 누릴 수 있게 하는 사건이다. 바울의 비전은 그리스도께서 지금은 인류의 현재에 부분적으로만 현전하는 그런 미래를 가지고 계시다는 것이 아니다. 오히려 사도는 그리스도의 현재가 드러날 때 신자들의 미래가 변화될 것을 생각하고 있다.

로마서 8장에서 그리스도의 현재 시제 계시

고린도전서 15장과 로마서 8장 모두 그리스도의 현재 시제가 드러날 것이라는 기대를 보여 준다. 하지만 로마서 8장에서는 바울이 그리스도의 현재 영광을 확증하고 드러내는 하늘로부터의 종말론적 나타남을 묘사하기보다, 그런 장면을 피하고 그 대신 다가올 영광을 그리스도의 현재 삶에 정초하고 있다.

다가올 영광의 드러남은 τοῦ νῦν καιροῦ 지금 시간로부터 인식된다(롬 8:18). "지금 시간"은 남아 있는 악한 현시대가 아니다. 물론 일반적인 해석에서는 그렇게 가정한다.[39] 예컨대 리앤더 켁은 이 문구가

---

39. 예컨대 Blackwell, "*Greek Life of Adam and Eve* and Romans 8:14-39," 111. 〈그리스어 《아담과 이브의 생애》와 로마서 8:14-39〉. 케제만은 좀 더 미묘한 해석을 제시

"아직 남아 있는 '현시대'를 대용하는 표현"[40]이라고 말한다. 하지만 로마서 3:21; 5:9, 11; 7:6에서처럼 "지금 시간"을 그리스도 안에서 하나님이 활동하시는 시간으로 이해해야 한다. 로마서 8:17은 그리스도와 공동 상속에 대해, 함께 영광을 받기 위해 함께 고난도 받아야 함에 대해 말하므로, 이 바로 다음에 나오는 "지금 시간"은 그리스도와 연합해 있는 시간을 가리킨다. 그리스도의 고난과 영광이 공유되고 있고 공유될 것이라는 점은 "지금 시간"이 그리스도의 시간임을 분명히 한다. 함께 받는 영광으로 이어지는 함께 받는 고난 (8:17)은 그리스도와의 연합을 통해 생기며, 따라서 그리스도의 시간에 생긴다.

그리스도 안에 있다는 것은 νῦν καιρός지금 시간 안에 있다는 것, 곧 생명 시간인 지금 시간 안에 있다는 것이다. 그리스도 안에 있는 사람들에게 나타날 영광을 고대하는 것과 창조물에게 하나님의 자녀들이 나타나는 것(롬 8:18-19)은 또 다른 시간성 내지 시대에 대한 기대가 아니다. 그것은 신자들이 "지금 시간", 곧 그리스도의 시간을 살고 있기 때문에, 일어나는—일어날 수밖에 없는—기대다.[41] 장차 나

한다. "지금 시간"은 이 땅에서의 현재나 악한 시대나 구원의 시대가 아니다. "그것은 미래의 영광의 계시에 선행하는 운명의 순간과 관련된다"(*Romans*, 232).

40. Keck, *Romans*, 209. 반면 C. E. B. 크랜필드는 단서를 달아서, 영광이 아직 드러나지 않았지만 이미 존재한다는 요한네스 크리소스토모스의 의견을 인정한다(*Romans*, 1:409).

41. cf. 바르트는 지금 시간을 "구체적이고 관찰 가능한 현실의 바다"로 기술한다. 이 현실의 바다에서 "신적 계시의 '지금'이라는 바다 밑의 섬은 완전히 잠겨 있지만, 그럼에도 여전히 고스란히 있다. … 이 '지금'은(iii. 21), 모든 시간을 초월한 이 '순간'은 … 다른 시점들 가운데 있는 점이 아닌 십자가에 못 박히시고 부활하신 예수 그리스도다"(*Romans*, 304).

타날 영광은 하나님의 아들을 닮는 영광이며, 이는 의롭게 됨을 필요로 하는 것이다(8:29-30).[42] 신자들은 예수님에 대한 믿음을 통해 의롭다(3:26). 그래서 바울은 예수님이 영광 가운데 사시기 때문에 신자들이 이미 영화롭게 되었다고 말할 수 있는 것이다. 신자들을 부르시고 의롭다 하셨기 때문에 지금 영화롭게 된 것이다(8:30). "하나님 자녀들의 영광"에 관한 일반적인 주해에서는 바울이 미래의 영광을 언급하는 것으로 본다.[43] 이런 주해는 보통 이 구절을 신자들의 현재 양자녀 됨, 하나님의 영으로 인도받음(8:14), 하나님의 자녀임(8:16), 의롭다 하심을 받아 영화롭게 됨(8:30)에 관한 바울의 진술과 연관시키지 않고, 논증 없이 언급된다.

내가 읽기에 오히려 바울은 신자들이 아직 얻지 못한 것은 완전한 자유라고 말하고 있고, 로마서 8:23에서 바울은 이를 그들 몸의 해방으로 기술한다. 하지만 그들은 의롭다 하심을 받았고 하나님의 자녀이기 때문에, 지금은 비록 감각하거나 볼 수 없더라도 영광을 얻었다(8:30).[44] 따라서 21절은 창조물 자체가 썩어짐의 종노릇에서 벗어나

---

42. 마티아스 뉘고르(Mathias Nygaard)는 바울에게 "칭의는 그 자체가 목적(end)이 아니라, 영광에 참여라는 목표를 향한 한 걸음이다"라고 정확히 지적한다("Romans 8," 169).

43. 예컨대 Dunn, *Romans 1-8*, 472; Fitzmyer, *Romans*, 509.

44. 크랜필드는 바울이 실제로 계시될 영광이 "어떤 의미에서는 이미 우리의 것"이라고 생각했지만, "우리의 현재 상태와 장차 우리의 것이 될 상태 사이의 엄청난 차이를 모호하게 하는 식으로 이를 강조하지 않는 것이 중요하다"고 쓴다(*Romans*, 1:409-10).

미하엘 볼터(Michael Wolter)는 "'이미 지금'과 '아직' 사이의 상호 작용"이라는 말로 자기 주해의 틀을 구성하면서도, 다음과 같이 우아하게 말한다. "믿는 자들의 '영광'은 … 이미 존재하는 종말론적 현실임이 자명하며, 사실상 그들의 '칭의'나, 하나님께서 그들을

서 하나님의 자녀의 영광에 — (바울의 비전이 보여 주듯이) 믿음의 눈에 현전하는 영광에 — 걸맞은 자유로 해방될 것을 말한다. 여기서 주목해야 할 점은 바울이 하나님의 자녀를 창조물처럼 썩어짐에 속박된 존재로 묘사하지 않는다는 것이다. 신자들의 자유는 몸이 해방되어 완전해지기를 기다리지만, 완전해지면 현재의 영광과 조화를 이룰 것이다. 신자들은 종노릇에서의 해방이 아니라 나타나기를 기다린다 (8:18-19). 즉, **창조물의 현재 상태는 장래 상황과 철저히 다르지만, 하나님 자녀의 경우 그렇지 않다.**[45] 바울은 로마서 8장 끝에서 이 점을 분명히 한다. 지금 그리고 항상, 믿는 자들에게는 중요한 모든 것 — "우리 주 그리스도 예수 안에 있는 하나님의 사랑"(8:39) — 이 있다. 죽음도 장래 일도(8:38) 이 가장 근본적이고 변혁적인 현실을 방해할 수 없다. 하나님의 자녀들이 드러낼 영광은 창조물의 해방과 자기들 몸의 구속이다(8:19-23). 그들 몸의 구속은 현재의 영광에서 부족한 자유를 줄 것이다. 하지만 8:30에 분명히 나타났듯이, 그것이 영광으로 **이끌지는** 않는다.

　로마서 8장과 고린도전서 15장의 가장 큰 차이는 로마서 8장에는

'부르셨다'는 사실이나, 하나님께서 그들을 '상속자' 삼으셨다는 사실(8:17)이나, 그들이 '빛의 자녀'(살전 5:5)라는 사실과 정확히 같다. 아직 오지 않은 것은 믿는 자들이 이 현실로 변화되는 것(롬 8:24-25에 따르면, '보이는' 것)이다. 따라서 현재 '하나님의 영광'은 오직 소망의 방식으로만 경험적으로 지각할 수 있다. 하지만 이런 식으로 지각될 수 있는 것이다"(*Paul*, 188).

　45. cf. 피츠마이어는 다음과 같이 쓴다. 신자들은 그리스도의 "부활하신 영광스러운 삶의 능력 안에서 살고 있으며, 따라서 미리 앞당겨(proleptically) 죄, 죽음, 썩어짐의 세력으로부터 해방된다"(*Romans*, 509).

대격변 사건에 대한 언급이 없다는 점이다.[46] 고린도전서 15장과 달리, 로마서 8장에서는 죽을 몸에 대한 생명의 소망이 그리스도의 파루시아, 즉 '종말'과 연결되어 있지 않다. 썩을 몸의 구속은 현 상태의 완성으로 여겨진다. 그리스도와 공동 상속자가 되는 것(8:17)은 문맥상 그리스도의 부활의 삶을 사는 것(8:11)을 포함하며, 종말에 의존하지 않는다.[47] 신자들은 하나님의 자녀이며, 자신들의 영과 더불어 성령이 이를 증언하신다(8:16). 그들은 하나님의 상속자, 그리스도와 함께한 상속자이다. 그들에게 요구되는 것은 그리스도와 함께 받는 고난이다. 즉, 앞서 보았듯이 고난이 포함된 그리스도의 현재 삶은 신자들이 사는 곳이다. 그리스도의 현재 삶은 영광의 삶이기도 한데, 신자들은 이 삶을 알고 있고 또한 알게 될 것이다. 신자들이 고난 가운데서도 살고 영광 가운데서도 사는 이유는 그리스도께서 그렇게 사시기 때문이다. 신자들이 영광이 자신들에게 나타날 것(8:18)을 기대하는 것도, 신자들이 하나님 자녀의 나타남을 고대하는 창조물의 간절함(8:19)을 인식하는 것도 νῦν καιρός(그리스도의 시간)에 살고 있기 때문이다. 바울은 8:18에서 앞선 구절에서 이야기했던 것을 반복

46. 반면 케제만은 바울이 여기서 염두에 두고 있는 것이 파루시아라고 주장한다(*Romans*, 232).

47. 다른 곳에서 언급했듯이 바울은 종말 때의 구원을 하나님의 종말론적 진노로부터의 구원으로 생각한다. 롬 13:11에서 바울은 신자들이 자신들이 살고 있는 시간을 깨우는 (잠에서 깨야 하는) 시간인 카이로스를 알고 있고 "이제 우리의 구원이 처음 믿을 때보다 가까워졌음"을 보고 있다고 주장한다. 구원은 롬 5:9에서 분명히 밝히고 있듯이 하나님의 진노로부터의 구원을 가리킨다(cf. 13:5). 신자들에게 종말은 그리스도의 영광과 함께 그들의 영광이 나타나는 구원의 날이다.

한다. 그리스도와 연합된 자들에게 나타날 영광, 즉 함께 받는 고난을 수반하는 영광은 신자들이 "지금 시간"에 경험하고 있는 것이다.

물론 내가 그리스도 안에서의 현재의 고난을 그리스도의 시간에 위치시킨 것은 옛 시대를 고난의 원천으로 보는 것과 매우 다른 독해다.[48] 나는 또한 내 견해를 모나 D. 후커의 견해와도 다소 구별한다. 그녀는 아담적 고통이 그리스도와 함께하는 삶으로 "끌어당겨진다"[49]고 제안하는데, 왜냐하면 바울은 자기 고통을 "마치 그것이 그리스도 안에 있는 것처럼"[50] 다룰 수 있는 경험이 있기 때문이다. 후커는 바울이 볼 때 "그리스도는 사람의 모든 경험에 있어 사람과 완전히 하나"[51]이기 때문에 그런 것인지 묻는다. 나는 신자들이 자신의 고난을 "그리스도 안에서의 삶이라는 측면에서"[52] 이해할 수 있다는 점에서 후커에게 동의한다. 하지만 바울이 생각한 그리스도와 함께 받는 고난은 부활로 변화된 **그리스도의** 고난과 함께 받는 고난이라는 점을 인식하는 것이 중요하다. 아마도 바울은 높아지신 그리스도의 고난을 창조물(현시대의 종노릇하는 인류를 포함한)의 고난에 참여하는 것으로 이해하는 것 같지만, 그리스도의 고난은 높아지시기 이전의 경우와는 다르게 이 시대가 가한 고난이 아니다. 그리스도의 부

---

48. Eastman, "Christian Experience and Paul's Logic of Solidarity," 특히 pp. 247, 248과는 다른 견해다.

49. Hooker, "Interchange in Christ," 23.

50. Hooker, "Interchange in Christ," 24.

51. Hooker, "Interchange in Christ," 24.

52. Hooker, "Interchange in Christ," 24.

활과 높아지심은 성육신하여 고난받으시는 동안 이 시대가 그에게 휘둘렀던 모든 권세를 완전히 제거하였다. 높아지신 그리스도께서 계속(그리스도의 현재 시제로) 고난받는 것은 이 시대의 권세를 물리치기 위한 목적 때문이 아니다. 그것은 부활이 이미 이룬 일이기 때문이다. 따라서 신자들의 고난은 후커가 표현한 식으로 그리스도 안으로 세례받은 아담적 고난이 아니다.[53] 그녀가 아담을 지배했던 죄의 권세에 의해 야기된 고난을 의미한 것이라면 말이다. 바울은 그리스도로 말미암아 신자들이 완전히 이겼으며(ὑπερνικῶμεν; 롬 8:37), 신자들은 온전히 그리스도의 사랑 안에서 자신들의 시련을 견뎌 낸다고 말한다(8:37-39).

신자들은 높아지신 그리스도 안에 거하며 높아지신 그리스도와 같이 고난받는다. 그들이 여전히 부분적으로 현시대에 종속되어 있기 때문이 아니라, 해방된 상황에서도 해방되지 못한 이들과 함께 신음하며 탄식하기 때문에 받는 것이다. 신자들은 **그리스도의** 고난에 참여한다. 그리스도와 마찬가지로, 그들의 고난은 부활과 높아지심에 둘러싸여 있고, 심지어 부활과 높아지심으로 정의된다. 그래서 바울은 그리스도 안에 있는 사람들이 그 영의 임재 가운데 영광을 소망하며 또한 영광을 아는 가운데 고난받는 것을 묘사한다(롬 5:2-3). 이는 차이를 낳는 구별이다. 왜냐하면 신자들의 고난이 이 시대의 권세로 야기된다고 이해하면, 신자들이 부분적으로 이 시대의 노

---

53. Hooker, "Interchange in Christ," 24.

예라는 잘못된 생각으로 이어지거나, 이런 생각을 강화하기 때문이다. 그러나 바울이 신자들이 참여한 고난을 높아지신 그리스도의 고난으로 이해했다고 본다면, 그들의 시련은 오직 그리스도 안에 사는 삶의 증거로 여겨지고, 고난은 부활 생명으로 감싸지고 변화되는 것으로 이해될 수 있다.[54]

바울은 창조물이 간절한 갈망으로 기다리며(롬 8:19) 지금까지 함께 신음하고 있다는 점을 창조물 스스로 인식하고 있다고 말하지 않는데, 이 점은 주목할 만한 것이다. 오히려 바울은 모든 창조물이 지금까지 함께 신음하며 해산의 고통을 겪고 있음을 "우리가 안다"(8:22)고 말한다. 여기서 "지금"은 νῦν καιροῦ라는 문구를 되울린다. 신자들이 살고 있는 시간은 창조물의 오랜 트라우마를 통찰할 수 있는 시간이고, 이 "지금 시간"이 해방과 탄생을 약속한다는 점을 알게 하는 시간이다. τοῦ νῦν καιροῦ와 τοῦ νῦν[지금]이 그리스도의 시간을 가리킨다고 이해하면 바울이 말하는 바를, 그리스도의 시간이라는 관점에서 창조물의 굴복이 소망 가운데 이루어졌다(8:20)는 지식이 도출된다는 말로 읽을 수 있다. 입양된 하나님의 자녀들(8:15)은 그들의 양자녀 됨이 구속된 몸으로 나타날 것을 온전히 기대한다. 그들은 그들과 창조물이 완전히 연결되어 있음을 본다. 그들의 소망과 창조물의 소망은 하나이며 동일하다 ─ 썩어짐으로부터의 해방(8:21)

54. 이러한 발상은 시몬 베유(Simone Weil)의 발상과 유사점이 있다. 그녀는 이렇게 썼다. "그리스도교가 극도로 위대한 점은 고난에 대한 초자연적 치유를 추구한다는 사실이 아니라, 고난을 초자연적으로 사용하려 한다는 사실에 있다"(*Gravity and Grace*, 81. 《중력과 은총》).

이다. 앞서 언급했듯이 하나님의 자녀들이 썩어짐의 종노릇하고 있는 것은 아니지만 말이다. 이 소망은 νῦν καιρός에―그리스도의 시간에―가능한 것이다.

바울은 신자들이 입양되었지만 아직 양자녀 될 것을 기다리고 있다고 말한다(롬 8:15-17, 23). 신자들의 몸의 구속은 신자들이 가지고 있는 생명이 꽃피는 것이지, 한 현실에서 다른 현실로 이동하는 게 아니다. 신자들의 양자녀 됨은 공개될 것이며, 신자들은 이를 더욱 온전하게 경험하게 될 것이다. 구속받은 몸에 나타날 양자녀 됨은 생명-시간에 있는 현재의 실존을 더욱 경이로운 방식으로 드러낼 것이다. 신자들의 몸의 구속은 그들을 다른 시간성에 위치시키는 게 아니라, 그들의 양자녀 지위를 확인시켜 줄 것이다.

장차 나타날 영광은 지금 있는 영광이며, 그리스도와 연합한 사람은 그 영광 안에서 산다. 바울이 신자들에게 이 나타남을 파루시아 같은 장면과 연결시키지 않은 것은 로마서를 쓸 무렵 창조물과 신자들이 신음하는 한복판에서도 그가 그리스도의 현재 영광을 더욱 분명하게 보았다는 것을 암시한다. 아마도 그의 마지막 서신인 로마서에서, 사도는 "지금 시간"(그리스도의 시간)에 영광이 도래하고 있을 뿐만 아니라 이미 있다는 점을 더욱 온전히 인식하고 있다. 따라서 그는 대격변 사건을 언급하는 것이 주의를 분산시킬 수 있다고 판단했을지도 모른다. 장차 나타날 영광은 현재 상태와―신자들이 거하는 그리스도의 현재와―일치한다.

7

그리스도와의 연합과 시간

나는 바울이 그리는 신자들은 시대가 아니라 그리스도의 존재 안에 산다는 주장에 근거하여 바울을 읽었다. 신자들은 그리스도와 합하여 살고, 따라서 그들의 시간성은 그리스도의 시간성이다. 신자들은 여전히 연대기적 시간을 살지만, 그 시간은 또 다른 시간성―그리스도의 시간―속에 들어 있고, 그 또 다른 시간성에 의해 변화된다. 마찬가지로 "망하는 자들"의 연대기적 시간은 죽음-시간으로 둘러싸여 형성된다. 바울의 그리스도와의 연합 개념에 시간적 함의가 있다는 인식은 앞선 학문 탐구에서는 충분히 다루어지지 않았다. 그리스도와의 연합이라는 바울의 핵심 개념이 시간 문제와 관련되는 만큼, 나는 이 개념에 관한 중요한 논의 몇 개를 간략히 분석해 볼 것이다.

바울의 그리스도와의 연합이라는 주제는 무형적인 것에서 실용적인 것까지 다양한 논조로 해석되어 왔다. 바울이 이를 우리가 숨 쉬는 공기 속에 있는 것처럼 생각했다는 아돌프 다이스만의 유명한 주장에서,[1] "그리스도 안에" 있음이 그리스도의 권위와 보호 아래 있음을 의미한다는 테레사 모건의 보다 실질적인 주장에[2] 이르기까지 다양하다. 이 연구의 역사는 쉽게 찾아볼 수 있으므로 여기서 자세히 설명할 필요는 없을 것이다.[3] 학계에서 관심의 초점은 그리스도와의 연합에 관한 핵심 문구 중 하나인 ἐν Χριστῷ("그리스도 안에")에서 전치사 ἐν("안에")이 의미하는 바에 보통 맞춰져 있다.[4] 더 최근에는 이 문구에서 Χριστός의 중요성이 다루어지고 있다.[5]

ἐν의 의미와 관련된 주요 논의는 그것을 양태적으로 이해해야 할지, 위치적으로 이해해야 할지다. 만일 후자로 이해한다면, 이것이 존재론적 차원을 수반하는지가 또한 쟁점이 된다. 예컨대, 빌리암 브레데는 ἐν에 관한 문법적 주장을 근거로 하지는 않지만, 어쨌든 바울이 생각할 때 교회는 "그리스도 안에" 있는 사람들이며 따라서 "새

---

1. "우리가 숨 쉬는 생명의 공기가 우리 '안에' 있어 우리를 채우지만, 동시에 우리는 이 공기 안에 살면서 숨쉬는 것처럼, 사도 바울이 보여 준 그리스도-친밀성도 마찬가지다. 그리스도가 사도 안에 있고 사도가 그리스도 안에 있는 것이다"(Deissmann, *Paul*, 140). 또한 *Die neutestamentliche Formel "in Christo Jesu"*에서 다음과 같이 말한 것을 보라. "그리스도는 그리스도인이 그 안에 살고 또한 그리스도인 특유의 삶에 관한 모든 표현이 그 안에 나타나는 본령(Element)이다"(81-82).

2. Morgan, *Being "in Christ" in the Letters of Paul*.

3. 특히 다음을 보라. C. Campbell, *Paul and Union with Christ*, 31-58; Hewitt, *Messiah and Scripture*, 7-41; Wolter, *Paul*, 221-52. 특히 신학적 관점에서 "그리스도 안에" 해석의 수용사에 관한 몇 가지 논평으로는 다음을 보라. Thate, Vanhoozer, and Campbell, eds., *"In Christ" in Paul*, 3-36.

4. 그리스도와의 연합 개념은 "그리스도 안에" 말고 다른 식으로도 표현된다. C. 캠벨은 신자들이 그리스도와 연합된다는 발상에 기여하는 바울의 다양한 표현을 끈기 있게 탐구했다(*Paul and Union with Christ*).

5. 특히 다음을 보라. Hewitt, *Messiah and Scripture*.

로운 인류 자체"라고 주장한다.[6]

내가 아는 한 "그리스도 안에" 있음에 관한 양태적, 공간적 차원은 상당히 주목받아 왔지만, 그리스도와의 연합의 시간적 함의는 직접적으로 다루어지지 않았다. 해석할 때 지나가면서 언급하는 것 이상의 무언가를 도출하는 경우도 보기 힘들고, 때로는 그조차도 없지만, 시간적 함의가 실제로 있다. 게다가 그리스도와의 연합에 관한 일반적인 주장들은—예를 들어, 미래가 현재로 온다거나 신자들이 그리스도의 죽음과 부활 사건에 참여한다는 것에 관한 주장들은—바울이 어떻게 그것이 가능하다고 생각했는지를 곰곰이 따져 보지 않은 것들이다. 즉, 어떤 식의 시간성에서 그런 낯선 일이 일어날 수 있는지를 고려하지 않았다. 시간성과 관련하여 내가 가장 관심하는 것은 사람들이 자신의 연대기적 시간에서 그리스도와 연합하여 산다는 명백한 사실 이상이다. 나는 그리스도와 합한 이러한 삶이 **어떤 식의** 시간 속에서 일어나는지에 관심이 있다.

그리스도와의 연합에 관한 다양한 해석과 시간

제임스 D. G. 던은 그리스도와의 연합이라는 주제에 기여하는 바울

---

6. Wrede, *Paul*, 119. cf. 브레데는 바울에게 구속은 **"인간 본성 안의 변화를 … 의미한다"**고 주장한다(112[강조는 원문의 것]). 그리고 앤드루 체스터(Andrew Chester)는 바울이 "그리스도 안에 있는 사람들은 지금 (미리 앞당겨) 이 부활 영광의 형상으로 변화되고 있다"고 생각했다고 본다(*Messiah and Exaltation*, 88).

서신의 다양한 구절들을 조사하여, "바울과 그의 개종자들은 분명히 그리스도를 그들의 모임과 일상의 삶에 스민 살아 있는 임재로 느꼈을 것"[7]이라고 결론 내린다. "그리스도와 결속되어 있다"는 느낌은 "두 가지 구원론적 순간에 초점을 두고 있다" — 하나는 그리스도의 죽음과 부활의 순간이고 다른 하나는 "그 사건이 개인의 삶에 미치는 영향"[8]의 순간이다. 또한 그리스도께 참여한다는 것은 "우주적 구원 과정"[9]과 관련된다. 즉, 그리스도의 십자가에서 시작되는 새 창조는 이루어지는 과정에 있다. 그리스도의 살아 있는 임재에 참여하는 것과 관련하여 던이 탐구하지 않은 시간적 측면은 개인의 삶과 현실 자체를 변화시켰고 변화시킬 **사건들**이 있다는 점이다. 사건은 과정이라는 개념과 마찬가지로 필연적으로 시간성을 나타낸다.

W. D. 데이비스는 "이스라엘 안에" 있음과 "그리스도 안에" 있음을 동일시하면서, 다음과 같이 쓴다. "옛 이스라엘의 진정한 구성원은 자기 민족의 역사를 자신에게 전용한 사람으로, 그 자신이 이집트에서 종살이하고, 거기서 구출된 사람이다."[10] 마찬가지로 바울에게 "그리스도인 개인은 자기 자신의 경험 속에 그리스도의 삶을 재연한다. … 참 유대인이 자기 민족의 역사를 자기 자신의 역사로 만든 사람인 것처럼, 그리스도인은 그리스도의 역사를 자신의 역사로

7. Dunn, *Theology of Paul*, 408.
8. Dunn, *Theology of Paul*, 410.
9. Dunn, *Theology of Paul*, 411.
10. Davies, *Paul and Rabbinic Judaism*, 104.

만든 사람이다."[11] **로버트 태너힐**은 다음과 같이 주장한다. 바울에게 그리스도의 죽음과 부활은 "신자에게 유익만 가져다주는 게 아니라, 신자 본인이 참여하는 사건이다. … [신자들은] 자신의 일상생활에서 그리스도의 죽음과 부활에 계속 참여한다."[12] **마이클 고먼**은 그리스도의 높아지심을 신자들이 살아가는 맥락의 일부로 본다. "**십자가에 못 박히시고 높아지신 그리스도 서사는 규범적인 삶-서사로, 그 안에서 공동체 고유의 삶-서사가 발생하고, 공동체의 삶-서사를 형성한다.**"[13] **미셸 부티에**는 바울에게 "그리스도 안에"란 그리스도의 전체 이야기 속에 받아들여짐을 의미한다고 주장한다. "Etre en Christ ce n'est point un *état*, c'est littéralement être entraîné dans son histoire, passée, présente et future!"[14] 그리스도와의 연합은 그리스도의 죽음과 부활이라는 과거의 사건에 관여하는 것 이상이다. 그것은 또한 하나님 우편에 계신 그리스도의 현재와의 상통, 그리스도의 종말론적 사건들과의 상통을 수반한다.[15]

콘스탄틴 R. 캠벨은 바울의 그리스도와의 연합 주제에서 연합, 참여, 동일시, 통합이라는 네 측면을 정의한다. 그는 "연합"을 유일한 용어로 사용하지 않는데, 그 이유는 "그것이 어떤 상태나 존재 방식

---

11. Davies, *Paul and Rabbinic Judaism*, 107.
12. Tannehill, *Dying and Rising with Christ*, 1.
13. Gorman, *Cruciformity*, 44(강조는 원문의 것). 《삶으로 담아내는 십자가》.
14. "그리스도 안에 있다는 것은 어떤 **상태**가 아니라, 문자 그대로 그분의 역사, 과거, 현재, 미래로 끌려 들어간다는 것이다"(Bouttier, *En Christ*, 97[강조는 원문의 것]).
15. Bouttier, *En Christ*, 133.

을 가리키는 **정적**인 것인데", 이는 참여의 측면과 달리 "그리스도 서사의 **사건들**에 역동적, 적극적 참가와 같은 더 역동적인 관념을 전달하기에"[16] 충분하지 않기 때문이다. 캠벨은 신자가 그리스도 서사의 사건들에 참여하는 것의 본성과 관련하여 "이러한 사건의 중요성은 그분과 관련된 만큼이나 우리와도 관련된다"[17]라고 말하며 약간 모호한 제안을 한다.

그리스도의 역사 및 삶(성육신한 삶과 높아지신 삶)의 사건들에 관해 생각하려면 반드시 시간에 관한 생각이 수반된다. **우도 슈넬레**는 이 점을 인지했다. 그는 "그리스도 안에"의 일차적 의미를 "존재의 영역을 나타내는"[18] 위치적 의미로 이해하지만, 그의 해석은 공간적 측면만 아니라 시간적 측면도 인식하고 있다. 슈넬레는 그리스도 안에서의 삶을 "구원의 시작과 완성 사이에 사는" 삶으로 기술하며, 이러한 시간성을 "시간들 사이의 새로운 시간"[19]으로 부른다. 슈넬레는 시간과 관련된 신자들의 인식이 바뀌었다고 주장하는 것[20] 말고는 이 새로운 시간에 대해 거의 탐구하지 않는다. 그는 "세례받은 신자들은 실제로 과거에 일어났고 아직 오지 않은 이러한 사건들[그리스도의 부활과 재림]과의 동시대성을 의식하며 산다"[21]고 쓴다. 여기에는

16. Campbell, *Paul and Union with Christ*, 413(강조는 원문의 것).
17. Campbell, *Paul and Union with Christ*, 408.
18. Schnelle, Apostle Paul, 481.
19. Schnelle, Apostle Paul, 482.
20. Schnelle, Apostle Paul, 482.
21. Schnelle, Apostle Paul, 594.

다음과 같은 선결문제가 요구된다. 어떤 종류의 시간이 과거의 사건들을 인간에게 현재가 되게 할 수 있으며, 어떤 종류의 시간이 종말론적 사건들을 동시대적으로 만들 수 있는가?

알베르트 슈바이처는 바울이 그리스도와의 연합을 "그리스도와 택함받은 자 사이의 실제 육체적 연합"[22]으로 생각했다고 본다. 그리스도는 신자들을 위해, 신자들은 그리스도와 서로를 위해 고난받는다는 바울의 주장에는 "관계의 상호성"이 있다. 이 상호성은 "그리스도와 신자가 동일한 몸 안에서 서로 몸이 의존하며, 하나가 다른 하나로 변할 수 있다는 사실에 근거한다."[23] 신자들이 서로 그리고 그리스도와 공유하는 육체는 "특별한 방식으로 죽음과 부활이라는 권능의 행위에 영향을 받으므로, 결과적으로 죽은 자의 일반적 부활이 일어나기 전에 부활의 실존 상태를 획득할 수 있다."[24] 슈바이처의 비범한 해석은 그리스도와 신자들 사이의 활동과 교류를 전제로 하는데, 이는 곧 육체성만큼이나 시간성을 전제로 한다. 슈바이처의 해석에 포함된 시간성은 그리스도와 연합한 사람들에게 미래가(죽은 자의 부활이) 현재에 실현된다는 것이다. "그들은 이미 새로운 세계의 피조물이다."[25]

E. P. 샌더스는 바울이 그리스도께 참여하는 것을 현실적이고 실

---

22. Schweitzer, *Mysticism*, 127.
23. Schweitzer, *Mysticism*, 127.
24. Schweitzer, *Mysticism*, 116.
25. Schweitzer, *Mysticism*, 116.

제적인 것으로 생각했다는 슈바이처의 이해에 동의하지만,[26] 슈바이처의 논리에는 회의적이다. 샌더스가 제시한 그리스도와의 연합에 관한 바울의 견해—신자들은 "미래의 완전한 구원"의 확실함을 기다리는 동안 그리스도와 "하나의 영"[27]이다—에는 시간적 함의가 있다. "현재" 신자들은 그리스도의 재림을 기다리는 동안 "그리스도의 몸에 참여"[28]한다. 샌더스는 이 개념을 탐구하지는 않았지만, 아마 샌더스라면 그리스도의 삶에는 미래 사건—그리스도의 재림—이 있으므로 그리스도와의 연합은 정적이거나 무시간적으로 실존하는 삶이 아니라고 생각했을 것이다.

그랜트 머캐스킬은 신약성서에서 그리스도와의 연합 주제에 관한 자신의 탐구에서, 바울과 관련하여 중요한 지점에서 "그리스도 안에"라는 문구가 위치적 의미를 갖는다고 주장한다. 즉, 이 문구는 "십자가에 못 박히시고 부활하신 아들의 성육신 서사 속에서 그 서사를 통해서 실현된, 또한 종말론적이기도 한, 실존의 영역(또는 상태)에 경계를 정한다."[29] "상태"라는 머캐스킬의 언어는 비록 정적인 실존 개념을 전달할 수도 있겠지만, 바울이 그리스도 안에 있음을 역동적이고 점진적인 측면에서 이해했다고 그는 분명히 생각한다. 그 영은 신자들의 실존이 "십자가에 못 박히시고 부활하신 아들의 형상"[30]을 닮

---

26. Sanders, *Paul and Palestinian Judaism*, 462.《바울과 팔레스타인 유대교》.
27. Sanders, *Paul and Palestinian Judaism*, 463.
28. Sanders, *Paul and Palestinian Judaism*, 463.
29. Macaskill, *Union with Christ*, 249.
30. Macaskill, *Union with Christ*, 249.

도록 변화될 수 있게 한다. 이러한 변화는 분명 인간의 연대기적 시간에 걸쳐 일어나지만, 또한 그것이 특정한 종류의 시간—그리스도와 영이 사는 시간—에서 일어남을 시사한다.

테레사 모건은 "그리스도 안에"가 연합의 언어가 아니라고 주장한다.[31] 그녀는 ἐν이 여격을 동반할 경우 엔케이리적인enchеiristic 의미("-의 손안에")가 있다고 주장한다. "누군가가 또는 무언가가 어떤 사람의 손안에 있다고 말하는 경우 대개 그 사람이 책임지고 있음을 의미한다."[32] 모건은 바울이 이 문법 구조를 사용하여, 신자들이 그리스도의 "권위와 보호" 아래 있으며 "새 시대에 사는 새 창조물"[33]이라는 자신의 확신을 나타낸다고 주장한다. 모건의 견해에는 시간적 함의가 있다. 그리스도의 주권 아래 있는 것은 현시대의 권세 아래 있는 것이 아니다. 시대는 특정 종류의 권세와 특정 종류의 시간을 특징으로 하는 현실이다. 더 나아가, 그리스도의 주권 아래 산다는 것은 특정 종류의 권세뿐만 아니라 특정 종류의 시간—악한 현시대의 시간과 구별되는 시간—으로 된 현실에 산다는 것이다. 모건이 그리스도의 손안에 있는 삶은 "시간적인 삶 또는 시간적 상태가 아니며, 현

---

31. Morgan, *Being "in Christ" in the Letters of Paul*, 195.
32. Morgan, *Being "in Christ" in the Letters of Paul*, 17. 미하엘 볼터도 비슷한 견해를 공유하고 있지만, 그 근거와 관점은 다르다. 그는 모건과 달리, 문법적 탐구를 자기 의견의 기반으로 삼지 않는다. 그는 신자에게 미치는 효과에 초점을 두고 있다. "그리스도 안에" 있음은 "더 가깝고 밀접한 것을 상상할 수 없을 만큼 실존적인 소속과 의존"을 표현한다(*Paul*, 239). 반면 모건은 그리스도의 권위와 돌보심을 강조한다.
33. Morgan, *Being "in Christ" in the Letters of Paul*, 243.

시대에 이미 활성화된 영생의 일부"[34]라고 말하긴 하지만, 그녀는 시간적임이 순전히 인간의 연대기적이고 도덕적인 삶을 의미한다고 이해한 것으로 보인다. 그녀의 진술은 영생의 일부가 지금 활성화될 수 있게 하는 시간성이 어떤 것인지에 관한 문제를 다루지는 않았지만, 확실히 이 쟁점이 수면 밖으로 나오게 했다.

N. T. 라이트는 바울에게 예수님은 이스라엘의 메시아이며, 신자들은 "그리스도 안에" 있음으로써 그와 결속하고 있다고 제안한다.[35] "그리스도 안에" 있는 사람들은 "그의 죽음과 부활로 표현되는 그의 '신실함'으로 특징지어져야 한다."[36] 이 말 자체는 모호하지만, 시간적 함의가 담겨 있다. 즉, 죽으시고 부활하신 메시아와 결속하여 산다는 것은 그러한 시간적 사건들의 사실성뿐만 아니라 그 사건들의 현전—여전히 현시대에 있으면서도 새 시대에 있음—을 믿는다는 것이다. "메시아 안에" 사는 것은 "오는 시대"와 "현시대"의 중첩 가운데 사는 것이라고[37] 라이트는 주장한다.

A. J. M. 웨더번은 ἐν의 다양한 의미를 탐구하면서 "그리스도 안에" 또는 "주 안에"라는 문구가 얼마나 이상한지 지적한다. 왜냐하면 이 단어들은 일반적으로 ἐν과 연결해서 쓰는 단어가 아니기 때문이다. 그리스도는 "일반적 의미에서의 시간이나, 장소, 추상 명사나

34. Morgan, *Being "in Christ" in the Letters of Paul*, 246.
35. N. T. Wright, *Paul and the Faithfulness of God*, 835.
36. N. T. Wright, *Paul and the Faithfulness of God*, 835.
37. N. T. Wright, *Paul and the Faithfulness of God*, 1101.

도구가 아니다."[38] 웨더번은 바울이 그리스도를 아브라함처럼 하나님이 그를 통해 행동하시는 하나님을 대표하는 인물로 이해했다고 결론 내린다. 하나님은 그리스도 안에서 행동하시고, 신자들은 그와 함께 "저 신적인 은혜의 주도권 안에"[39] 사로잡힌다. 웨더번의 간략하지만 중요한 탐구는 ἐν이 시간적으로 이해될 수도 있다는 사실을 제기하고("따라서 ἐν 구조에서 어떤 것도 이 구문이 장소적으로 해석되어야 하는지, 시간적으로 해석되어야 하는지, 아니면 또 다른 식으로 해석되어야 하는지를 강제할 가능성은 거의 없다"[40]), 그리스도가 시간이라는 발상을 거부하면서도 고려하고 있다.

조슈아 W. 지프는 바울에게 예수님은 십자가 처형, 부활하심, 높아지심을 포함하는 서사를 지닌 다윗계 메시아였다고 주장한다. 그리스도의 백성들(신자들)은 "예수 메시아의 정체성과 통치에"[41] 참여한다. 그리스도는 자기 백성을 자신과 연합시켜서, "그들이 타자를 향한 사랑이라는 십자가 형태의 패턴에 통합되게 하는데," 이는 그리스도의 임재를 통해 일어난다.[42] 지프는 바울이 예수님을 임재하시며 백성을 자신과 연합시키시는 분으로 생각했다고 주장한다. 이 주장은 그리스도의 시간성에 대한 무언의 이해를 포함한다. 그리스도가 백성들을 자신과 연합시키는 활동을 하신다면, 그는 일종의 시

---

38. Wedderburn, "Some Observations," 88.
39. Wedderburn, "Some Observations," 91.
40. Wedderburn, "Some Observations," 87.
41. Jipp, *Christ Is King*, 275. 《예수의 왕권 사상과 바울신학》.
42. Jipp, *Christ Is King*, 67.

간을 살아야 한다. 지프에 따르면 그리스도의 임재는 신자들이 그의 통치를 공유할 수 있게 한다. 이러한 임재는 바울이 신자들이 그리스도의 시간에 산다고 생각하고 있는지 묻게 한다.

그리스도와의 연합이 지닌 시간성

나의 관심사는 "그리스도 안에"라는 문구나 바울의 그리스도와의 연합 주제에 관한 특정한 해석적 입장을 취하는 것이 아니라, 다양한 해석이 대체로 암묵적으로 시간적 함의를 담고 있다는 점을 지적하는 것이다. 나의 견해는 바울이 그리스도와의 연합을 일종의 시간과의 연합을 포함하는 것으로 간주했다는 것이다. 만일 바울이 신자들이 새 시대 안에 있는 것에 관해 이야기했다면, 이는 말할 필요도 없는 것이다─새 시대에 산다는 것은 무엇보다도 새 시대의 시간성 가운데 산다는 것이기 때문이다. 그러나 바울은 신자들이 새 시대에 살고 있는 것에 관해 말하지 않는다. 사도는 신자들을 악한 현시대에서 해방되어 그리스도와 연합한 자로 규정한다. 그리스도와의 연합은 신자들을 인간의 연대기적 시간 바깥으로 옮기는 것이 아니지만, 인간의 연대기적 시간에서의 삶을 변화시킨다. 그리스도와의 연합은 연대기적 시간을 살아가는 동안 그리스도의 시간성과 연합함을 수반한다.

  신자들이 거하는 그리스도는 높아지신 그리스도라는 점을 강조하는 것이 중요하다. 바울은 그리스도가 하나님과 함께 사시는 모습을 그린다(롬 8:34). 높아지신 그리스도의 삶은 성육신하신 삶을 포함한다. 또한 에른스트 케제만이 특히 강조한 것처럼, 그 영에 의해, 높아지신 그리스도는 하늘에만 국한된 분이 아니다.[43] 그 영을 통해 그리스도는 인간의 삶 가운데 임재하시고 활동하신다. 그러나 바울에게 그리스도의 임재와 활동은 하나님의 삶 가운데 사시는 그리스도의 삶을 무색하게 하지 않는다. 오히려 높아지신 그리스도의 삶은 인간의 삶 속에서 영을 매개로 한 그리스도의 활동을 뒷받침하고, 또한 신자들이 그리스도 안에서 하나님을 알고 경험하는 환경이 된다. 따라서 사도는 신자들이 그리스도 안에서 그들 자신도 하나님께 대하여 살 수 있음을 인지하라고 권면한다(롬 6:8-11).

또 하나 명확히 해야 할 것이 있다. 바울은 그리스도의 영과 하나님의 영이 그리스도와의 연합을 가능하게 한다고 생각하지만(롬 8:9),[44] 그 연합이 **그리스도**와의 연합이라는 점이다. 즉, 신자들은 그 영을 **통해** 그리스도와 연합되지만, 그 영**이신** 그리스도와 연합하는 것은 아니다.[45]

---

43. Käsemann, *Romans*, 222.
44. 훌륭한 다음 논문을 보라. Susan Eastman, "Oneself in Another."
45. 다이스만은 다르게 주장한다. 그는 고후 3:17("주는 영이시니")에 근거하여 "그리스도 안에"라는 문구가 영이신 그리스도를 가리킨다고 주장한다(*Paul*, 138). 볼터는 "그리스도 안에" 있다는 것은 "바울 성령론의 한 측면"이 아니라고 정확하게 쓴다(*Paul*, 237).

그리스도의 시간이라는 맥락에서의 종말론

인간의 연대기적 시간이라는 관점에서 보면, 그리스도의 현재 시제가 미래에 완전히 드러날 것이므로 미래의 종말론에 관해 말하는 것이 온당하다. 그러나 바울에게 그리스도와 연합된 사람들의 시간적 지평은 인간의 시간이 아니라 그리스도의 시간이므로, 그는 신자들이 종말론을 생명-시간의 맥락에서 이해하도록 촉구한다. 그리스도와 합한 사람들은 **그리스도의 시간으로 감싸인** 연대기적 시간에서 미래를 기다린다. 그리스도의 시간은 인간의 미래 시제 경험을 조건 짓는다. 아직 다가올 사건들이 더 있지만, 기다림은 높아지신 그리스도의 현재, 곧 생명-시간 속에서 일어난다.

이는 신자들에게 소망이라는 특별한 특성을 부여한다. 소망은 아직 없는 것을 바라는 것이 아니라, 지금 있는 것에 비추어서 무엇이 있을지를 아는—믿음과 일치되는(고전 13:13; 살전 1:3)—능력이다. 소망은 보이지 않는 것이 있음을 알기에 인내를 가능하게 한다(롬 8:25). 또한 소망은 실존의 조건이다. 신자들은 소망으로 구원받았으며(8:24), 창조물은 소망 속에서 굴복했다(8:20). 소망은 현재를 넘어 더 나은 미래를 바라는 것이 아니다. 소망은 현재에 온전히 참여한 결과로, 하나님의 사랑이 그 영을 매개로 이를 가능하게 한다(5:1-5). 신자들은 소망 **안에** 살아간다. 소망의 근거는 있는 것에 관한 인식이다.

바울은 그리스도의 날까지 그리스도와 연합한 사람들 사이에서 깨끗함과 의로움이 자라서 드러나기를 기대한다(빌 1:6, 10). 이러한 성장은 그리스도의 날을 기다리는 인간의 연대기적 시간에서 기대로도 일어나고, 생명-시간—그 성장의 실현을 소유한 시간—안에서도 일어난다. 따라서 바울은 착한 일을 시작하신 분이 그 일을 완성하실 것을 확신한다(πεποιθώς; 1:6)고 말한다. 그리스도의 날은 신자들의 삶의 질을 분명하게 드러낼 것이다(고전 3:13, 5:5, 고후 1:14, 빌 2:16). 아마도 승천하신 그리스도의 실존의 가시적 임재가 비추는 빛 때문에 분명히 나타날 것이다. 즉, 그리스도의 날에 동반되는 심판은 그리스도의 현재가 나타날 때 자연히 따라 나오는 유기적인 부분이며, 그의 영광스러운 삶의 가시성이 모든 부끄러운 것을 노골적으로 드러낼 것이다. 마찬가지로, 신자들의 삶에서 흠 없고 의로운 것도 그리스도의 날에 나타날 것이다(빌 1:6, 10).

다가올 일에는 죽을 운명으로부터의 해방이 포함된다. 그리스도 안에서 죽은 자의 부활과 산 자의 변화는 그리스도의 날에 일어난다(살전 4:13-5:2). 이는 그리스도 안에 있는 사람들에게는 변화지만, 그리스도 자신에게는 자신의 현재 실존이 드러나는 일이다. 때때로 바울은 이 사건을 그리스도의 파루시아로—공식 방문으로—묘사한다.[46] 이 방문을 통해 그리스도와 합한 사람들은 그리스도의 현재를 새로운 방식으로 인식할 수 있게 된다. 그리스도 안에서 죽은 자와

---

46. 제프리 A. D. 웨이마는 바울이 파루시아를 왕이나 고관의 공식 방문을 가리키는 일반적인 용례를 반영한 말로서 언급하고 있음을 정확히 이해했다(*1-2 Thessalonians*, 320).

산 자는 공중에서 주님을 만나게 될 것이며, 항상 주님과 함께 있을 것이다(살전 4:14-17). 그들은 "하늘에 속한 이의 형상을 입을 것이다"(고전 15:49). 그들은 썩지 않을 것이다. 다시 말해, 그리스도와 연합한 사람들은 그리스도의 시간성—생명-시간, 죽음[47]이 없는 시간—의 경이로움을 온전히 보고 알게 될 것이다.

그러나 신자들이 그리스도의 날/파루시아까지 기다리는 열려 나타남은 그들의 시간성을 바꾸지는 않을 것이다. 신자들은 지금 생명-시간에 살고 있다. 바울이 그리스도의 날/파루시아 이전에 신자들이 부활 생명을 살고 있음을 쉽게 이야기한 점은, 몸에 썩지 않음이 주어지기 전 신자들의 삶을 죽음 없이 사는 삶으로 바울이 이해하고 있음을 나타낸다. 신자들은 분명 죽을 몸을 지니고 있고(롬 8:11)[48] 이는 "죄로 말미암아 죽은" 것이지만(롬 8:10), 그럼에도 신자들은 죽을 운명의 시간—죽음-시간—에 살고 있지 않다. 죄는 더 이상 신자들에게 힘을 행사하지 못한다.[49] 로마서 8:1-2에서 바울이 "그러므로 이제 … 결코 정죄함이 없나니"라고 선언한 것은 그리스

47. 나는 여기서부터 "죽음"을 대문자로 표기할 것인데, 이는 묵시적 읽기에 전적으로 동의한다는 의미라기보다는, 바울에게 죽음은 초인간적이고 반신적인 힘이라는 묵시적 읽기의 중요한 인식을 따르기 위해서다.

48. J. 크리스티안 베커는 τὰ θνητὰ σώματα("죽을 몸들")라는 용어가 "죄 있는 몸"과 "영적 몸" 사이의 "'과도기적' 현실"을 의미하며, 이는 "시간들 사이"의 삶에 적합한 식의 몸이라고 주장한다(*Paul the Apostle*, 288). 이는 형용사 θνητά에 적합한 의미 그 이상을 부여한 것이다. 단지 바울은 신자들의 몸이 죽는다는 점을 인정하고 있을 뿐이다.

49. 모나 D. 후커가 말했듯이, "'그리스도 안에' 있음은 … 죄에 대한 그의 죽음에 참여하고, 죄의 권세로부터 그의 해방에 참여하는 것이다"("Interchange and Atonement," 34).

도 예수 안에 있는 사람들이 더 이상 죄의 통치를 받지 않는다는 선언이다. 그들은 자유로워졌다. 이는 신자들이 악한 현시대에서 해방되었다는 갈라디아서 1:4의 주장을 되울린다(cf. 골 1:13). 신자들의 죽을 몸이 생명-시간을 살고 있다.[50] 종말은—신적 현재에 대한 완전한 접근이 허용되고 죽을 몸이 변화되는 때는—변화보다 확인에 가깝다. 즉, 종말은 죽음과 죄가 무력해진 그리스도의 현재를 공표하는 것이다.

현재 그리스도 안에 사는 삶의 경이로움은 인간의 시간에서 미래에 일어날 일들보다 바울의 시선을 훨씬 더 사로잡는다. 그리스도의 현재를 그리스도와의 연합 위에서 누릴 수 있다는 점, 그리스도의 날/파루시아에 드러나기 전에 누릴 수 있다는 점에 바울은 주로 초점을 두고 있다. 단 세 개의 서신에서만 파루시아를 언급할 뿐이고, 대부분은 그리스도의 날을 언급하고 있긴 하지만, 각 서신에서 바울은 주로 현재 상태의 측면에—신자들이 살고 있는 높아지신 그리스도의 현재적 시간성, 곧 생명-시간으로 조건 지어진 측면에—주로 주목하고 있다.

또한 바울이 아마도 자신의 메시지를 가장 강력하고 열렬하게 전한 두 서신(로마서와 갈라디아서)에 종말론적 언급이 드물다는 점도 주목할 필요가 있다. 로마서와 갈라디아서에서 바울의 시선은 높아지신 그리스도와 연합한 현재의 삶에 대한 경외심을 향하고 있다. 또한

50. 죽은 자도 "그리스도 안에" 있다(살전 4:16). 죽음은 그들의 시간성에서 **빠진다**. 그들은 생명-시간에 있다.

바울은 로마서나 갈라디아서에서 신자들의 육체적 죽음이 문제가 된다거나 설명이 필요하다고 말하지 않는다. 로마서에서 신자들의 미래 부활을 언급하거나 암시하는 구절은 단 세 구절뿐이다. 바로 로마서 6:4-11, 8:11, 8:18-25이다. 이 서신에서 바울은 그리스도의 파루시아를 언급하지 않으며, 연이은 두 구절에서만 "그 날"[ㄴ]을 언급할 뿐이다(13:12-13).[51] 로마서 13장에서 "그 날"에 대한 언급은 미래에 관심을 집중시키기보다는 그 날에 비추어 현재를 살아가도록 권면하는 기능을 한다. 갈라디아서에는 종말론적 사건이나 신자들의 미래 부활에 관한 언급이 없다.[52] 그 영으로부터 영생을 거두는 것에 관한 바울의 언급(갈 6:7-9)은 로마서 8:9-11과 비슷한 사상을 표현한 것으로 읽는 것이 가장 좋다. 영생은 그 영에서 흘러나오는 삶의 질이며, 죽음 이후와 마찬가지로 지금도 그리스도와의 연합으로 알 수 있는 것이다. 갈라디아서에서 기다리는 것은 의로움의 소망이며(갈 5:5), 바울은 그 영을 통해서 지금도 이 소망을 누릴 수 있다는 점을 명확히 하고자 한다(5:16-25). 율법은(즉, 의는) 그 영의 자유 안에서 성취될 수 있다. 갈라디아서에 종말론적 언급이 없다는 점을 고려할 때, 기다리고 있는 소망은 지금 그 영에 의해 살아갈 수

---

51. 롬 2:16의 언급은 하나님이 심판하시는 그 날을 가리키며, 하나님의 심판 대상은 율법이 없는 이방인이다(2:14). 앞서 언급했듯이, 이는 그리스도를 믿지 않는 사람들을 가리키는 것 같다. 여기서 나는 바울이 그리스도의 날을 언급하는 것과 그것이 그리스도와 연합된 사람들에게 어떤 영향을 미치는지에 초점을 두고 있다.

52. J. 루이스 마틴의 비범한 묵시적 갈라디아서 독해는 오히려 이러한 사실을 가려 버린다(*Galatians*).

있는 의로움이다. 아마도 이것이 5:6의 의미일 것이다. 율법을 이루는 것은 율법이 요구하는 할례가 아니라 사랑을 통해 역사하는 믿음이다(cf. 5:14).

바울의 복음은 높아지신 그리스도의 시간성—생명-시간—의 현재적 현전에 관한 것이다. 그의 복음은 완성하는 사건에 의존하지 않는다. 바울은 높아지신 그리스도와 연합한 사람들이 그리스도의 시간성을 산다고 생각한다. 그들의 시간은 죽음의 지배라는 제약에서 벗어나 자유롭다. 그들의 물리적 죽음은 단지 그 자유의 경이로움을 그들에게 완전하게 열어 보여 줄 뿐이다(바울이 종말에 그런 일이 일어날 것이라고 상상했든, 아니면 각 사람이 죽었을 때 그런 일이 있을 것이라 상상했든).

부활의 두 방식

바울은 그리스도와 연합한 자의 부활에 대해 두 가지 방식을 이야기한다. 하나는 죽을 몸을 가지고 살아가는 동안의 사건과 상태로서의 부활이다(롬 6:4, 8:10, cf. 골 3:1). 이러한 부활의 현시는 그리스도의 죽음 및 부활과 연결되어 있다. 로마서에서 바울은 우리가 세례를 통해 그리스도와 함께 장사되면 그리스도와 같이 새 생명 가운데서 행할 수 있게 된다고 말한다(롬 6:4). 이는 영으로써 몸의 행실을 죽일 수 있는 능력을 수반하며, 그 결과 생명에 이르게 된다(8:13). 즉, "너희가 살리니"(8:13)라는 선언은 죽을 몸 안에 사는 동안의 부활 생명을 내포한다. 바울은 예수를 죽은 자 가운데서 살리신 이의 영이 신자들 안에 거하면, 그들의 죽을 몸에도 생명이 주어질 것이라고 주장한다(8:11). 신자들이 썩을 몸을 가지고 사는 동안에도 그리스도께서는 자신에게 합한 사람들과 자신의 부활을 함께 나누신다. 그리스도는 자신의 현재 시제가 종말론적으로 드러나기 전에 자기 부활을 공유하신다. 그리스도와 연합한 사람들은 종말 이전에 그리스도의 생명-시간의 시간성을 살아간다. **신자들에게 죽음의 멸망은 그들이 높아지신 그리스도와 연합될 때 일어난다.**

당연히 바울은 죽을 몸이 변화하는 부활에 대해서도 말한다. 그리스도의 몸이 그랬던 것처럼 신자들의 몸이 변화에 이르게 되는 방식으로 그리스도는 자신의 부활을 나누실 것이다. 그리스도께 속한 사람들은 살아날 것이며(고전 15:22-23), 죽은 자와 산 자가 공중에서 주님을 만나고, 항상 주님과 함께 있을 것이다(살전 4:15-17). 신자들의 낮은 몸은 그리스도의 영광의 몸을 닮게 될 것이다(빌 3:21). **부활은 이제 죽을 운명에 제약받지 않을 것이다.** 바울이 때때로 신자들의 변화를 파루시아와 연결하기도 하지만, 또 때로는 그 특수한 사건과 별개로 변화를 이야기한다. 바울은 대격변적 사건에 대한 언급 없이, 하나님 자녀들의 몸이 구속될 것(롬 8:23)과 신자들이 그리스도와 함께 다시 살게 될 것(고전 6:14, 고후 4:14)을 이야기한다.

생명-시간/그리스도의 시간을 살아가기

그리스도와 연합하는 순간, 신자들은 더 이상 죽음-시간이 아니라 생명-시간을 산다. 연합의 순간에 신자들은 죽을 몸을 가지고 살면서도 죽음에서 이미 자유로워진 것이다. 그리스도의 시간에는 신자들에게 몸의 죽음이 치명적이지 않으며, 그들의 죽을 운명은 생명이 감싸며 채우게 된다. 그리스도와 연합된 사람들은 그리스도처럼 죽음에서 자유롭다. 육체적으로 변화되기 전에도, 그리스도와 연합된 사람들의 시간성에는 죽음-시간이 없다.

사도는 비록 그 날the day이 가까이 왔으되 아직 오지는 않았지만, 그리스도 안에 있는 사람들은 마치 그 날이 이른 것처럼 행동할 수 있다고 확신했다(롬 13:13). 바울은 신자들이 죽을 몸으로 사는 동안에도 낮the day의 사람으로 낮에 속할 수 있다고 생각한다(살전 5:5, 8). 시간이 단축되어 있기 때문에—ὁ καιρὸς συνεσταλμένος ἐστίν(고전 7:29)—신자들은 세상의 모양이 이미 지나가 사라진 것처럼 행동할 수 있다.[53] 바울은 그리스도 안에 있는 사람들이 "그때"(τότε) 얼굴을 마주하며 볼 수 있게 될 것을 어슴푸레하긴 하지만 현 시간에도 보

---

53. ὁ καιρὸς συνεσταλμένος가 "스스로 수축하고 끝나기 시작하는 시간"을 의미한다는 조르조 아감벤의 이해는 도움이 된다(*Time That Remains*, 62). 바울이 이 시대도 "묵시적 **종말**도 아닌" 메시아의 시간에 살고 있다는 아감벤의 제안(62[강조는 원문의 것])은 바울의 그리스도와의 연합 개념에서 시간의 중요성을 말하는 나의 제안과 어느 정도 공명한다. 하지만 나는 아감벤이 메시아의 시간을 작동 시간(operational time)으로 보는 것이 바울에 대한 정확한 이해라고 생각하지도 않고, "**이미와 아직**"이 "바울의 구원 개념을 정의한다"고 생각하지도 않는다(69[강조는 원문의 것]).

고 있다고, 이러한 앎이 그들이 갖게 될 온전한 앎의 한 부분이라고 (ἐκ μέρους) 말하며, 이러한 점을 인식하도록 격려한다(13:12). 바울은 그리스도 안에 있는 사람들이 얼굴과 얼굴을 대하여 보고, 정확하게 이해하게 될 것을 확신한다(13:12). 고린도전서 13장에서 바울이 말하는 내용은 분명 사랑의 위대함이지만, 사랑이 절대 끝나지 않으며 시야를 가로막는 것이 없을 "그때"가 있다는 그의 주장은 그가 죽음의 영향을 넘어선 맥락에서의 사랑을 생각하고 있음을 보여 준다.

바울은 하나님 자녀의 영광의 자유에 관해 이야기한다(롬 8:21). 앞서 주장했듯이, 로마서 8:21은 8:14-30의 맥락에서 읽으면 하나님의 자녀들이─자녀 됨의 영을 받아 "압바"라 부르짖는 사람들, 자신들이 하나님의 자녀인 것을 아는 사람들이(8:14-16)─**지금** 영광 가운데 존재함을 나타낸다. 바울이 8:30에서 말한 것처럼, 하나님의 아들의 형제자매를 ἐδόξασεν("영화롭게 하셨다"). 비록 하나님의 자녀들이 또 다른 경험─양자녀 됨의 영을 받았음을 확증하는(8:15) 몸의 구속(8:23)─을 기다리지만, 그럼에도 그들은 현재 영광 가운데 사는 하나님의 자녀다.

바울은 자신이 τὴν ἐξανάστασιν τὴν ἐκ νεκρῶν("죽은 자 가운데서 살아나는 부활"; 빌 3:11)을 받는 것에 대해 확신과 경외심을 가지고 이야기한다.[54] 그는 신자들의 지상 거처를 대신할 하나님이 지으신 하늘의 건물이 지금 있다(ἔχομεν, "우리가 가지고 있다")고 확신한다(고후 5:1).

---

54. 나의 글 "Timely Pastoral Response to Suffering," 82를 보라.

사도는 누구든지 그리스도 안에 있으면 새로운 창조물이라고, 모든 것이 새롭다고(5:17), 지금이 구원의 날이라고(6:2) 주장한다. 고린도후서에서 바울은 이러한 주장을, 현재의 고난이 신자들에게 영원한 영광의 중한 것(4:17)을 이루고 보이지 않는 것—영원한 것—을 바라보는 능력(4:18)을 길러 준다는 진술과 밀접하게 연관하여 펼쳐 낸다. 그리스도와 연합된 사람들은 고난이, 비록 가시적이지는 않지만 자신들이 보는 영광을 낳는다는 점을 이해할 수 있다.

종말에 그리스도의 현재 시제가 열려 나타나는 것의 우주적 의미

종말에 그리스도의 현재 시제가 열려 나타나는 것은 신자들이 죽을 운명에서 해방된다는 것뿐만 아니라 모든 창조물이 썩어짐으로부터의 자유를 알게 된다는 것을 의미한다. 바울도 같은 것을 말한다. 즉, 창조물이 하나님 자녀들의 나타남을 간절히 기다린다는 것이다(롬 8:19-23).[55] 하나님의 자녀들은 영으로 인해, 자신들이 몸의 구속을 기다리며 신음하는 것(8:23)처럼 창조물도 신음한다는 것을 안다. 하나님 자녀의 신음은 자신에게 집중하는 갈망이 아니다.[56] 신자들의

---

55. 수전 이스트먼은 바울이 "창조물"이라는 말로 불신자와 특히 이스라엘을 비롯한 모든 인류를 의미한다고 설득력 있게 주장한다("Whose Apocalypse?," 276).
56. 베커는 바울이 신자들뿐만 아니라 "구속받지 못한 창조물"에 대해서도 관심을 두고 있음을 정확히 보고 있지만(*Paul the Apostle*, 364), 그럼에도 하나님께서 신자들뿐만 아니라 모든 창조물을 돌보신다는 바울의 확신을 단도직입적으로 주시하는 베커의 관심

깊은 갈망은 영의 영감을 받은 이해로, 자신들의 몸이 변할 때 창조물이 썩어짐의 속박에서 해방될 것을 갈망하는 것이다. 그리스도의 현재 시제가 열려 나타나는 것은 하나님의 자녀가 열려 나타나는 것을 의미하며(8:19), 이는 창조물을 하나님 자녀의 영광의 자유로 해방시킬 것이다(8:21).

죽음-시간이 끝나는 텔로스는 신자들이 자신을 염려하게 만들지 않는다 ─ 하지만 하나님의 영으로 인해 다른 모든 사람과 모든 것을 위해 텔로스에 관심을 둔다. 신자들은 이미 죽음에서 해방되었으므로 죽음-시간에서도 해방된 것이다. 그들은 생명-시간을 살고 있다. 즉, 자기의 몸이 변화될 것을 알기에 죽을 몸에서도 부활 생명을 살고 있다. 흔한 해석 용어를 사용하자면, 그리스도와 연합한 이들에게 "아직"인 것은 **자신들이 이미 알고 있는 것**이 모든 창조물에게 확장되는 일이다.

'이미와 아직'이 아니라

바울은 '이미-아직'의 측면에서 생각하지 않았다. 저 표현이 신자들이 여전히 **죽음에 종노릇한다**는 것을 의미한다면 말이다.[57] 바울은

은 그리스도와 연합한 사람들에게 현재 죽음이 패배했다는 바울의 확신을 놓치고 있다. 육체의 죽음은 신자들에게 치명적이지 않다.

57. 예를 들어 드 부어는 다음과 같이 쓴다. 바울의 생각에 따르면, "하나님이 아들을 세상에 보내셨을 때 … 종노릇하게 하는 세력에서 인간을 해방시키기 위해 …, 하나님은

그리스도와 연합된 사람들이 그리스도처럼 이제 죽음에서 해방되었다고 생각한다. 그리스도께 속한 사람들은 죽을 몸에서 살 때에도 생명-시간을 살고 있다. 그리스도와 연합된 사람들의 시간성에는 죽음-시간이 없다. 바울이 볼 때, 그리스도와 연합한 사람들이 사는 시간과 그렇지 않은 사람이 사는 시간 사이에는 명확한 차이가 있다. 즉, 신자들은 죽음 없는 시간을 살고 있고, 따라서 생명의 풍요 속에서 시간을 끝없이 살아간다. 그들의 죽을 운명은 영적이고 썩지 않는 몸을 받을 것이라는 확신으로 인해 상대화된다(고전 15:42-44; 고후 4:16- 5:4). 반면 바울의 분사형이 분명히 보여 주는 것처럼 "멸망하고 있는"(고후 4:3) 사람들은 죽음에 매인 환상에 불과한 시간을 살아간다.

나의 관점은 이미-아직의 관점과 다른데, 그 차이는 내가 그리스도의 현재 삶이 신자들에게 완전하고 충분하다는 점을 강조하는 데 있다.[58] 이미-아직이라는 해석은 바울이 생각한 '아직'을 오독했다. 아직 오지 않은 것은 치명적인 상처를 입은 죽음을 제거하는 것이다. 신자들을 위해서가 아니라 모든 창조물을 위해서—그래서 하나님

그리스도의 파루시아에서 그 결말에 이르게 될 우주적 바로잡음이라는 하나의 통일된 묵시적 드라마를 시작하셨다. … 신자들은 옛 시대나 새 시대에 사는 게 아니다. 그들은 새 시대의 세력들이 … 옛 시대의 세력들(특히 죄[와] **죽음**)과 계속 투쟁 중인 시대의 교차점에 살고 있다"(Galatians, 34[강조는 내가 추가한 것]).

58. 베커는 다르게 주장한다. "몸의 구속에 대한 갈망은 … 그리스도인의 '죽을 몸'이 창조물과 마찬가지로 죽음의 권세에 종속되어 있음을 의미한다"(*Triumph*, 364). "우리의 '죽을 몸'이라는 실존적 현실은 묵시적 시간의 부름을 매일 우리에게 상기시켜 준다"(367).

이 모든 것 안의 모든 것이 될 수 있도록—말이다. 또한 일반적인 해석과 달리, '아직' 오지 않은 것이 도래할 때까지 현재로서는 불완전한 '이미'가 있는 것이 아니다. 반대로, 그리스도께서 자신의 통치를 하나님께 넘겨 드리는 것을 제외하면, **지금 있는 것은 아직 드러나지 않았지만 그럼에도 완전하다.** 이것이 신자들이 보이지 않는 것을 인내하며 기다릴 수 있는 이유다(롬 8:25). **인간의** 시간이라는 관점에서 보면, 이미–아직이라는 설명이 적절할지 모르지만, 바울은 **그리스도의** 시간에 초점을 두고 있다.

죽음이 지배할 수 없는 분과 연합된 사람들은 이미 알고 있는 것—죽음을 이긴 것—이 공개적으로 드러나기를 기다린다. 그것이 드러나면 그들의 몸은 변화될 것이다. 그리스도와 합한 사람들은 썩지 않을 몸을 비롯하여 그리스도의 현재 삶을 온전히 공유할 것을 확신한다. 이 확신은 우발적인 것이 아니라, 그리스도의 현재에 근거한 것이며, 그리스도의 날에 그리스도의 현재가 드러남으로써 신자들의 영광도 드러날 것이다.

상처 난 죽음의 최종 종말은 죽음에 의해 형성된 시간—죽음-시간—을 살아가는 사람들에게 중요한 의미가 있다. 신자들은 자신을 위해 이 '아직'을 기다리는 것이 아니다. 높아지신 그리스도의 시간을 사는 그들은 그리스도처럼 하나님의 목표—모든 것 안에서 모든 것 되심—를 위해 '아직' 오지 않은 것을 기대한다. 실제로 바울은 그리스도께서 권세들에 대한 통치권을 하나님께 넘겨 드릴 때까지 죽음을 패배의 자리에 두신다고 생각한 것 같다(고전 15:26에서 현재 직설법 καταργεῖται를 주목하라). 신자들은 두 시대의 중첩으로 인한 종말론적 긴장 속에서 살고 있지 않다. 바울은 그리스도 안에 있는 사람이든 그렇지 않은 사람이든 어떤 중첩 속에 살고 있다고 생각하지 않았다. 이것이면서 저것은 없고, 이것이냐 저것이냐가 있을 뿐이다.

8

그리스도의 시간 안에서 사는 삶

고난, 육체적 죽음, 죄

일반적인 바울 해석은 사도가 수정된 두 시대 시간성을 바탕으로 성찰했다는 가정에 의존하며, 사도가 고난, 육체적 죽음, 죄라는 조건들을 아직 정복되지 않은 악한 현시대의 증상으로 보았다고 주장한다. 특히 묵시적 해석은 신자들이 시대들의 중첩 속에 살기 때문에 종말이 이를 때까지는 옛 시대의 조건들에 지배받는다고 주장한다.[1] 나의 주장을 따라가다 보면 다음과 같은 물음이 생길 수 있다. 바울은 그리스도의 시간성을 공유하는 사람들의 고난, 육체적 죽음, 죄를 어떻게 보았는가?

---

1. J. 크리스티안 베커가 이 입장을 영향력 있게 주장했다(*Paul the Apostle*, 364).

고난

바울은 그리스도와 함께 고난받기를 바란다고(빌 3:10), 또한 그럴 필요가 있다고(롬 8:17) 선언한다. 나와 같이, 바울이 높아지신 그리스도를 십자가에 못 박히시고 고난받으시는 그리스도로 생각했다고 보든, 그렇게 보지 않든, 바울이 그리스도와의 연합에 고난이 수반된다고 이해한 점은 논란의 여지가 없다. 이는 바울이 자신의 고난을 그리스도 안에 있음과 일치하는 것으로 제시했다는 사실에서도 볼 수 있다. 바울은 감옥에 갇힌 채 빌립보 교인들에게 편지를 쓰든, 자신의 고생을 고린도 교인들에게 자세히 설명하든(고후 11:23 - 29), 자신의 사도적 권위의 근거를 자신의 고난에 두고자 한다.

사도는 악한 현시대를 고난의 원천으로 보지 않는다. 그는 고난이 높아지신 그리스도의 임재에 이 시대가 스며든 결과라거나, 이 시대와 적대적으로 부딪힌 결과라고 주장하지 않는다.[2] 실제로 바울이 자신의 고난을 현시대가 중첩된 증상으로 여겼다면, 그런 식으로 고난을 수용하는 모습을 보인 것은 이상한 일이다. 그리고 자신이 악한 시대에 맞서 싸우고 있다고 보기 때문에 고난을 자랑으로 여겼다면, 그가 자신의 고생을 이 시대의 공격이 아니라 "예수의 죽음"(고후 4:10)으로 묘사한 것도 희한한 일이다. 고난은 그리스도께서 겪는 것이고, 그리스도와 연합된 사람들도 반드시 겪어야 하는 것이다.

2. Eastman, *Recovering Paul's Mother Tongue*, 109와는 다른 견해다.

아마 이렇게 물을 수도 있을 것이다. 그리스도의 고난이 이 시대의 통치자들로부터 초래되었고(고전 2:8) 그 권세들을 물리치기 위한 것이었으므로,[3] 그리스도의 고난을 나누는 것 역시 적대 세력으로부터 초래되는 것이고 그 권세들을 물리치기 위한 것이 아닐까? 즉, 흔히 주장하는 것처럼, 그리스도 안에 있는 사람들의 고난은 악한 현시대의 지속적인 힘과 영향에 맞서 싸우고 있기 때문이 아닌가?[4] 앞서 언급했듯이, 여기서 놓친 것은 그리스도의 부활이 그리스도의 고난을 변화시킨다는 바울의 확신이다. 그리스도께서 현시대의 권세들에 의해 십자가에 못 박히셨을 때는 죄 있는 육신의 모양이었으나(롬 8:3), 그의 부활은 그러한 권세들을 물리치셨다. "그리스도께서 죽은 자 가운데서 살아나셨으매, 다시 죽지 아니하시고, 사망이 다시 그를 주장하지 못할 것이다. 그가 죽으심은 죄에 대하여 … 죽으심이요"(6:9-10a). 그리스도와 연합한 사람들은 이 시대의 권세들과 관련하여 이와 같은 승리자의 자세를 공유한다. "너희도 너희 자신을 죄에 대하여는 죽은 자요, 그리스도 예수 안에서 하나님께 대하여는 살아 있는 자로 여길지어다"(6:11). **그러므로 신자들이 참여하는 그리스도의 계속되는 고난(8:17)은 권세를 이기기 위한 것이 아닌데, 왜냐**

3. 이 구절에 대한 알렉산드라 R. 브라운의 훌륭한 독해를 보라. *The Cross and Human Transformation.*

4. 앞으로 논하겠지만, 묵시적 해석 학계의 시대 중첩에 관한 확신은 바울이 하나님과 반하나님 세력들 간의 우주적 전쟁이 계속되고 있다고 생각했다는 주장을 수반한다. 특히 다음을 보라. Martyn, "From Paul to Flannery O'Connor," 282-83. 또한 갈라디아 공동체들을 "우주적 전쟁의 현장"이라고 쓴 이스트먼의 글을 보라(*Recovering Paul's Mother Tongue*, 51).

하면 이미 이겼기 때문이다. 그리스도와 함께 고난받는 것은 그리스도를 통한 하나님의 승리를 나타내기 위해서다. "우리가 이 보배를 질그릇에 가졌으니, **이는 심히 큰 능력은 하나님께 있고** 우리에게 있지 아니함을 **알게 하려 함이라.** 우리는 사방으로 욱여쌈을 당해도"(고후 4:7-8a). 고난은 그리스도 안에 사는 삶에 외적이 침입한 것도, 시대들이 충돌한 결과도 아니다. 고난은 그리스도 안에서 사는 삶의 일부다.[5]

바울은 그리스도의 계속되는 고난의 신비에 대해서도, 그리스도와 연합한 사람이 그와 함께 고난받아야 할 필요성[6]에 대해서도 설명하지 않는다. 이는 해석자들이(나도 포함된다) 바울의 관점에서 현시대가 신자들의 고난의 원인이라고 주장하거나 가정하기[7] 전에 주목해야 할 부분이다. 분명한 것은 바울은 신자들의 고난이 그 영의 임재 안에서, 소망으로, 영광을 아는 가운데 일어난 것으로 보았다는 점이다. 바울은 신자들이 고난 가운데 즐거워할 수 있다고 주장한다(롬 5:3). 로마서 5:3에서 바울은 이 고난이 "그리스도와 함께" 받는 것이

---

5. 바울은 높아지신 그리스도께서 죽음을 패배한 자리에 두신다고 묘사한다(고전 15:26). 그러나 이 활동은 종말에서 드러나는 것이지, 사도가 신자들에게 요구하는 것이 아니다.

6. 이는 바울의 계승자 중 한 명에게도 해당한다(골 1:24).

7. 예컨대 베커는 죽을 몸을 "성령의 법칙과 죽음의 법칙에 모두 지배받는 … '과도기적' 현실"로 이해한다(*Paul the Apostle*, 288). 몸은 "'시대들'의 불연속" 가운데 계속 그대로 있다(288). 따라서 몸은 그리스도 안에 있는 동안에도 고난을 겪는다(367). 베커가 "불연속"이라는 말을 사용할 때, 그는 신자들이 "시간들 사이"에 살기 때문에 발생하는 "'옛 사람'과 '새 창조' 사이의 급진적 불연속"에 대해 말하고 있다는 점에 유의해야 한다(288). 나는 이전의 연구에서 이 점을 전제했다(*At the Heart of the Gospel*).

라고 말하지 않지만, 고난을 받는 사람들이 의롭다 하심을 받고, 하나님과 화평을 누리고, 은혜 가운데 있고, 하나님의 영광을 소망하고, 성령이라는 선물을 통해 하나님의 사랑을 아는 사람들이라는 사실(5:1-5)은 이것이 그리스도와 함께 받는 고난임을 분명히 시사한다. 이 서신에서 바울은 나중에 "지금 시간"의 고난을 설명하는데(8:18), 이는 앞서 논했듯이 그리스도와 함께 받는 고난에 대한 설명이다(8:17). 이 고난은 그 영의 처음 익은 열매를 가지고(8:23) 소망 안에 살며(8:24) 영화롭게 되어(8:30) 견뎌진다. 고난에 직면한 신자들이 보이는 기쁨과 소망의 성향은 바울이 다음과 같이 선언한 바를 드러낸다. "누가 우리를 그리스도의 사랑에서 끊으리요? 환난이나 곤고나 박해나 … 이 모든 일에 우리를 사랑하시는 이로 말미암아 우리가 넉넉히 이기느니라 … [아무것도] 우리를 우리 주 그리스도 예수 안에 있는 하나님의 사랑에서 끊을 수 없으리라"(8:35-39). 현시대의 권세들로부터의 구원은 성취되었다. 신자들에게 남겨진 일은 구원의 (성취가 아니라) 현시다.[8] 따라서 그리스도의 부활에 비추어 볼 때, 그리스도 및 그와 연합한 사람들의 고난은 죄와 죽음의 패배를 드러내는 기능을 한다. 그것들을 패배시키기 위한 것이 아니다.

---

8. 베커는 바울이 신자들의 고난을 구속적인 것으로 생각했다고 주장한다(*Paul the Apostle*, 302). 그러나 고난의 원인—죄와 죽음—을 패배시킨 그리스도의 구속적인 고난과 높아지신 그리스도와 함께 받는 고난을 구별해야 한다. 후자의 고난은 승리의 맥락에 있으며, 그 목적은 그리스도의 영광에 참여하는 것이다(롬 8:17-18). 하나님의 승리를 인식하고 선포와 사랑으로 그 승리를 구현하는 데서 오는 신음과 고난은 성취된 구원을 드러낸다.

고난에 대한 바울의 태연함은 십자가에 못 박히심이 높아지신 그리스도의 현재 삶에 포함되며 자신이 그런 높아지신 그리스도의 시간을 살고 있다는 확신을 나타낸다. 바울은 아디아포라^{중요하지 않은 것}일 뿐만 아니라 썩지 않음으로 가는 입구인 육체적 죽음과는 달리, 피해야 할 죄짓기와는 달리, 고난을 그리스도와의 연합에 본질적이고 필수적인 것으로 여긴다. (아마도 바울은 하나님이 모든 것 안에서 모든 것이 되시면 그리스도의 고난이 끝날 것이라고 보는 것 같지만, 이에 관한 자신의 생각을 표현하지는 않았다.)

육체적 죽음

그리스도 안에서 죽는 것은 악한 현시대에서 죽는 것과 완전히 다른 의미다. 현시대에서 죽음은 죄와 죽음의 권세에 의한 것이다(롬 5:12). 반면 그리스도—죽음이 지배하지 않는 분(6:9)—안에서 죽는 것은 변화를 일으키는 사건이다. 바울이 죽는 순간 즉시 그리스도와 함께 하는 삶의 영광에 접근할 수 있다고 생각했는지(빌 1:23) 아니면 그리스도께서 재림하실 때 썩지 않을 생명으로의 변화가 일어난다고 생각했는지(고전 15:23; 살전 4:13-17)는 알기 어렵다. 분명한 것은 바울이 죽음에 관해 드물게나마 썼고, 죽는 것이 문제가 아님을 내비쳤다는 점이다. 죽음이 대수롭지 않음에 관한 그의 놀라운 진술들(롬 8:38, 14:7-8; 고전 3:21-23; 살전 5:10)을, 나는 그리스도와 연합했다는 그의 확신이 죽음의 의미에 관한 이해에 얼마나 깊이 영향을 미쳤는지를 나타내는 지표로 간주한다. 바울은 육체적 죽음을 악한 현시대에서 비롯된 욕봄으로 보기보다, 거의 불가해할 만큼 태연하게 보았다.[9] 나는 그 이유를 사도가 부활과 높아짐으로 죽음을 재편하신 그리스도와의 연합이라는 맥락에서 죽음을 보았기 때문이라고 생각한다. "죽음이 다시 그를 주장하지 못할 것"(롬 6:9)이며, 이는 그리스도 안에 있는 사람에게도 마찬가지다.[10] 그리스도와 연합한 사람이 육체적으로 죽는 것은 죽음의 권세를 나타내는 게 아니다.

물론 고린도전서 15:26에서 죽음의 패배에 관한 언급은 일반적으로 바울이 신자들의 육체적 죽음을 계속되는 죽음 권세로 인한 결과로 보았다는 증거로 여겨진다. 즉, 신자들은 여전히 악한 현시대의 영향을 받기 때문에 죽는다는 것이다. 앞서 설명했듯이 나는 다르게 본다. 바울이 15:23-26에서 묘사하는 일련의 사건들에서, 그는 죽음의 멸망을 언급하기 전에 신자들의 부활을 이야기한다. 또한 동사 "멸망하다"(15:26)는 현재 시제인데, 이는 드 부어가 정확히 지적했

9. 앞서 언급했듯이, 데살로니가 교인들이 그들 중 일부의 죽음에 대해 걱정한 것(살전 4:13)은 바울이 그리스도의 재림이 임박했다고 생각해서 그 쟁점을 소홀히 다루었기 때문이 아니라, 사도가 전도 방문에서 죽음을 언급할 생각을 하지 않았기 때문일 수 있다. 사도는 신자들의 부활이 확실하다는 점을 고려할 때 죽는 것을 중요하지 않은 일로 보았다.

10. 앞서 언급했듯이, 아타나시오스는 이를 다음과 같이 표현했다. "그는 자기 몸을 죽음에 넘기셨다. … 우리를 향한 순전한 사랑으로 이리하셨으니, 이는 그의 죽음 안에서 우리 모두가 죽고 이로써 죽음의 법이 폐지되게 하신 것이며 … 인간에게 그 힘을 발휘할 수 없게 하신 것이다"(On the Incarnation, 34). "모든 사람이 부활의 약속 안에서 썩지 않음으로 옷 입게 되었다"(35).

듯이 바울이 죽음의 "멸망을 비롯한 다른 세력들의 멸망이 실제로 시작되었다"[11]고 생각했음을 보여 준다. 바울은 자기 서신에서 죽음의 패배에 관한 이야기를 단 두 번(15:26, 54-55) 하는데, 두 경우 모두 그리스도의 부활을 통해 패배가 이미 이루어졌다고 말한다.[12] 15:51-57에서 바울은 신자들이 죽을 운명에서 죽지 않음으로 변화될 수 있고 또 변화되어야만 하는(δεῖ; 15:53) 이유를 설명한다. 그 이유는 그리스도 안에서 이미 일어난 죽음(과 죄와 율법)에 대한 승리 때문이다. 신자들은 현재 그리스도의 부활 승리 안에 살고 있다(15:57). 그들은 그리스도처럼 죽음의 권세에서 벗어나서 자유롭다.

죄

죄에 대한 모나 후커의 특색 있고 예리한 정의는 유용하다. "바울에게 죄란 육신의 연약함 때문에 세상을 썩게 하고 죽음으로 이끄는 낯선 힘이다(롬 6-7장)."[13] 이러한 정의는 대부분의 묵시적 바울 해

11. De Boer, *Defeat of Death*, 122.

12. 앞서 언급했듯이, 바울은 다른 곳에서 신자들의 부활에 관해 말할 때 죽음 권세의 패배를 언급하지 않는다(예: 롬 8:23; 빌 3:21; 살전 4:14-17). 바울은 신자들이 죽을 때 썩지 않을 생명에 참여하는 데 아무런 장애물도 없다고 보는 것 같다. 즉, 그리스도와 연합한 사람들의 육체적 죽음은 악한 현시대의 지속적 권세를 나타내는 표지가 아니라, 그리스도와 연합하는 새로운 길에 들어서는 것이다.

13. Hooker, "On Becoming the Righteousness of God," 369. 매슈 크로스문(Matthew Croasmun)은 자신의 책 *The Emergence of Sin*에서 죄에 대한 신화적 개념을 현대 서구인들이 이해할 수 있게 하고자 한다.

석자들이 사도의 죄 개념으로 이해한 것과 대체로 일치한다. 즉, 바울은 죄를 사람들이 죄짓게 만드는 힘으로 여겼다는 것이다.[14] 다시 말해, 바울에게 죄는 사람들을 죄짓게 만들며 노예화하는 실체다. 나는 바울의 죄 개념에 대한 수전 이스트먼의 생생한 설명에 동의한다. 죄는 "아담의 태곳적 범죄"의 결과로, "그 이후로 죄는 인간 실존을 휘저으며 인류를 사로잡고 있다."[15]

나는 또한, 묵시적 견해에 동의하지 않으면서 바울에게 죄가 인간 인격, 특히 육체의 정욕에 있음을 강조한 사람들에게도 도움을 받았다.[16] 나는 바울이 정욕을 몸의 일부로 생각했지, J. 루이스 마틴이 제안한 것처럼, 정욕이 묵시적 권세—육신—에서 비롯된다고 생각하지는 않았다고 본다.[17] 죄는 육신—즉, 몸의 정욕—을 이용한

14. 가브리엘레 보카치니(Gabriele Boccaccini)는 다음과 같이 쓴다. "바울은 악에 대한 에녹계 관점을 이용하여 악의 권세를 급진화한다. 에녹서에서 사람들(유대인과 이방인 둘 다)은 악한 세력의 영향력에 맞서 분투하는 반면, 바울은 '유대인과 헬라인 모두 죄의 권세 아래 있는'(롬 3:9) 전후(戰後) 시나리오를 생각한다. 아담과 하와는 마귀와의 전쟁에서 패했고, 그 결과 모든 후손이 '죄의 노예'가 되었다"(Introduction to *Paul the Jew*, 12). 가벤타는 죄를 "우주적 테러리스트"라고 말한다("Cosmic Power of Sin," 235). 드 부어는 인류가 죄와 죽음의 지배를 받는다는 케제만의 생각에 동의한다(*Defeat of Death*, 161).

15. Eastman, *Paul and the Person*, 111.

16. 특히 스탠리 K. 스타워스(Stanley K. Stowers)를 보라. 그는 앞으로 있을 몸의 변화에 대한 바울의 확신의 뿌리를 "정욕과 탐욕이 있는 흙으로 된 몸"이 "πνεῦμα로 만들어진 몸(예: 고전 15:42–53)으로 대체"되어야 한다는 사도의 이해에 두고 있다("Paul's Four Discourses about Sin," 127). 또한 다음을 보라. Wasserman, *Apocalypse as Holy War*, 173–202.

17. 그의 글 "Daily Life of the Church," 256을 보라. 테레사 모건은 마틴이 "영과 육을 '…전투에 갇힌 두 전사'로 과장해서 부르고 있다"라고 적절하게 표현한다(*Being "in Christ" in the Letters of Paul*, 167n25).

다.[18] 그럼에도 바울의 죄 이해에 대한 철학적 견해가 설득력을 상실하는 지점이 있는데, 바로 바울이 죄를 의인화한 것을 은유로 읽는 것이 가장 좋은 읽기라고 주장하는 점[19]이 그렇다. 나는 사도가 인간의 정신과 능력보다 더 큰 존재들과 권세들—인간을 지배할 수 있는 힘들—이 거하는 우주에 자신이 살고 있다고 확신했다고 본다. 사도가 인간에게 하나님의 구원이 필요하다고 확신한 것은 분명한 사실이며, 이 사실은 사도가 죄의 힘을 은유적으로 생각했다는 발상이 틀렸음을 보여 준다.[20] 그리스-로마의 도덕 심리학은 이성이 '로고스'에 부합하여 정욕을 통제할 수 있다고 가정하는데, 그것은 바울의 도덕 심리학이 아니다.

바울에게 죄란 죽음-시간에서 인류를 지배하는 권세다. 로마서 5:12는 바울이 죽음과 죄를 상호 의존적인 것으로 여기고 있음을 분명히 보여 준다. 끝이 있는 시간—죽음-시간—은 죄와 죽음이 지배하는 시간이다. 죄는 인간의 정욕을 이용하고, 그런 점에서 율법은 죄의 유용한 도구다. 율법이 정욕이 바라는 것을 식별하기(롬 7:7) 때

18. 바울의 죄 이해에 대한 조셉 롱가리노의 세심한 분석, 특히 롬 8:13에 대한 다음과 같은 독해가 유용하다. "바울은 그리스도인의 육신 또는 몸 자체가 여전히 ἁμαρτία의 자리라고 가정했다"(*Pauline Theology and the Problem of Death*, 104). 또한 다음을 보라. Wasserman, "Paul among the Philosophers."

19. 와서먼은 바울의 죄 의인화를 문학적 장치로 해석해야 한다고 제안한다("Paul among the Philosophers," 388, 402). 그녀는 묵시적 해석은 역사적으로 옹호될 수 없으며 "바울이 은유와 의인화"를 사용했다는 것을 부인한다고 주장한다.

20. 조셉 롱가리노는 바울이 죄를 육신 안에 있는 정욕으로 간주했다고 본다. 롱가리노는 또한 사도가 인간의 삶에서 죄의 지배를 다루기 힘들며 따라서 신적 개입이 필요하다고 생각했다고 본다("Apocalyptic and the Passions," 596).

문에 사람들이 죄짓는 행동을 하고 죄짓는 성향이 있는 것이다. 죄와 죄짓기를 구분하면 접근하기 용이하다. 전자는 인류를 지배할 수 있는 초인적 힘을 가리키고, 후자는 정욕에서 비롯된 인간의 반응으로 실제로 죄를 짓는 행동이다.

우리의 바람과는 달리, 바울은 하나님께서 그리스도와 연합한 사람들이 죄지을 가능성을 없애시는 것이 더 낫지 않았을까 고민하지 않았다. 또한 사도는 하나님께서 왜 죽음-시간과 사탄이 살아남는 것을 허용하셨는지도 고찰하지 않았다(나는 뒤에서 사탄에 대해 논할 것이다). 우리는 바울에게서 신정론을 원할지 모르지만, 그에게서 신정론을 발견하지 못한다. 오히려 바울의 초점은 거의 전적으로 생명-시간에, 그리고 생명-시간을 사는 사람들에게 그 시간이 어떤 의미인지에 맞춰져 있다.

그리스도와의 연합은 죄에서의 자유지만, 죄를 지을 능력을 없애지는 않는다.[21] 죄는 식민지 지배 세력에 비유할 수 있는데, 식민지 지배 세력은 지배당하는 사람들의 인격과 욕구를 왜곡하고 망가뜨린다. 식민지 이후의 맥락에서, 지배 세력이 패하여 물러나도 이전에 지배당했던 사람들은 자신의 자유로운 정체성을 온전히 주장하는 데 어려움을 겪는다. 그들의 인격과 욕망은 식민지 지배자에 의해

---

21. 베커는 바울이 볼 때 "죄가 극복되었기 때문에 그리스도인들도 '육신의 욕망'을 뿌리 뽑았다(갈 5:16, 24)"고 가정하면서, 이러한 구분을 하지 않는다(*Paul the Apostle*, 218). 반면 롱가리노는 바울에게 죄의 힘은 "더 이상 하나님에 대한 순종을 가로막는 극복 불가능한 장애물이 아니"라고 정확하게 본다(*Pauline Theology and the Problem of Death*, 99).

형성되었기 때문에, 식민지 지배자와 진정으로 분리되어 자유롭게 행동할 수 있는 존재로 자신을 인식하는 것은 진행 중인 과제다.[22] 마찬가지로, 바울이 볼 때 죄에서 해방된 사람들은 자신의 정체성과 행동이 이미 벗어난 지배자가 아니라 그리스도와 성령의 인도를 받을 수 있다는 점을 인지하도록 배워야 한다.

바울은 신자들이 죄지을 수 있는 능력이 시대들의 중첩에서 비롯된 결과라고 말하지 않는다는 점에 유의할 필요가 있다. 신자가 죄를 짓는 것은 그들이 부분적으로 죄의 권세에 속박되어 있기 때문이 **아니다**. 고린도후서 5:21과 같은 구절에서 분명히 알 수 있듯이, 바울은 죄에 대한 그리스도의 승리가 완전함을 분명히 말한다.[23] 로마서 6:10은 그리스도의 죄에 대한 죽음이 죄를 없애지는 않았지만(그리스도는 죄에 대해 죽으셨지, 죄를 죽이신 게 아니다), 그리스도 자신이 죄에 대해 죽으셨음을 나타낸다. 그리스도와의 연합은 그리스도께서 사시는 것과 같은 종류의 삶, 곧 죄에 대해 죽은 삶을 가능하게 한다(롬 6:11). 그리스도 안에 있는 사람은 죄짓기를 피할 수 있게 된다.

마틴은 그리스도 안에서 하나님의 침입으로 시작된 영과 육의 묵시적 전쟁을 영향력 있게 그려 냈다. 여기에는 "육"이 신자 공동체에서 "적극적으로 작전 기지를 찾는" 묘사도 포함된다.[24] 나는 바울을

---

22. 나의 글 "Reading Romans 7 in Conversation with Post-Colonial Theory"를 보라.

23. 슈넬레는 그리스도는 "죄 없으신 분으로서(고후 5:21) 죄의 영역에 들어가서 죄를 극복하셨다"고 말한다(*Apostle Paul*, 437).

24. Martyn, "Daily Life of the Church," 259.

다르게 읽는다. 바울은 사람들이 그리스도와 연합한 이후에 "육"[25]이나 죄가 문제라고 보지 않는다. **문제는 오히려 신자들과 죄의 관계 및 그것이 육신에 미치는 영향에 대한 신자들의 인식이다.** 하나님이 죄를 이기셨기 때문에, 그리스도 안에 있는 사람들은 육신이 아닌 영의 것에 마음을 쓰는 선택을 할 수 있다(롬 8:3-6). 자신의 자유를 육체의 기회로 삼지 않는 법을 배울 수 있다(갈 5:13). 자신을 죄에 대해 죽은 자로 여길 수 있다(롬 6:11).

그러나 바울이 그리스도와 연합한 사람들이 전체주의적 통치 상황으로 들어선다고 생각한 것은 아니다. 하나님은 신자들을 하나님 승리의 포로로 만들지 않으신다. 사도는 종에게 요구될 법한 수준의 순종이 그리스도와 연합한 사람들에게 요구되지만, 하나님은 인간의 선택권을 앗아갈 정도의 종노릇을 강요하지 않는다고 주장한다. 로마서 6:16-23은 그리스도 안에 있는 사람들이 자신의 행사와 하나님의 행사가 혼합되어 살아가는 예를 잘 보여 준다. 인간은 자신을 **맡겨**(6:16, 19) 순종하게 되고(6:17), 해방을 **받아서** 결과적으로 의의 종이 된다(6:18, 22). 로마서 13:12-14에서 우리는 그리스도와 연합된 사람의 선택의 자유에 대한 바울의 신념을 보여 주는 또 다른 예를 접한다. 신자들은 어둠의 일을 하기로 선택할 수도 있지만, 그리스도 예수라는 빛의 갑옷을 입기로 선택할 수도 있다.

바울이 죄를 짓지 말라고 반복적으로 촉구하는 것은 신자들이 하

---

25. 앞서 언급했듯이, 바울은 죄의 경우 권세로 간주하지만 '육신'은 권세로 간주하지 않는다.

나님의 승리의 포로가 아니라는 그의 확신을 보여 준다. 하나님의 은혜로, 성령과 칭의의 경이를 통해, 그리스도와 연합한 사람들은 죄에 아무런 권세가 없음을 증명할 수 있다. 그러나 그들은 죄에서 해방되었음에도 불구하고 죄짓기를 선택할 수도 있다. 하나님은 신자들의 도덕적 행위 주체성을 허용하신다. 그들이 죄를 지을 수 있는 것과 마찬가지로, 그리스도 안에서 몸의 행실을 죽이고(롬 8:13) 죄를 죽은 것으로 여길 수 있다(6:11). 그리스도 안에서 죄짓기나 의로움을 선택할 수 있는 자유는 하나님의 승리가 불완전함을 나타내는 신호가 아니다. 오히려 신자들이 선택할 수 있는 능력 자체가 하나님께서 그리스도의 십자가와 부활에서 죄에 대한 승리를 거두셨기 때문에 가능한 것이다.

어떤 곳에서는 바울이 죄의 권세도 어느 정도 자유를 허용한다고 생각하는 것으로 보인다. 그리스도와 연합한 것으로 확인되지 않는 사람들(이방인과 유대인)도 율법에 순종할 수 있다고 바울은 말한다(롬 2:12-16). 그러나 이 말은 바울이 모든 사람(이방인과 유대인)이 죄 아래 있다(3:9)는 자기 주장의 근거를 쌓아 나가는 맥락에서 읽어야 한다. 로마서 3장에 이르러 바울의 견해는 분명해진다. 하나님의 통치는 그 아래 있는 사람이 계속 죄지을 선택권을 주지만, 죄는 그 아래 있는 사람이 의를 선택하지 못하게 한다.[26] 이스트먼의 표현을 빌

---

26. 나는 로마서 앞부분이 바울의 생각이 아니라는 더글러스 A. 캠벨의 주장에 동의하지 않지만, 바울이 오로지 "신적 구원"만을 "그리스도가 없는 사람들에 대한 해답으로" 보았다는 그의 관찰은 맞다고 생각한다(*Deliverance of God*, 90).

리자면, 종노릇하는 인류의 상황 속에서 바울은 인간 행위자들을 "포로인 동시에 공모자"[27]로 생각한다. 나는 여기에 하나를 덧붙이고 싶다. 바울이 볼 때 그리스도가 없는 사람들의 공모는 죄에 맞서 선택할 수 있는 자유에 기반한 것이 아니라, 그들이 필연적으로 죄에 순응하도록 죄가 의지를 왜곡한 결과다. 결과적으로 "의인은 없다" (3:10).

그러나 신자들은 패배한 죄를 무능한, 배제된 상태로 둘 수 있는 오롯한 능력이 있다. 신자들 편에서 이런 활동은 승리를 위해 계속되는 전투에 가담하는 것이 아니라, 자신들의 자유를 행사하고 죄의 무력함을 보여 주는 것이다. 그리스도와의 연합은 죄짓기를 피할 수 있게 해 준다. 다시 말해, 신자들은 **그리스도 안에 있음에도 불구하고가 아니라, 그리스도 안에 있기 때문에** 죄짓기와 씨름하는 것이다. 죄의 권세는 생명-시간에 들어오지 못하므로, 그리스도의 시간성을 사는 사람들은 죄짓기를 피할 수 있다.

전쟁 이미지

때때로 바울은 어떻게 신자들이 하나님의 승리와 죄의 패배를 보일수 있는지를 설명하기 위해 전쟁 이미지를 사용한다. 해석자들은 이

---

27. Eastman, *Paul and the Person*, 111.

이미지에서, 바울이 신자들을 아직 끝나지 않은 전투에 참여하는 군인으로 보았다는 점을 읽어 낸다.[28] 대개 묵시적 해석과 결을 같이하는 학계의 한 흐름은 바울의 전쟁 이미지를, 피터 맥키가 "우주적 전투 신화"[29]로 칭한 것에 의해 바울의 복음이 형성되었음을 보여 주는 증거로 여긴다. 바울이 하나님과 초인적인 악의 세력들 간의 전투 개념을 다른 유대인들과 공유하고 있었다고도 주장한다.[30]

유대 문헌에서 하나님을 적대 세력과 싸우는 전사로 묘사한다는 점은 의심할 여지가 없다.[31] 바울이 그리스도의 죽음과 부활을 하나님이 적대 세력들과 겨루시는 것으로 묘사한다는 점도 분명하다. 고린도전서 2:8에서 바울은 이 시대의 통치자들이 영광의 주를 십자가에 못 박았다고 말한다. G. B. 케어드는 "이 구절은 통치와 권세와 능력이 … 영적 존재임을 분명히 나타내는 고린도전서 15:24에 비추

---

28. 마틴은 "하나님은 자신의 묵시적 구속 전쟁의 최전방에 우리를 배치하셨다"고 말한다("From Paul to Flannery O'Connor," 297). 가벤타는 바울이 "변화된 인간은 하나님의 대리자, 하나님의 무기 역할을 한다"고 생각했다고 결론 내린다("Rhetoric of Violence," 71).

29. Macky, *St. Paul's Cosmic War Myth*. 맥키의 견해들은 묵시적 해석들과 자주 묶이지는 않지만, 묵시적 바울 독해와 일치하는데, 특히 죄와 죽음을 우주적 세력으로 이해한다는 점, 그리스도 안에 있는 사람들이 현시대에 계속 관여하고 있다고 본다는 점, 하나님과 하나님을 적대하는 세력 사이에 계속되는 전투가 있다고 본다는 점에서 그렇다.

30. 예를 들어, 드 부어는 자신이 "우주적 유대 묵시 종말론"이라고 부르는 유대 묵시론의 범주는 "하나님께서 악한 천사 세력의 지배 아래 있는 세상에 침입하셔서 우주적 전쟁에서 그들을 물리치실 것"을 기대하고 있다고 영향력 있게 주장한다(*Defeat of Death*, 85). 드 부어에 따르면, 바울은 이런 식의 묵시적 사유를 취하고 있다.

31. 스콧 C. 라이언(Scott C. Ryan)은 이 문제에 관한 학술 연구를 훌륭하게 검토한다(*Divine Conflict and the Divine Warrior*).

어 해석되어야 한다"[32]고 정확하게 말한다. 당면 문제는 하나님이 초인적 권세들과 싸우시는지가 아니라, 바울이 그 전투가 계속되고 있다고 생각했는지 아니면 그리스도의 십자가, 부활, 높아지심이 그 전투를 끝냈다고 생각했는지다. 바울에 대한 묵시적 해석에서는 바울이 하나님과 악의 세력들 사이의 우주적 전투가 계속되고 있다는 발상을 유대 묵시론과 공유했다는 것이 대개 공리처럼 여겨진다. J. 루이스 마틴의 바울 해석은 다음과 같이 유명한 주장을 한다. "그리스도의 도래는 그리스도의 침입이다. 그리고 그 사건은 침입으로서 어떤 우주적 갈등, 실제로 그 우주적 갈등을 촉발했다."[33]

결과가 확실하더라도 아직은 끝나지 않은 전쟁이라는 발상은 이미-아직이라는 시간 이해에 의존하고 이를 뒷받침한다. 하나님은 그리스도 안에서 옛 시대의 권세와 새 창조의 권세 사이의 충돌을 시작하셨다. 전투는 진행 중이며, 이미 승리를 이루었지만, 초인간적인 적들이 패잔병으로 남아 있을 뿐만 아니라 여전히 공격적으로 싸

32. Caird, *Principalities and Powers*, 16.
33. Martyn, "From Paul to Flannery O'Connor," 282. 마틴은 계속해서 다음과 같이 말한다. 지금은 "하나님의 묵시적 해방 전쟁이다. … 그러므로 실제 우주는 화합이 아니라 투쟁의 현장이다. … [비록 그] 결과는 의문의 여지가 없[지만 말이]다. 바울 서신에는 하나님께서 궁극적으로 패하실 것이라는 암시가 전혀 없다"(283).
베커는 전투 비유를 거의 사용하지 않지만, 그의 묵시적 바울 읽기는 하나님의 승리가 임박했지만 아직은 아니라는 점을 강조한다. 그 승리는 "마지막"에 실현될 것이다(*Paul the Apostle*, 367).
라이언은 묵시적 읽기와 비슷한 입장이다. "바울이 볼 때, 하나님은 십자가와 부활로 주 전투에서 승리하셨지만, 하나님의 최종 완성이 있을 때까지 전쟁은 현재 맹렬히 계속된다. 바울은 이제 죄와 사망의 포로에서 해방된 사람들을 하나님의 군에 입대시켜서 현재 삶에서 계속되는 전쟁에 참여시킨다"(*Divine Conflict and the Divine Warrior*, 244).

움을 벌인다. 이러한 해석적 입장은 바울이 계속되는 초인간적 전투를 생각하고 있었던 것으로 이해한다. 그러나 실제로 바울에게는 전투 이미지가 상대적으로 거의 없는 편이다. 테레사 모건은 "바울이 사탄과 우주적 전쟁을 별로 언급하지 않음"을 정확히 지적했고, 바울의 초점이 "하나님 통치의 자애로운 저항 불가능성과 하나님의 평화*pax dei* 아래에서 살아야 하는 삶"[34]에 있다고 썼다. 제러미 펀트는 바울과 그의 공동체들이 "로마 군대가 있는 데서 살고"[35] 있었다는 분명한 사실을 보여 준다. 바울이 동역자들을 동료 군인으로 지칭하고 있다는 점(예컨대 빌 2:25)과 운영관리의 문제에 관해 말할 때 군사 용어를 사용한다는 점은 수월하게 설명되는데, 모건이 보여 주듯이, 바울이 지방 관리들의 언어와 문체를 반영하고 있는 것이다.[36]

바울은 실제로 하나님과 적대 세력들 사이의 우주적 전쟁에 대해 생각했지만, 그리스도의 십자가, 부활, 높아지심을 통해 하나님이 그 전쟁에서 이기셨음을 확신했다.[37] 그렇다고 해서 바울이 죽음-시간 안에서 여전히 힘을 발휘하는 죄에 대해 하나님이 무관심하신 것으로 생각했다는 말은 아니다. 바울은 죽음-시간이 종말에 없어질 것을 확신했고, 이러한 확신은 하나님께서 죄의 존재를 영원히 허용하지

---

34. Morgan, *Being "in Christ" in the Letters of Paul*, 192.
35. Punt, "Paul, Military Imagery and Social Disadvantage," 219.
36. Morgan, *Being "in Christ" in the Letters of Paul*, 174-81.
37. 흥미롭게도 와서먼은 신적 전쟁에 관한 고대 지중해 세계의 언급들에서 비슷한 것을 보았다. 그런 언급들은 최고신이 지배하는 안정된 우주를 묘사하는 역할을 한다(*Apocalypse as Holy War*).

않으실 것이라는 그의 믿음을 나타낸다. 하지만 바울의 초점은 하나님 승리의 통로이신 분과 연합한 사람들에게 미치는 그 승리의 결실에 있다. 그리스도와의 연합은 그리스도를 통해 일어난 우주적 승리를 조명해 준다. 죄는 신자들이 벗어난 시간—죽음-시간—에 속해 있다. 그리스도 안에 있는 사람들은 죄짓기를 피함으로써 죄의 무력함을 증거한다. 생명-시간 안에서 죄는 무력하다. 신자들이 죄짓는 생각이나 행동을 하는 것은 그들이 죄의 지배를 받기 때문도 아니고, 시대들의 중첩으로 인해 죄가 그들을 부분적으로 붙잡고 있기 때문도 아니다. 그들이 받은 자유를 가지고 행동하지 않기 때문이다.

승리의 맥락

하나님의 승리는 바울이 군대 이미지를 사용하는 맥락이다. 그리스도와의 연합으로 신자들은 죄로부터 해방된 승리 구역에 들어간다. 그리스도 안에서의 삶은 죄짓기를 피할 수 있는 유일한 곳인데, 그리스도 안에서 죄가 죽었기 때문이다. 바울은 죽음-시간이 계속 존재함을 인정하고, 심지어 그리스도께서 죽음을 계속 물리치고 계심을 암시하기도 한다(고전 15:26; 앞서 언급했듯이 동사 "멸망하다"는 현재 수동 직설법이다). 그러나 이러한 시간성은 그리스도와 합한 사람에게는 아무런 영향력이 없다. 그것은 그들의 관심사가 아니라 하나님의 관심사다. 오로지 신자들은 하나님의 승리로 인해 살 수 있게 된 생명-시간 안에서만 살고 있다.

그리스도와 연합한 사람들은 의롭게 된 사람으로서 죄짓기를 피할 수 있도록 하나님께서 주신 능력을 통해 하나님의 승리를 보여 줄 수 있는 사람들이다. **바울은 우주적 전투가 아닌 윤리적 전투를 묘사하기 위해 전투 비유를 사용한다.** 하나님과 반하나님 세력 사이의 우주적 전투는 승리했다. 분명 죽음-시간이 남아 있지만(이것이 하나님 승리의 본질에 관해 무엇을 말해 주는지는 뒤에서 숙고할 것이다), 그 시간성은 신자들의 것이 아니다. 신자들이 죄를 짓는 것은 그들이 죄가 지배하는 시대에 여전히 어느 정도 살고 있기 때문이 아니라,[38] 이전에 종노릇했던 환상에 불과한 영향력에 굴하고 있기 때문이다. 신자들은 실제로 자유롭지만, 자신을 자유롭다고 규정하지 않거나 그들이 받은 자유를 가지고 행동하지 않기 때문이다.

그리스도의 부활과 높아지심에 비추어 볼 때, 바울이 고린도전서 2:8에서 이 시대의 통치자들이 영광의 주를 십자가에 못 박았다고 진술한 것은 하나님의 승리와 통치자들의 패배를 드러낸다. 하나님께 패배한 대적들(죄와 죽음)은 밀려나서 죽음-시간―하나님의 승리 전까지 모든 창조물이 생활했던 삶의 형태, 즉 소멸을 향해 가는 궤적에 지배되는 삶의 형태―안에 갇혔다. 이 시간성은 그리스도의 날에 완전히 없어질 것이다. 그때까지, 생명-시간을 사는 사람들은 죄

---

38. 반면 빅터 C. 피츠너는 에베소서를 이용하여 다음과 같이 쓴다. "죄에 맞서는 신자의 내적 갈등(롬 6:12-14)은 사탄과 어둠의 세력에 대항하는(엡 6:12) 거대한 우주적 투쟁의 일부다"(*Paul and the Agon Motif*, 163).

에 대해 죽을 수 있다(롬 6:11). 그리스도와 연합한 사람들은 몸의 행실을 죽일 수 있다(롬 8:13; cf. 골 3:5).

바울은 주님의 영광으로 변화되는 과정에 관해 이야기한다(고후 3:17-18). 이러한 변화는 오직 그리스도 안에서만 일어날 수 있다. 신자들이 죄짓는 것은 그들이 여전히 악한 현시대에 한쪽 발을 담그고 있거나 하나님과 죄의 전투가 계속되고 있다는 신호가 아니다. 신자들이 죄짓기를 피해갈 수 있다는 사실 자체가 그들이 죄에 대한 그리스도의 승리와 연합해 있다는 표시다. 그들은 죄에 대해 죽으신 분과 연합해 있다(롬 6:10). 반면, 죽음-시간 안에서는 죄에 대해 저항할 수 없으므로 죄짓기가 불가피하다.[39] 오직 그리스도와 연합함으로써만 책망할 것 없는 상태가 가능하다(고전 1:8). 그리스도 예수 안에 있는 사람에게는 결코 정죄함이 없는데(롬 8:1), 이는 하나님의 의의 선물 때문이기도 하지만, 그리스도와 연합한 사람들이 죄짓기에 맞서는 선택을 함으로써 그 선물을 실현하는 데 참여하기 때문이기도 하다. 이러한 노력을 기울일 때 그 영으로부터 필요한 도움을 받는다(8:4-9).

데살로니가전서 5:8에서 바울은 로마서 13:12에서와 같이 신자들에게 방어용 갑옷을 입으라고 지시한다. 이 갑옷은 "낮"ㄱ ㅂ에 적합한 것이며, "그 날"은 의심할 여지가 없는 구원/승리의 날이다(살전 5:8-9). 데살로니가 신자들은 그 날에 속해 있다. 그 날은 주의 날이고

---

39. 앞서 다룬 롬 2:12-16에 관한 나의 해설을 보라.

(5:2), 그리스도께 속한 모든 죽은 자나 산 자가 높아지신 그리스도의 실존에 몸을 가지고 합하여 항상 주님과 함께 있을 날이다(4:17). 여기서 전쟁 이미지는 "그 날"낮에 속할 수 있다는 현재적 승리의 맥락에서 사용된다.[40]

마침표를 찍은 승리는 고린도후서 2:14에 분명히 드러난다. 여기서 바울은 자신을 비롯한 그리스도 안에 있는 사람들이 하나님의 개선 행진으로 인도됨을 이야기한다. 바울은 그리스도와 연합된 사람들을 하나님의 승리 행진을 따라가는 사로잡힌 노예로 보고 있다.[41] 피터 맥키는 바울이 이 구절에서, 신자들이 그리스도의 승리를 선포하고 "그의 통치에 엎드리기를 거부하는 모든 사람에게 죽음의 향기를"[42] 가져다주는 모습을 묘사하고 있다고 말한다. 고린도후서 10:3-6에서 바울은 전쟁 이미지를 사용하여 지식과 관련된 전투를 묘사한다. 이 전투가 신적 지식과 관련된다는 점을 고려할 때, 이 전

40. cf. 토머스 R. 요더 뉴펠트(Thomas R. Yoder Neufeld)는 이 구절을 "데살로니가 교인들이 자신들이 종말론적 시나리오의 성취에 앞서, 혹은 더 낫게는 성취의 일부로서 지금 이미 높아진 지위를 누리고 있음을 보도록 하는 초대"로 읽는다("Put on the Armour of God," 91).

41. cf. 피츠너는 다음과 같이 말한다. "더 쉽게 다가오는 '승리하게 하다'라는 의미가 아니라, '승리의 행렬로 인도되다'라는 기본 의미가 유지되어야 한다"(Paul and the Agon Motif, 162).

42. Macky, St. Paul's Cosmic War Myth, 157. cf. 골 2:15. 이 구절은 하나님께서 통치자들과 권세들을 무력화시켜, 구경거리로 삼으시고, 그리스도 안에서 그들을 이기신 승리의 순간으로 십자가를 묘사한다. 통치자들과 권세들이 소멸되지는 않았지만, 그리스도 안에 있다는 것은 승리 가운데 있다는 것이다. 따라서 신자들은 그리스도와 함께 τὰ στοιχεία τοῦ κόσμου에 대해 죽은 것이다. F. F. 브루스(Bruce)는 τὰ στοιχεία τοῦ κόσμου를, 사람들을 노예화했으나 신자들은 그 영향력에서 벗어난 힘과 같은 선상에 놓는다(Epistles to the Colossians, 18).

쟁은 κατὰ σάρκα("육신을 따라") 벌어지지 않는다. 이는 혈과 육의 전투가 아니라, 신의 능력을 사용하는, 신적인 것들에 관한 전투다 (10:4). 그러나 이것은 전체적인 승리의 맥락에서 일어나는 전투다. 이는 고린도후서 10장에서 하나님에 대한 지식을 얻을 가능성이 제시되는 방식과, 로마서 1:24-28에서 바울이 하나님에 대한 지식에의 접근성을 제시하는 방식을 비교함으로써 분명해진다. 로마서 구절은 하나님께서 인류를―아마도 죄에―넘기신 후의 인류를 묘사한다.[43] 이러한 넘기심의 결과로 인류는 인식 능력을 상실했다―그들 마음의 기능이 떨어졌다. 로마서 1:24-28은 이렇게 그리스도의 십자가와 부활 이전의 상황을 묘사하고 있다. 반면 고린도후서 10:3-6은 높아지신(승리하신) 그리스도와 연합한 사람들의 상황을 기술하고 있다. 그들은 하나님에 대한 지식에 접근할 수 있으며, 그 지식을 옹호할 수 있다. 따라서 로마서 1장은 그리스도 안에서 하나님이 승리하시기 이전의 상황, 즉 하나님에 대한 지식에 접근할 수 없는 상황을 묘사한 것이다. 고린도후서 10장에서는 하나님의 승리로 인해 하나님에 대한 지식이 가능해졌다. 바울은 신자들이 하나님의 승리를 보는 데 방해가 되는 잘못된 정보와 장애물을 물리치는 것이 중요하다고 생각한다. 고린도후서 10장의 전투가 승리의 맥락에서 벌어지고 있음을 보여 주는 또 다른 증거는 바울이 자신과 다른 사람들이 하나님에 대한 지식에 반대하는 논증들이 있는 요새를

---

43. cf. 비벌리 R. 가벤타는 하나님께서 죄를 비롯한 "반하나님 세력들"에 인류를 넘기셨다고 말한다("'God Handed Them Over,'" 122).

파괴할 수 있다고 확신했다는 점이다. 이러한 확신은 하나님의 승리에 대한 바울 본인의 확신에 근거한다. 바울은 자신에게 오류를 물리칠 수 있는 하나님의 능력이 담긴 무기가 있다고 주장한다. 적대적인 요새가 여전히 있는데, 이는 아마도 일부 고린도 교인들이 여전히 교만하고(10:5), 순종을 하나님의 승리에 대한 올바른 반응으로 받아들이지 않기 때문이다. 어떤 저항도 극복될 것이라는 바울의 확신(10:5)은 전투에서 승리했다는 확신에 근거한 것이다.[44]

그리스도와 연합된 사람들은 확정된 승리에 적합한 무기, 특히 의의 무기를 사용한다(고후 6:7). 바울이 의의 무기를 언급한 것은 하나님의 의가 되는 것에 관해서 말한 직후에 나온다. 하나님의 의는 죄보다 더욱 강력하다. 의의 무기는 죄를 이긴 무기다. 하나님의 의는 십자가에서 죄를 이겼기 때문에(롬 3:21-26), 하나님 승리의 결과로 받은 의의 선물에서 나온 믿음으로 사는 삶은 죄짓기를 피할 수 있는 삶이다. 의의 무기는 윤리적 노력에 사용된다. 바울이 반대자들(그중 일부는 고린도 교회 구성원이었다; 고후 5:20)을 대할 때 관심을 둔 것은 하나님께서 이루신 승리에 걸맞은 무기를 사용하는 것이었다. 바울이 이러한 반대자들을 현재 진행 중인 초인적 전투의 참가자로 인식했다는 주장은 너무 나간 주장이다.[45] 바울은 분명 초인적 권세들을 믿었고, 사탄이 여전히 활동한다고 보았다. 심지어 사도는 거짓

---

44. 반면 리사 M. 보웬스(Lisa M. Bowens)는 고린도후서 10-13장을, 바울이 우주적 전투가 진행 중이라고 생각했음을 보여 주는 증거로 여긴다(*Apostle in Battle*).

45. 예컨대 Bowens, *Apostle in Battle*, 123.

사도들이 변장한 사탄일 수 있음을 암시하기도 했다(11:14). 그러나 하나님께서 사탄의 사자를 사용하여 바울에게 하나님 은혜가 충분함을 가르치신다는 점에 분명히 나타나듯이, 사탄조차도 하나님께 복종한다. 하나님께서 사탄을 통제하시는 것은 하나님께서 싸움에서 승리하셨기 때문이다. 참 지식과 거짓 지식 사이의 대결이 곧장 하나님과 사탄 사이의 대결은 아니다. 오히려 자유를 받아들이고 그리스도의 통치에 순종하는 사람들과 해방의 결과에 저항하는 사람들 사이의 대결이다. 하나님은 이기셨다. 그리스도 안에서 하나님은 세상을 자기와 화목하게 하고 계셨다(5:19). 그리스도와 연합한 사람들에게 목표는 그 승리로부터 살아가는 것이다.

전쟁 이미지는 우주적인 게 아니라 윤리적인 것

그리스도와의 연합은 도덕적 여정이다. 그리스도 안에서의 삶은 죄 짓기를 버릴 수 있는 곳이다(롬 13:12). 신자들은 죄짓기를 피할 수 있기―전투에서 이겼기―때문에 피한다. 신자들은 죽음에서 생명으로 옮겨졌기 때문에, 자신의 지체/몸을 하나님을 섬기는 데 바칠 수 있다(6:13). 하나님의 승리는 그 승리를 신뢰하는 사람을 노예 상태에 두지 않는다. 개별 신자는 승리에서 벗어나 행할 수 있지만, 승리 자체는 상실될 수 없다. 만일 승리에서 벗어나 행한다면, 그것은 한쪽 발이 악한 현시대에 걸쳐 있기 때문이 아니라, 이 시대로부터

의 해방을 보지 못하거나 가치 있게 여기지 않기 때문이다.[46]

바울은 그들 믿음의 προκοπήν("진보")과 기쁨에 대한 자신의 책무를 말하고(빌 1:25) 그리스도의 복음에 합당한 생활을 하도록 권면하는(1:27) 맥락에서, 빌립보 교인들에게 함께 싸우자고 격려한다(1:27). 이것은 윤리적 싸움이다. 폴 할러웨이는 세네카와 같은 도덕 사상가들이 기술한 "'기쁨'과 '진보'의 인과 관계"를 인정한다.[47] 신자들은 자신들의 삶의 방식이 그리스도의 복음을 반대하는 사람들에게 표지가 될 수 있도록 함께 싸우고 있다. 그리고 스티븐 파울이 지적했듯이, "복음의 신앙"은 "다양한 신념을 고수하는 것"을 포함하고 "이러한 신념들을 고수하는 것은 또한 다양한 실천을 수반한다."[48]

고린도전서 9:6-7에서 바울은 군인 이미지와 포도원을 경작하고 양 떼를 치는 이미지를 함께 사용한다. 이는 고린도 교인들에게 돈을 받지 않은 것을 해명하고자 한 말이다(9:15). 바울은 전쟁 이미지를 사용하여, "하나님의 의"(고후 5:21)를 수행하는 데—즉, 죄짓기를 피하는 데—성공한 것을 강조하며, 자신과 동료들을 칭찬한다. 바울과 동료들은 마치 죽고 징계받는 자 같으나, 실제로 살아 있고 죽임 당하지 않았다. 그들은 모든 것을 가진 자다(6:10). 의의 무기는 지금이 구원(승리)의 날이라는 표지다. 이 무기는 모범적인 사역자가 되

---

46. 모건과는 다른 견해다. 모건은 바울이 현재를 위험한 시간으로 보는 이유는 "신자들이 부분적으로 '새로운 창조물'일 뿐만 아니라, 여전히 육신에 따라 '악한 현시대'에 살고 있기" 때문이라고 생각한다(Being "in Christ" in the Letters of Paul, 238).

47. Holloway, Philippians, 100.

48. Fowl, Philippians, 63-64.

기 위한 것이다(6:3). 이 무기는 필수적인 윤리적 노력을 더욱 부추긴다. 이 윤리적 노력은 다름 아니라 죄에 대한 하나님의 승리를 구현하고 보여 주는 것이다. 이는 죽음-시간에 있는 권세들에게 하나님의 승리를 보여 준다는 점에서 우주적 결과를 가져올 수 있지만, 우주적 목적이 있는 것은 아니다. 즉, **바울은 신자들이 하나님의 전투 사역을 수행한다고 생각하지 않았고, 높아지신/승리하신 그리스도 안에 삶으로써 하나님의 승리를 증거한다고 생각했다.**[49]

"빛의 갑옷"(롬 13:12)은 "어둠의 일들"에 대항하는 데 사용된다. 바울은 이런 일들을 방탕, 술 취함, 성적 부도덕 등으로 묘사하고, 육신의 욕망이라고 요약한다(13:12-14). 여기서도 전쟁 이미지는 우주적 맥락이 아니라 윤리적 맥락에서 사용된다. 방어용 갑옷이 필요한 이유는 신자들이 계속되고 있는 우주적 전투에 참여하기 때문이 아니라, 그리스도와 연합한 사람들이 육신의 욕망으로부터 자신을 지키기 위해서다. 나는 로마서 6:13에서 ὅπλα가 무기를 의미한다는 가벤타의 의견에 동의한다.[50] 그러나 내가 볼 때 바울은 이것을 반하나님 세력을 물리치기 위해 계속 진행 중인 전쟁에서 사용하는 무기로 생각하지 않았다. 오히려 바울은 6:11의 권면과 6:14의 선언을 강조하고 극화하기 위해 전쟁 이미지를 사용한다. 신자들은 자신을 죄에 대

---

49. 에베소서는 신자들을 하늘에 있는 악한 영적 세력들에 맞서 싸우는 사람들로 묘사함으로써 바울의 이해를 바꾼다(6:12). 이러한 이해는 다른 신학적·사회적 상황, 아마도 신자들에 대한 위협이 바울이 생각했던 것보다 더 사악하고 강력해 보였던 상황을 보여 준다.

50. Gaventa, "Rhetoric of Violence," 64.

하여는 죽었고 그리스도 예수 안에서 하나님에 대하여는 산 자로 여겨야 한다. 신자들은 죄가 지배하지 못하는 자들이다. 신자들은 죄의 권세로부터 해방된 맥락에서 도덕적 전투를 하는 것이지, 하나님께서 죄의 권세를 물리치시는 것을 거들고자 전투하는 것이 아니다.

신자들이 심판받을 것이라는 사실(고전 3:13)은 그들이 받은 의로움에 따라 행동하는 것이 얼마나 심각하고 본질적인지를 확인시켜 준다. 존 바클레이는 이 점을 탁월하게 표현한다. "바울은 선물[상속자라는 지위와 그 영을 받은 것]이 신자들의 실천에서 표현되기를 기대한다—바울은 하나님이 이에 대한 심판자가 되실 것이라고 경고하는 데 난색을 보이지 않는다. … 신자들에 대한 최후 심판은 무조건적인 선물이라는 복음과 전혀 모순되지 않는다."[51]

바울 서신에 있는 전투 이미지는 윤리적으로 기능한다. 전쟁 비유는 죄짓기에 맞서 싸울 기회를 강조한다. 또한 전투 이미지는 그러한 싸움의 필요성을 강조한다. 바울이 전투 비유를 사용하지 않고 죄짓기를 피하라고 교회에 호소하는 경우가 더 많다는 점에 주목해야 한다. 일반적으로 그의 윤리적 권고는 죄짓는 행동 및 성향과, 이와 전혀 다른 그리스도와 같은 행동 및 성향을 알려 준다(예: 갈 5:13-25).

나는 그리스도의 시간 안에 사는 삶이 그리스도의 과거가 현재인 시간성 안에 사는 삶을 의미한다고 제안했다. 죄의 권세를 이긴 그리스도의 십자가 사건은 부활과 더불어 그리스도의 현재 시제다. 그리

---

51. Barclay, *Paul and the Gift*, 441.

스도의 십자가 처형과 부활은 그를 지배하려는 죄의 시도를 물리쳤고, 또한 그의 십자가 처형과 부활은 높아지신 그의 삶의 상황이다. 죄의 권세로부터의 해방은 높아지신 그리스도와 연합한 사람들의 상황이기도 하다.

사탄

바울은 사탄을 일곱 번 언급한다. 그 언급은 각각 로마서 16:20; 고린도전서 5:5; 7:5; 고린도후서 2:11; 11:14; 12:7; 데살로니가전서 2:18에 나온다.[52] 바울은 "이 시대의 신"(고후 4:4)과 "시험하는 자"(살전 3:5)도 언급하는데, 해석자들은 대부분 이를 사탄의 다른 이름으로 여긴다. 바울은 사탄을 하나님과 신자들을 공격하는 자로 제시하지만, 사탄은 하나님의 통제 아래 있고, 신자들이 그리스도와의 연합으로 살아간다면 그들에게 무력한 존재다.

바울은 사탄을 그리스도의 주권 아래 있는 환경과 별개로 된 환경의 통치자로 여긴다. 바울은 망하고 있는 사람에게 복음이 가려진 이유가 "이 시대의 신"이 그들이 보지 못하게 했기 때문이라고 주장한다(고후 4:3-4).[53] 다시 말해, 바울의 복음에서 사탄은 그리스도의

---

52. 고후 6:15에는 벨리알이 나온다.
53. 주석가들은 대체로 "이 시대의 신"이라는 문구가 사탄을 가리킨다고 본다. 다른 관점들에 관한 논의로는 다음을 보라. Derek R. *Brown, God of this age*, 131-34.

영광을 보지 못하는 사람들을 통제하고 있다. 반대로 빛을 보는 사람들은 예수 그리스도가 주님이심을 인식한다(4:4-5). 바울은 두 가지 환경을 묘사한다. 하나는 사탄에 의해 못 보게 된 사람들의 환경이고, 다른 하나는 하나님의 빛이 그 마음에 비쳐서 "예수 그리스도의 얼굴에 있는 하나님의 영광을 아는"(4:6) 사람들의 환경이다. 이 두 가지 환경은 동시에 존재하며, 어떤 사람들이 복음을 믿지 않는 이유를 설명해 준다. 고린도전서 5:5의 진술도 이러한 두 환경—사탄이 다스리는 환경과 "우리 주 예수님"(5:4)이 다스리시는 환경—을 상정하고 있다. 이 두 환경은 상호 배타적이다. 사탄 아래에서 살거나, 예수님의 주권 아래에서 살거나 둘 중 하나다. 그럼에도 사탄은 주 예수님께 종속되어 있는데, 사탄이 주의 날에 구원의 목적에 이바지할 수 있기 때문이다. 성적으로 부도덕한 사람을 내주는 것은 그의 육신을 멸하여 그의 영은 주의 날에 구원받게 하려는 것이다. 사탄은 사실상 하나님의 목적을 위해 일하게 될 수 있다.

바울은 자신의 무리가 데살로니가 교인들에게 가는 것을 사탄이 방해했다고 기록한다(살전 2:18). 바울은 사탄이 자기 사명을 방해했다고 비난하지만, 그리스도는 승리하셨다. 바울은 주 예수의 파루시아를 확신했다(2:19). 바울은 또한 데살로니가 교인들의 믿음과 사랑에 관한 소식으로 매우 기뻐했다. 그들의 믿음과 사랑은 "시험하는 자"(3:5)에 저항하는 능력—이 시대와 이 시대의 신(고후 4:4)에게서 구조받은 사람만이 쓸 수 있는 능력—을 보여 주었다.

사탄의 종속적 역할은 바울이 사탄의 사자에 대해 말할 때 분명해진다. 사탄의 사자는 육체에 있는 가시(고후 12:7)로, 주님께서 바울에게 주시고 제거하지 않으셔서, 하나님의 은혜가 충분하며 하나님의 능력이 약한 데서 온전해짐을 깨닫게 하는 것이었다(12:7-9).[54] 사탄이 아마도 고린도에서 적대자의 형태로[55] 시작한 상황을, 하나님은 자기 목적을 위해 사용하신다. 바울은 다른 곳에서와 마찬가지로 여기서도 사탄이 그리스도의 통치를 방해하려고 효력은 없지만 적극 관여한다고 제시한다. 그리스도와 연합하는 사람들이 사탄에 맞서는 선택을 하면 하나님의 승리가 현시된다.

하나님의 승리는 하나님의 능력이 약한 데서 온전해지는 것으로 십자가에서 완벽히 나타났다. 이는 바울이 하나님의 능력에 비추어 자신의 약함을 받아들임으로써 사탄의 사자가 주는 고통(κολαφίζῃ; 고후 12:7)이 무효해진다는 의미다. 가시는 여전히 남아 있지만, 하나님의 은혜가 충분하며 자신의 약함이 하나님이 자기 능력을 온전케 하는 방식이라는 바울의 확신(12:9)은 사도의 삶을 규정한다. 사탄의 사자는 바울이 그리스도 안에 있는 삶을 더 깊이 경험하는 수단이 된다. 사탄의 사자가 사탄의 목적에 기여하는 게 아니라 하나님의 목적에 기여한다. 사탄이 활동하고 있지만, 그리스도 안에 있는 사람

---

54. Lisa M. Bowens, *Apostle in Battle*과는 다른 견해다. 나는 하나님을 수동태 ἐδόθη의 주체로 보는 대다수 해석자와 의견을 같이한다. 앞서 언급했듯이, 나는 또한 이 구절이 현재 진행 중인 신적 전쟁을 가리킨다는 보웬스의 의견에도 정중히 동의하지 않는다(164).

55. 이에 관한 논의로는 다음을 보라. D. Brown, *God of this age*, 182-86. 나는 이것이 개인적인 적을 가리키는 것 같다는 브라운의 결론에 동의한다(186).

에게는 싸움이 없다. 그리스도 안에서 하나님이 승리하셨다는 사실은 그리스도와 연합한 사람들이 사탄에게 도움이 될 필요도, 사탄과의 전투에 참전할 필요도 없음을 의미한다. 사탄에 대한 바울의 입장은 충돌이 아니다. 그는 참전하지 않는다. 바울은 그리스도의 임재 가운데 고린도 교인들을 용서한다고, 이런 용서는 사탄을 좌절시킨다고 썼다(2:10-11).

사탄에게는 종들이 있는데, 그중 일부는 바울의 사명을 방해하고 훼손하는 거짓 사도다(고후 11:4). 바울은 자신이 사탄의 권세를 두려워하지 않는다고 말한다. 그는 자신의 유대 유산(11:22), 주님께 받은 환상과 계시(12:1-10), 실제로는 강함(12:10)인 자신의 약함(11:30)을 자랑함으로써 사탄의 종들(거짓 사도들)에게 맞서 자신의 위치를 보여 준다. 사탄은 바울을 지배할 힘이 없다. 그리스도의 능력이 사도에게 머물러 있다(12:9). 바울은 신자들에게 사탄이 그들을 위협할 것이 없음을 보라고 권면한다. 사탄은 하나님의 통제 아래 있으며, 곧 신자들의 발밑에서 상하게 될 것이다(롬 16:20).[56] 칼뱅은 바울이 "주님께서 [사탄을] 정복하셔서 발밑에 밟히게 하실 일을 약속하고 있다"고 썼다.[57]

바울은 사탄이 악한 현시대에 활동하며, 신자들이 절제 같은 성령의 은사(갈 5:23을 보라)에 반하는 선택을 하도록 꾈 수 있다고 생각

---

56. 어떤 사본도 16:20을 누락하고 있지 않으므로, 바울 서신의 내용으로 간주되어야 한다.
57. Calvin, *Romans and Thessalonians*, 325.

한다. 사도는 고린도 교인들에게 부부 문제에 관해 조언하면서, 배우자가 성관계를 거부하면 사탄이 유혹할 수 있다고 경고한다. 절제력이 부족하면 사탄의 유혹에 굴복할 수 있다(고전 7:5). 하지만 사탄의 활동은 신자들이 그의 통치(악한 현시대) 아래에서 살면서 동시에 그리스도 안에서도 산다는 것을 의미하지 않는다. 오히려 그리스도와 연합한 사람들은 육신의 욕망이나 성령의 열매를 자유롭게 선택할 수 있다. 앞서 언급했듯이, 죄를 이기신 그리스도의 승리 안에서 사는 삶은 전체주의 체제에서 사는 삶이 아니다. 하나님은 선택의 자유를 빼앗지 않으시고, 따라서 사실상 사탄의 유혹을 받을 자유도 빼앗지 않으신다.

하나님 승리의 본질

바울이 적대 세력과의 전투에서 하나님이 승리하셨다고 생각한다는 나의 주장에 동의하지 않는 사람들은 하나님의 승리가 어떤 식이어야 하는지—하나님의 적의 완전한 전멸—에 관한 가정에 근거하여 동의하지 않을 수 있다. 물론 일반적으로는 그리스도의 십자가, 부활, 높아지심은 하나님의 승리가 **시작**된 것이며, 이 승리가 하나님께서 모든 것 안의 모든 것이 되실 때—즉, 적들이 남아 있지 않을 때—인 종말에 비로소 완성될 것이라고 이해한다. 하지만 내가 읽기에는, 적들에 대한 하나님의 승리는 그들의 멸망이 아니라 그들의 축소를 요하는 것이라고 바울은 주장하고 있다. 하나님이 악한 현시대에서 믿음이 있는 이들을 건져 내시는 것(갈 1:4)과 그리스도 안에서 새 창조를 수립하시는 것은 이 시대 세력의 범위를 축소하는 것이다. 바울은 이것만으로도 "죄와 사망의 법"(롬 8:2)[58]에서 실제적 해방을 이룰 수 있다고 믿었다.

또한 바울은 그리스도 안에 있는 사람들이 살아가는 승리를 종말이 완성할 것이라고 생각하지 않았다. 그리스도 안에 있는 사람들에게 종말이 약속하는 것은 하나님의 승리를 경험하기 위한 새로운 몸이다. **종말의 중요성은 악한 현시대 및 그 힘들과 관련 있다.** 마지막에 죽음이 멸망하면, 이 시대와 그 세력은 소멸할 것이다. 썩지 않을 몸을 얻는다는 점을 제외하면, 그리스도 안에 있는 사람들의 상황은 달라지지 않을 것이다. 그러나 이 시대와 그 권세에는 엄청난 변화가 생길 것이다—그들은 제거될 것이다. 이와 관련하여 마찬가지로 중요한 것은 종말이 창조물을 썩음의 속박에서 해방할 것이라는 점이다. 오로지 인간의 연대기적 시간에서만 보면, 죽음-시간이 폐기되는 종말이 올 때까지 끝나지 않을 전투가 현재 진행 중인 것처럼 보일 수 있다. 그러나 그리스도와의 연합이라는 관점에서 보면, 그 전투는 이미 승리한 상태다. 그리스도와 연합한 사람들은 그리스도의 십자가 사건, 부활, 높아지심이 동시에 존재하는 그리스도의 시간성 안에 살고 있다.

---

58. 나는 이 NRSV 인용구에 대문자를 추가했다.

이것은 이미-아직의 시간성이 아니다. 종말은 현재 상태의 드러남이자, 죽음-시간의 소멸이다. 그러나 죽음-시간으로부터의 해방은 그리스도와의 연합에서 일어나기 때문에, 종말은 신자들이 실존하는 시간성을 바꾸지 않을 것이다 — 종말에도 신자들은 지금 살고 있는 생명-시간 속에 계속 살 것이다. 종말은 그리스도가 없이 사는 사람에게, 그리고 창조물에게 중요한 의미가 있는 것이다.

결론

여기서는 단순히 요약하기보다는 개인적으로 바울 사상에 깊이 몰두한 사람으로서 나의 관점에서 읽은 내용들을 통해 제기되는 문제들을 숙고하고, 내 생각의 기초가 되는 부분을 강조함으로써 끝맺고자 한다.

하나님의 선택: 십자가와 부활

우리는 바울이 상황을 이렇게 해석한 것이 십자가와 부활 때문인지 숙고해 볼 수 있다. 자기 아들의 십자가 처형을 통해, 겉으로 볼 때 약함을 통해 죄와 죽음을 이기신 하나님의 선택은 높아지신 그리스도의 삶—믿음으로만 볼 수 있는 삶—으로 끝나며, 특별한 종류의 승리를 드러낸다. 이는 약함과 내맡김으로 드러난 승리이며, 바울은 이를 사랑이라 말한다. 그리스도께서 나를 사랑하사 나를 위하여 자기 자신을 주셨다고(갈 2:20) 말이다. 이 승리는 믿음으로만 인식할 수 있는 승리이고, 믿음에는 약함과 내맡김이 전제되는데, 왜냐하면 믿음은 우리 자신의 지혜(고전 1:18-25, 3:19)와 힘을 버리고 십자가에 못 박히시고 부활하신 그리스도께 자신을 맡길 것을 요구하기 때문이다(갈 2:20).

하나님께서 십자가와 부활을 하나님 승리를 이루기 위한 수단으로, 그리고 하나님 승리의 계시로 사용하신다는 바울의 확신은, 하나님의 승리가 완전하지만 지금은 믿음의 눈이 아니고서는 볼 수 없게 가려져 있다는 사도의 이해에 토대일 것이다. 하나님은 하나님의 넉넉한 사랑의 본성에 적합한 수단을 사용하신다. 하나님은 본질적으로 제대로 알 수 없는 분이지만(롬 11:34; 고전 2:16), 그리스도의 십자가와 부활에서 성취된 기이하고 겸손한 승리에 자기 자신을 맞추는 사람들에게 하나님의 사랑이 계시될 수 있게 하신다. 그리스도의 믿음과 삶에 합한 사람들은 하나님이 죄와 죽음을 이기셨다는 결정적 사실을 지각한다.

승리는 하나님의 사랑으로 인해 전체주의화 되지 않는다. 그리스도께 합하지 않아서 죽음-시간에 머무는 사람들에 대한 하나님의 사랑은 이런 사람들이 죽음-시간이라는 파괴적이고 패배주의적인 환경에서 자기 삶을 살아가도록 허락하신다는 것을 의미한다.[1] 하나님

1. 바울은 그리스도께 합하지 않은 가상의 대화 상대에게 말하면서, 하나님의 전략은 회개할 기회를 주시고자 자비롭게 진노의 날을 늦추시는 것이라고 선언한다(롬 2:1-5).

의 승리는 많은 이들이 안락하게 여기는 환상에 불과한 시간성을 앗아 가지 않는다. 하나님께서 죽음-시간의 계속됨을 허용하신 것은 과업이 완료되지 않았음을 알리는 신호가 아니라, 하나님이 자신의 생명을 모든 창조물에게 확장하시는 방식을 드러내는 것이다. 십자가와 부활은 하나님께서 생명-시간을 주시는 방식이며, 이와 일관되게 하나님은 현재 죽음-시간을 소멸하는 것이 아니라 약화하는 것을 선택하셨다. 그리스도의 십자가와 부활에 담긴 하나님의 사랑은 그 사랑이 거부될 수 있는 공간과 시간을 허용하는 데서 드러난다.

반면 바울은 인간이 아닌 창조물이 죽음-시간에 살고 싶어 한다고 생각하지 않는다. 인간이 아닌 창조물은 생명-시간을 거부하거나 보지 못하는 사람들의 대가를 함께 치르고 있다. 바울은 이것이 창조물을 허무한 데($\mu\alpha\tau\alpha\iota\acute{o}\tau\eta\tau\iota$; 롬 8:20) 굴복하게 하는 이를 슬프게 한다고 넌지시 내비친다. $\tau\grave{o}\nu$ $\acute{v}\pi o\tau\acute{a}\xi\alpha\nu\tau\alpha$("굴복하게 하는 이"; 8:20)의 주어를 하나님으로 이해한다면,[2] 하나님의 굴복시키는 행위가 창조물 잘못이 아님($o\grave{v}\chi$ $\acute{\epsilon}\kappa o\tilde{v}\sigma\alpha$; 8:20)을[3] 인식하는 가운데 이루어진 것으로 바울이 묘사하고 있다고 볼 수 있다. 하지만 하나님의 사랑과 일관된 방식으로 하나님의 승리를 이루려면 죽음-시간이 계속되는 동안 창조물 자체는 굴복되어야 한다. 이는 하나님을 기쁘시게 하는 것이 아니지만, 하나님 사랑의 본성을 고려할 때 필연적인 것이다. 인간이 죽

---

2. 크랜필드는 이 분사의 주어가 "오직 하나님일 수밖에 없다"고 정확하게 말한다(*Romans*, 1:414).

3. 크랜필드는 이 문구를 "자기 잘못으로 말미암지 않고"로 번역한다(*Romans*, 1:414).

음-시간을 살기 위해서는, 이용/남용할 (굴복된) 창조물이 필요하다.[4] 그러나 창조물의 굴복은 소망 가운데 이루어지며(8:20), 이는 창조물이 하나님께 얼마나 소중한지를 나타낸다. 창조물 스스로는 이 사실을 인식하지 못하더라도, 창조물이 소망의 용광로에서 굴복하고 있는 것은 해방과 새 삶을 향해 신음하고 있다는 뜻이다. 하나님은 자신이 창조하신 모든 것을 향한 사랑으로 창조물을 굴복시키셨다. 따라서 어떤 인간은 창조물을 파괴적으로 사용하며 죽음-시간을 살아가지만,[5] 창조물은 기본적으로 하나님의 삶에 감싸여 있다.

죄와 죽음에 대한 하나님의 승리는 그리스도의 십자가와 부활에서 이루어졌다. 이 승리는 인류에게 하나님, 그리스도, 성령이 사는 시간의 질과 양―내가 생명-시간이라고 부르는 것―을 열어 준다. 생명-시간은 멈출 수 없고 오로지 풍성한 삶만 가득한 시간이다. 사실 생명-시간만이 유일한 진짜 시간이다. 하지만 하나님의 승리는 죽음과 죄로 형성되어 그 목적에 기여하는 시간―실제로는 시간이 아닌 시간성―을 없애지 않는다. 하나님의 승리는 죽음-시간의 범위를 맹렬하게 축소하고, 그것이 없어질 것을 선포하지만, 하나님의 승리는 죽음-시간이 계속되도록 허용한다.

---

4. 로버트 주엣(Robert Jewett)은 "생태계 파괴의 책임은 여전히 인간에게 있다"라고 말한다(*Romans*, 514).

5. 슬프게도 생명-시간을 사는 사람들(그리스도인들)도 창조물을 파괴적으로 사용한다. 물론 바울은 이에 대해 언급하지 않았지만 말이다.

누구를 위한 하나님의 승리인가?

하나님께서 죽음-시간을 그 소멸이 확실한 상황에서도 계속 존재하게 허용하시는 것은 하나님의 승리가 모두를 위한 것임을 암시한다. 바울은 이 점을 하나님이 모든 것 안에서 모든 것이 되실 것이라고 표현한다(고전 15:28). 결국 하나님을 떠나서는 어떤 장소나 시간도 존재하지 않을 것이다. (바울은 하나님과 분리된 사후 세계[지옥]를 언급하지 않았다는 점에 주목해야 한다.) 하나님이 모든 것 안에서 모든 것이 되시기 전까지는 그리스도의 십자가와 부활에 합한 사람들만 이 사실을 알 수 있다. 신자들은 오로지 생명-시간만을 살지만, 죄를 짓지 말라는 바울의 권고와 육체적 죽음과 고난의 의미에 관한 그의 재구성이 보여 주듯이, 신자들은 자신이 오직 하나의 배타적인 존재 방식으로만 살고 있음을 항상 인지하지는 못한다. 신자들이 이를 올바르게 지각하지 못한다고 해서 한 시간성에서 다른 시간성으로 미끄러졌다거나, 중첩 상황에서 삶을 잘못 결정해 왔다는 뜻은 아니다. 오히려 그것은 믿음의—감추어졌더라도 있는 것을 인식하는—문제다. **믿음은 반대되는 증거가 있음에도 불구하고 믿음을 발휘하는 게 아니라, 그런 증거 자체가 환상이라는 인식을 발휘하는 것이다.** 즉, 죽음은 사실 치명적이지 않으며, 고난은 사실 그리스도의 부활에 포괄되어 있으며, 죄짓기는 실제로 필연적이지 않고 피할 수 있는 궁지다.

바울은 신자들에게 그들도 자기처럼 그리스도 안에서 발견되며 (빌 3:9) 다른 곳에서는 발견되지 않음을 보라고 권면한다. 다른 모든 것은 폐기물일 뿐만 아니라, 십자가에 못 박히시고 부활하셨다가 높아지신 그리스도와 연합한 삶에서 함께하지 못할 것들이다. 신앙의 도전은 그리스도 안에서 사는 삶의 현실과 배타성을 부단히 인정하는 것이다. 여기에는 죄짓기를 피하고, 고난을 부활하시고 높아지신 그리스도의 고난에 참여하는 것으로 이해하며, 육체적 죽음을 유익으로 여기는 것(빌 1:21)이 포함된다.

이러한 믿음이 없는 사람들도 배타적인 하나의 시간성 안에, 즉 죽음-시간 안에 살아간다. 흥미롭게도 바울은 망하는 자들(고후 4:3)과 "외인들"(살전 4:12)에 관해서는 가끔 말하지만, 그런 믿음 없는 사람들에 대해서는 거의 말하지 않는다. 그럼에도 불구하고 복음을 듣게 하려는 바울의 강력한 헌신은 불신자들의 곤경에 대한 그의 관심과 그들이 죽음-시간을 나와서 그리스도의 시간에 들어갈 수 있다는 그의 확신을 보여 준다. 다시 말해, **바울은 하나님의 승리가 모두를 위한 것이라고 믿는다.**

신자가 되면 어떤 차이가 있는가?

앞서 언급했듯이, 신자는 그리스도의 시간을 사는 사람이라는 바울의 확신은 사도의 종말론에 관한 우리의 이해에 영향을 미친다. 텔로스에서 그리스도 안에 있는 사람들은 그리스도의 영광스러운 몸과 같은 몸을 받게 되지만, 지금은 죽을 몸을 가지고 하나님의 끝없는 시간을 살고 있다. 그들은 "망하고 있는 자들"을 비롯한 창조물과 달리, 이미 썩어짐의 속박에서 풀려났다. 따라서 그리스도 안에 있는 사람들에게 종말은 창조물에게 중요한 것만큼 중요하지는 않다. 종말에 창조물은 속박에서 풀려날 것이다. 그렇다면 물음이 생긴다. 그리스도 안에 있으면 어떤 유익이 있는가? 즉, 결국에는 존재하는 모든 것이 신자들이 현재 가지고 있는 것—하나님의 시간 안에 사는 삶—을 받는다면, 신자가 되는 것은 어떤 차이를 낳는가?

아마 바울이라면 그 유익이 인식론적 유익이자 실존적 유익이라고 말할 것이다. 그리스도 안에 있는 사람은 자기 삶의 시간이 몸이 죽을 때까지 순간순간 자동으로 지나가는 것이 아님을 아는 사람이다. 신자들은 엄청난 영광이 자신들에게 드러날 뿐만 아니라, 그들이 숨 쉬는 순간순간이 하나님의 생명과 사랑과 함께, 그것을 통해, 그것 때문에 있음을 안다. 그리스도 안에 있는 사람들은 자신이 하나님의 시간이기도 한 그리스도의 시간을 살고 있음을 인식할 수 있다. 이 인식에는 실존적 힘이 있다—신자들은 변화의 소망에 안겨 살 수 있다. 바울에게 소망은 믿음을 통해 **지금 있는 것**을 인식하는 능력이다. 신자들이 하나님께서 그리스도를 통해 자기 시간과 생명을 나누어 주심을 안다는 것은 지금 삶이 하나님이 주신 능력으로 수혈되어서 지금 있으며 또한 영원히 있을 영광을 소망하고 볼 수 있다는 의미다. 이는 분명 신자들에게 유익이며, 신자들을 하나님의 창조물에 유익한 존재로 만드는 힘이 있다. 육체적 죽음을 두려워하지 않으며, 죄짓기가 강제되지 않고 고난을 그리스도와 함께한다는

인식 속에서 사는 삶은 모두를 위한 창조적이고 치유적인 사랑의 삶
일 것이다.

죽음-시간을 사는 사람들과의 관계

두 시간성의 배타성은 신자들이 불신자들과 자신을 분리하기 위한
구실도, 이를 요구하는 것도 아니다. 바울이 보인 삶의 모범은 믿지
않는 사람들에게 관여하는 삶이다. 분명 사도는 믿지 않는 사람들과
교류할 때 자신이 죽음-시간에 발을 들여놓는다고 생각하지 않았
다. 바울은 믿지 않는 사람들과 자신을 분리하지 않았고, 선교 사역
의 고난을 그리스도 안에 있다는 표시로 이해했다. 바울은 자신이
높아지신, 승리하신 그리스도와 완전히 합해졌고, 자신의 사명은 멸
망하고 있는 이들에게 큰 희생을 치르며 관여하는 것임을 알았다.
하나님의 승리는 신자들과 마찬가지로 그들을 위한 것이다.

윤리적 함의

죽음-시간이 계속되더라도 하나님의 승리는 완전하다는 나의 주장
이 하나님께서 상황을 통제하고 계시므로 신자들이 세상을 더 나은
곳으로 만들고자 노력할 필요가 없음을 함의하는 말로 들릴지도 모

른다. 죄에 맞서라는 바울의 권면은 그러한 함의가 틀렸음을 보여준다. 그리고 사도가 묘사한 로마서 8장 마지막에 나오는 하나님 사랑의 정복적 포용은 많은 사람이 죽음-시간에 갇혀 있는 세상에서 존재하는 방식에 대한 비전을 제시한다. 모두를 향해 사랑으로 반응하는 것은 생명-시간/하나님의 시간에 받아들여진 사람에게 유일하게 적절한 반응이다. 바울이 텔로스에 관한 비전을 제시한 다음 말했듯이, "그러므로 … 견실하며 흔들리지 말고 항상 주의 일에 더욱 힘쓰는 자들이 되라"(고전 15:58).

인식의 난점들

이러한 바울 읽기 방식이 제시하는 어려움 중에는 인간의 연대기적 시간을 그리스도의 비연대기적 시간에 감싸인 것으로 인식하는 난점이 있다. 분명 사유로는 이러한 인식이 가능하다. 하지만 인간의 경험에 닿을 수 있는지는 또 다른 문제다. 하나님의 임재 안에 있다는 초월의 경험을 했거나, 그리스도 안에서 하나님의 사랑으로 둘러싸여 있음을 일상생활에서 자주 인지하는 사람은 자신의 시간이 그리스도 안에서 하나님의 시간에 둘러싸여 있다고 직관하는 것이 문제가 되지 않을 수 있다. 그러나 상당수의 사람들은 자신의 일상적 시간성이 전부가 아니며 마찬가지로 자신이 경험하는 순차적 시간이 자신의 시간을 규정하는 것은 아니라는 사실을 상상하기 어려워할 수 있다.

또 다른 난점은 앞서 내비쳤듯이, 내가 죽음-시간이라고 부르는 것의 소멸이 아직 일어나지 않았음에도 불구하고 하나님의 승리를 완전한 것으로 인식하는 문제다. 실제로 바울이 상황을 이렇게 보았다면, 앞서 논했듯이 하나님이 정복하시는 방식에 대한 특별한 이해가 요구된다. 이는 또한 순진한 견해 또는 지나치게 낙관적인 견해로 여겨질 만한 것을 수반한다. 즉, 신자들이 그러한 승리에 대해 생각할 수 있도록 신적으로 능력을 부여받았다는 견해다. 에베소서가 두 시대 개념(비록 앞서 언급했듯이 복잡한 방식이긴 하지만)과 영적 전쟁을 치른다는 개념을 도입한 것은 바울의 생각에 대한 이해할 만한 발전 혹은 반응일까? 바울을 계승한 사람 하나가 몇 년 동안 바울의 관점에서 신앙의 삶을 그려 보려고 노력한 후, 사도의 비전을 재구성하는 게 목회적으로 현명하다고 결정했을까? 아마도 에베소서 저자는 신자들이 완전히 그리스도 안에 있어서 고난과 죄짓기와 죽음을 전적으로 "그리스도 안에" 있는 것으로 여길 수 있다는 생각에 수정이 필요하다고 판단했을 것이다. 최근의 많은 바울 해석자와 마찬가지로, 에베소서 저자는 신자들의 분투를 악한 현시대의 계속되는 영향의 결과로 보는 것이 목회적으로 가장 도움이 된다고 판단한 것 같다.

이를 바울과 그의 계승자 한 명의 차이를 설명해 주는 것으로 받아들인다면,[6] 정경 안에서 다양한 바울이 제시된다는 문제가 발생한

---

6. 흥미롭게도 골로새서는 다른 방향으로 간다. 이 서신은 바울의 견해를 강화하는 것으로 보인다. 이 서신은 그리스도의 나라에 대해 이야기하고, 십자가에서 승리가 이루어

다. 누군가에게는 어떤 바울의 목소리가 옳은가 하는 우려스러운 문제일 수도 있다. 하지만 이러한 다양성을 기회로 볼 수도 있다. 두 시대라는 개념이 그리스도인들이 자신의 고난, 죄짓기, 죽음을 그리스도 바깥 세력 탓으로 돌림으로써 그리스도 안에서 사는 도전을 피하는 수단이 될 때, 저자 논란이 없는 서신서의 바울은 신자들을 더 깊은 비전과 경험으로 부른다. 아마도 이 점에서 바울은 욥기와 어느 정도 일치할 것이다. 바울은 하나님과 진정으로 경합할 수 있는 것은 아무것도 없으며, 이를 받아들이고 살아가며 축하하는 것이 신자들의 역할이라고 본다. 다른 한편으로, 신자들이 투쟁의 한복판에서 하나님의 사랑을 발견할 능력이 한계에 도달했을 때, 악한 시대가 하나님의 통치와 전쟁 중이라고 본 성서 저자들이 절실한 위안을 줄 수 있다. 내가 볼 때, 성서의 다양성은 하나님 말씀으로서 성서의 변화시키는 힘과 효능에 이바지한다.

두 종류의 시간이 두 시대와 같지 않은 이유

나의 바울 해석에서 중요한 토대 중 하나는 바울이 신자들의 삶과 그리스도를 두 시대 틀이라는 맥락에서 이해하지 않았다는 나의 주장과 관련된다. 앞서 그러한 해석의 몇 가지 함의를 도출했기에, 이

졌다고 선언하며, 신자들이 그리스도와 함께 부활한다고 말한다.

토대적인 부분을 다시 언급하면 더 명확해질 수 있을 것이다. 나는 '죽음-시간'과 '생명-시간'을 옛 시대와 새 시대를 대체하는 명칭으로 오해하면 안 된다고 말했다. 그 이유는 부분적으로 바울 본인이 두 시대의 측면에서 생각한다고 밝힌 적이 없기 때문이다.[7] 즉, 나는 바울 본인이 그 틀을 피했다고 생각하기 때문에, 두 시대를 해석의 틀로 삼는 것을 피한다. 바울이 두(혹은 그 이상) 시대를 포함하는 시간적 틀에 익숙했을 것이라 가정하면, 사도가 현시대 안에 사는 것이나 그리스도 안에 사는 것에 관해서는 말하지만 두 시대 안에 사는 삶에 관해서는 말하지 않는다는 점은 매우 주목할 만하다. 이는 바울이 그리스도 안에서 하나님이 역사하신다는 자신의 이해를 두 시대의 틀을 통해 형성하지 않으려 한다는 점을 강력히 시사한다. 게다가 해석자들이 두 시대 틀을 사용하는 것은 두 가지 귀결을 수반하는데, 내가 볼 때 이는 바울 사상에 작위적으로 부과한 것이다. 하나는 신자들 실존의 본질과 관련되고, 다른 하나는 종말론과 관련된다.

특히 묵시적 해석자들은 바울이 신자들의 고난, 죄짓기의 유혹, 육체적 죽음을 악한 현시대의 세력으로부터 공격받은 결과로 생각했다고 본다. 그러나 내가 논했듯이, 바울은 고난을 그리스도 안에, 그리스도와 함께 있는 것으로 보았고, 신자들이 죄에 대하여 죽었기에 죄를 피할 수 있다고 주장했으며, 그리스도께 속한 자의 육체적

---

7. 물론 바울은 죽음-시간이나 생명-시간을 말하지도 않는다. 나는 이것이 효율적 인식을 위한 범주임을 알고 있다.

죽음이 그리스도와 함께하는 삶을 더 크게 경험하는 길을 열어 준다고 생각했다. 게다가 현시대가 신자들에게 계속 영향을 미친다는 통념은 하나님이 승리하셨지만 전투는 계속되고 있다는 생각을 동반한다. 반면 나는 바울이 그리스도의 십자가와 부활에서 하나님이 이 시대의 권세들을 물리치셨다고 주장하는 것을 본다. 계속되는 전투를 암시하는 구절 하나는 고린도전서 15:26이다. 이 구절은 죽음의 패배가 계속되고 있다고 말하는데, 나는 이것이 그리스도께서 죽음을 패배한 상태로 두고 계심을 말하는 것이라고 본다. 특히 십자가와 부활에서 하나님 승리의 성취를 바울이 일관되게 표현한다는 점과 사도가 하나님 승리의 본질을 이해한 방식에 관한 나의 제안에 비추어 볼 때, 이 한 구절은 그리스도께서 죽음을 죽음-시간에 두고 계속 복종시키고 계심을 나타내는 것으로 가장 잘 이해될 수 있다.

현재 진행 중인 전투라는 개념은 신자들이 그 전투에서 싸우는 역할을 한다는 점과 긴밀히 관련된다. 특히 묵시적 해석자들 사이에서 신자는 현재 진행 중인 전투를 수행하는 하나님의 군사로 이해되며, 그 결과는 확실하지만 아직 완전히 성취되지 않았다고 이해된다. 그러나 나는 신자들이 그리스도와 합할 때 악한 현시대에서 해방되어 살고 있으며(갈 1:4), 하나님의 승리로 인해 이 시대는 더 이상 그들에게 관여할 게 없다는 말을 바울에게서 읽는다. 악한 시대의 가장 충격적이고 파괴적인 도구들(고난, 죄, 물리적 죽음)은 하나님의 승리를 통해 물리쳐졌으며, 이제 그리스도 안에서 하나님의 목적에 이바지한다.

이는 널리 합의된 해석의 두 번째 귀결로 이어진다. 바로 종말론에 관한 특정 견해다. 해석자들 대다수에 따르면, 사도가 두 시대 틀로 작업한 것은 그가 그리스도의 부활이 해결책과 문제를 모두 가져온다고 보았기 때문이다. 해결책은 새 시대가 왔다는 것이고, 문제는 신자들도 함께 부활하지 않았다는 것이다. 따라서 사도는 두 시대의 중첩이라는 개념을 구성했다. 바울이 두 시대 틀을 수정하여 자신만의 시간적 틀을 주장한 것이다. 즉, 그리스도께서는 새 시대를 시작하셨고, 신자들은 그 안에 살면서 동시에 악한 현시대에 존재하고 있다. 자주 사용되는 말로 표현하자면, 신자들은 시대들의 중첩 속에서 살고 있다.

반면, 내가 읽은 바에 따르면, 바울은 신자들이 썩을 몸을 가지고 사는 동안에도 그리스도의 부활이 우주를 변화시킨다고 인식했다. 그리스도의 부활을 통해 일어나는 변모는 신자들의 부활을 보장한다. 이는 그들이 이미 시작되었고 아직은 아니지만 반드시 성취될 새 시대에 있기 때문이 아니라, 그들이 그리스도 안에 있기 때문이다. 그리스도 안에서는 죽음과 죄가 정복되었다. 그리스도 안에서 하나님이 일하신 결과, 서로 섞이거나 중첩되지 않고 분리된 두 종류의 시간성이 존재한다. 죽음-시간과 생명-시간이다. 생명-시간을 사는 사람들은 죽음-시간의 세력들과의 교전에서 해방되었다. 멸망을 목적으로 하는 죽음-시간의 도구들(고난, 죄짓기, 죽을 운명)이 그리스도께로 끌려와서 하나님의 삶에 이바지하도록 변형되었다는 사실이 그 증거다.

그리스도의 십자가와 부활은 높아지신 그리스도께서 사시는 시간을 인류에게 열어 준다. 그리스도는 오직 생명만 있는 하나님의 시간을 사신다. 그래서 사도는 그리스도와 합한 사람들은 오직 한 종류의 시간, 곧 생명-시간에서만 산다고 생각했다. 약간 다르게 표현하자면, 생명-시간을 사는 사람들은 그들이 항상 살게 될 시간을 살고 있는 것이다.[8] 그들의 부활 사건은 시간의 중첩 상황에서 벗어나게 하는 것이 아니다. 또한 하나님의 승리는 모두를 위한 것이므로, 현재 죽음-시간(생명-시간과 마찬가지로, 배타적인 시간)을 사는 이들도 텔로스에서는 생명-시간―즉, 하나님의 생명―에 통합될 것이다.

내가 두 시대 해석 틀의 문제로 생각하는 점에 대해서 마지막으로 두 가지를 이야기하겠다. 먼저, 이런 해석 틀은 바울이 새 시대를 하나님의 궁극적 목표로 생각했다고 암시하거나 시사하는 경향이 있다. 고린도전서 15:28에서 알 수 있듯이, 이는 분명 사실이 아니다. 하나님의 궁극적 목표는 모든 것 안에서 모든 것이 되시는 것이다. 만일 바울이 이 하나님의 '모든 것 되심'을 새 시대와 동일한 것으로 생각하고 있었더라도, 그가 이를 언급한 적은 없으며, 그렇다면 해석자들도 그렇게 하는 것이 현명한 방향일 것이다.

마지막으로, 신자들이 신적 존재와 합한다는 거의 불가해하지만

8. 이는 고난, 죄, 육체적 죽음이 항상 계속될 것이라는 말이 아니다. 신자들의 몸이 썩지 않을 것으로 변화되면, 분명 그들은 더 이상 육체적 죽음이나 인생의 시련들을 경험하지 않을 것이다. 바울은 성육신이 수반하는 특징들―특히 고난―이 하나님께서 모든 것 안의 모든 것이 되신 후에도 그리스도의 삶에 남아 있을 것이라 생각했을까? 그는 이를 언급하지 않았다.

바울에게 핵심이었던 생각(이를 '어떤 시대'에 동일한 것으로 언급하지 않는다)은 우리를 겸손하게 만드는 경이로움으로 이끈다. 이는 하나님이 대안적인 시대를 제공하겠다는 약속을 마침내 성취하셨다는 뜻이 아니라, 하나님이 인류를 자신의 삶으로, 자신의 삶 안에 포용하셨다는 것이다. 종말론적 목표는 하나님의 삶으로 채워진 끝 없는 시간─그리스도 안에 있는 사람들이 지금 살고 있는 시간성─을 인류에게 주시는 하나님의 아들이 드러나는 것이다.

참고 문헌

Adams, Samuel V. *The Reality of God and Historical Method: Apocalyptic Theology in Conversation with N. T. Wright*. Downers Grove, IL: IVP Academic, 2015.

Agamben, Giorgio. *The Time That Remains: A Commentary on the Letter to the Romans*. Translated by Patricia Dailey. Stanford: Stanford University Press, 2005.《남겨진 시간: 로마인들에게 보낸 편지에 관한 강의》(코나투스).

Anselm of Canterbury. *Monologion*. In *S. Anselmi Opera Omnia*. Edited by F. S. Schmitt. Edinburgh: Thomas Nelson and Sons, 1946–61.《모놀로기온 & 프로슬로기온》(아카넷).

Aristotle. *Physics*. Vol. 1, *Books 1-4*. Translated by P. H. Wicksteed and F. M. Cornford. Loeb Classical Library 228. Cambridge, MA: Harvard University Press, 1957.《자연학》(허지현 연구소).

Athanasius. *On the Incarnation*. Translated and edited by a religious of C. S. M. V. Crestwood, NY: St. Vladimir's Seminary Press, 2003.《말씀의 성육신에 관하여》(조이북스).

Augustine. *The City of God*. Translated by Marcus Dods. Edinburgh: T&T Clark, 1871.《신국론》또는《하나님의 도성》. 역본 다수.

———. *Confessions*. Vol. 1, *Introduction and Text*. Edited by James J. O'Donnell. Oxford: Oxford University Press, 1992.

─────.*Confessions*. Translated by R. S. Pine-Coffin. London: Penguin, 1961. 《고백록》 또는 《참회록》. 역본 다수.

─────.*Retractationes*. Translated by Meredith Freeman Eller. "The Retractiones of Saint Augustine." PhD Diss., Boston University Graduate School, 1946.

Barclay, John M. G. *Paul and the Gift*. Grand Rapids: Eerdmans, 2015. 《바울과 선물: 사도 바울의 은혜 개념 연구》(새물결플러스).

─────.Review of *Galatians: A New Translation with Introduction and Commentary*, by J. Louis Martyn. *Review of Biblical Literature* 3 (2001): 44-49.

─────.Review of *Paul and the Faithfulness of God*, by N. T. Wright. *Scottish Journal of Theology* 68, no. 2 (2015): 235-43.

Barr, James. *Biblical Words for Time*. Rev. ed. London: SCM, 1969.

Barrett, William. "The Flow of Time." In *The Philosophy of Time: A Collection of Essays*, edited by Richard M. Gale, 354-76. Garden City, NY: Anchor Books, 1967.

Barth, Karl. *Church Dogmatics*. Edinburgh: T&T Clark, 1956-75. 《교회 교의학》(대한기독교서회).

─────."Der Christ in der Gesellschaft." In *Anfänge der dialektischen Theologie*. Edited by J. Moltmann, 1:3-37. Munich: Kaiser, 1962.

─────.*The Epistle to the Romans*. Translated by E. C. Hoskyns. Oxford: Oxford University Press, 1977. 《로마서》(복있는사람).

Beker, J. Christiaan. *Paul the Apostle: The Triumph of God in Life and Thought*. Edinburgh: T&T Clark, 1980.

─────.*The Triumph of God: The Essence of Paul's Thought*. Translated by Loren T. Stuckenbruck. Minneapolis: Fortress, 1990. 《크리스티안 베커의 하나님의 승리》(성서와교회연구원).

Belcastro, Mauro. "The Advent of the Different: Θλῖψις, ὑπομονή, ἐλπίς and the Temporal Disclosure of the Divine Eternity in Paul's Letter to the Romans." *Early Christianity* 10, no. 4 (2019): 481-500.

Berger, Klaus. "'Salvation History': A Theological Analysis." In *Encyclopedia of Theology: The Concise Sacramentum Mundi*, edited by Karl Rahner, 1506-12. New York: Seabury, 1975.

Bevere, Allan R. *Sharing in the Inheritance: Identity and the Moral Life in Colossians*. Journal for the Study of the New Testament: Supplement Series 226. Sheffield: Sheffield Academic Press, 2003.

Bird, Michael. *An Anomalous Jew: Paul among Jews, Greeks, and Romans*. Grand

Rapids: Eerdmans, 2016.《혁신적 신학자 바울》(새물결플러스).

Blackwell, Ben C. "The *Greek Life of Adam and Eve* and Romans 8:14-39: (Re-) creation and Glory." In *Reading Romans in Context: Paul and Second Temple Judaism*, edited by Ben C. Blackwell, John K. Goodrich, and Jason Maston, 108-14. Grand Rapids: Zondervan, 2015.《제2성전기 문헌으로 읽는 로마서》(감은사).

Boakye, Andrew K. *Death and Life: Resurrection, Restoration, and Rectification in Paul's Letter to the Galatians*. Eugene, OR: Pickwick, 2017.

Boccaccini, Gabriele. Introduction to *Paul the Jew: Rereading the Apostle as a Figure of Second Temple Judaism*, edited by Gabriele Boccaccini and Carlos A. Segovia, 1-32. Minneapolis: Fortress, 2016.

Bouttier, Michel. *En Christ: étude d'exégèse et de théologie pauliniennes*. Paris: Presses universitaires de France, 1962.

Bowens, Lisa M. *An Apostle in Battle: Paul and Spiritual Warfare in 2 Corinthians 12:1-10*. Wissenschaftliche Untersuchungen zum Neuen Testament 2/433. Tübingen: Mohr Siebeck, 2017.

Brandon, S. G. F. *History, Time, and Deity: A Historical and Comparative Study of the Conception of Time in Religious Thought and Practice*. Manchester: Manchester University Press, 1965.

Brettler, Marc. "Cyclical and Teleological Time in the Hebrew Bible." In *Time and Temporality in the Ancient World*, edited by Ralph Mark Rosen, 111-28. Philadelphia: University of Pennsylvania Museum of Archaeology and Anthropology, 2004.

Brown, Alexandra R. *The Cross and Human Transformation: Paul's Apocalyptic Word in 1 Corinthians*. Minneapolis: Fortress, 1995.

Brown, Derek R. *The God of This Age: Satan in the Churches and Letters of the Apostle Paul*. Wissenschaftliche Untersuchungen zum Neuen Testament 2/409. Tübingen: Mohr Siebeck, 2015.

Bruce, F. F. *The Epistles to the Colossians, to Philemon, and to the Ephesians*. New International Commentary on the New Testament. Grand Rapids: Eerdmans, 1984.

Brunner, Emil. "The Problem of Time." In *God, History, and Historians: An Anthology of Modern Christian Views of History*, edited by C. T. McIntire, 81-96. New York: Oxford University Press, 1977.

Bultmann, Rudolf. *History and Eschatology*. The Gifford Lectures 1955. Edinburgh: Edinburgh University Press, 1957.《역사와 종말론》(대한기독교서회).

————. "History and Eschatology in the New Testament." *New Testament Studies* 1, no. 1 (1954): 5-16.

————. "The Significance of the Old Testament for the Christian Faith." In *The Old Testament and Christian Faith: A Theological Discussion*, edited by Bernhard W. Anderson, 8-35. New York: Herder and Herder, 1969.

————. *Theology of the New Testament*. 2 vols. London: SCM, 1952. 《신약성서신학》 (성광문화사).

Caird, G. B. *Principalities and Powers: A Study in Pauline Theology*. Oxford: Clarendon, 1956.

Calvin, John. *The Epistles of Paul the Apostle to the Romans and to the Thessalonians*. Translated by Ross MacKenzie. Edited by David W. Torrance and Thomas F. Torrance. Calvin's New Testament Commentaries 8. Grand Rapids: Eerdmans, 1995.

Campbell, Constantine R. *Advances in the Study of Greek: New Insights for Reading the New Testament*. Grand Rapids: Zondervan, 2015.

————. *Paul and Union with Christ: An Exegetical and Theological Study*. Grand Rapids: Zondervan, 2012. 《바울이 본 그리스도와의 연합: 바울의 구원론에 대한 석의-신학적 연구》(새물결플러스).

Campbell, Douglas A. *The Deliverance of God: An Apocalyptic Rereading of Justification in Paul*. Grand Rapids: Eerdmans, 2009.

————. *Framing Paul*. Grand Rapids: Eerdmans, 2014.

————. *Paul: An Apostle's Journey*. Grand Rapids: Eerdmans, 2018.

————. *Pauline Dogmatics: The Triumph of God's Love*. Grand Rapids: Eerdmans, 2020.

————. *The Quest for Paul's Gospel*. London: T&T Clark, 2005.

Chester, Andrew. *Messiah and Exaltation: Jewish Messianic and Visionary Traditions and New Testament Christology*. Wissenschaftliche Untersuchungen zum Neuen Testament 207. Tübingen: Mohr Siebeck, 2007.

Clark, Gordon H. "The Theory of Time in Plotinus." *The Philosophical Review* 53, no. 4 (1944): 337-58.

Collins, John J., ed. *Apocalypse: The Morphology of a Genre. Semeia* 14. Missoula, MT: Scholars Press, 1979.

Cousar, Charles B. Review of *Galatians: A New Translation with Introduction and Commentary*, by J. Louis Martyn. *Review of Biblical Literature* 3 (2001): 42-44.

Craig, William Lane. "God, Time, and Eternity." In *What God Knows: Time, Eter-*

nity, and Divine Knowledge, edited by Harry Lee Poe and J. Stanley Mattson, 75-94. Waco: Baylor University Press, 2005.

Cranfield, C. E. B. A Critical and Exegetical Commentary on the Epistle to the Romans. 2 vols. Edinburgh: T&T Clark, 1975-79.《국제비평주석: 로마서》.

Croasmun, Matthew. The Emergence of Sin: The Cosmic Tyrant in Romans. Oxford: Oxford University Press, 2017.

Cullmann, Oscar. Christ and Time: The Primitive Christian Conception of Time and History. Translated by Floyd V. Filson. Philadelphia: Westminster, 1950.《그리스도와 시간》(나단출판사).

―――.Salvation in History. Translated by S. G. Sowers. New York: Harper & Row, 1967.《구원의 역사》(대한기독교서회).

Davies, Jamie P. The Apocalyptic Paul: Retrospect and Prospect. Eugene, OR: Cascade Books, 2022.

―――.Paul among the Apocalypses? An Evaluation of the "Apocalyptic Paul" in the Context of Jewish and Christian Apocalyptic Literature. London: Bloomsbury T&T Clark, 2016.

―――."Why Paul Doesn't Mention the 'Age to Come.'" Scottish Journal of Theology 74, no. 3 (2021): 199-208. https://doi.org/10.1017/S0036930621000375.

Davies, W. D. Paul and Rabbinic Judaism: Some Rabbinic Elements in Pauline Theology. 4th ed. Philadelphia: Fortress, 1980.

Dawson, Christopher. "The Christian View of History." In God, History, and Historians: An Anthology of Modern Christian Views of History, edited by C. T. McIntire, 28-45. New York: Oxford University Press, 1977.

de Boer, Martinus C. The Defeat of Death: Apocalyptic Eschatology in 1 Corinthians 15 and Romans 5. Sheffield: JSOT Press, 1988.

―――.Galatians: A Commentary. Louisville: Westminster John Knox, 2011.

―――."Paul and Jewish Apocalyptic Eschatology." In Apocalyptic and the New Testament: Essays in Honor of J. Louis Martyn, edited by Joel Marcus and Marion L. Soards, 169-90. 1989. Reprint, London: Bloomsbury Academic, 2015.

Deissmann, G. Adolf. Die neutestamentliche Formel "in Christo Jesu." Marburg: N. G. Elwert'sche, 1892.

―――.Paul. London: Hodder & Stoughton, 1926.

Donfried, Karl Paul. "The Kingdom of God in Paul." In The Kingdom of God in 20th Century Interpretation, edited by Wendell Willis, 175-90. Peabody, MA: Hendrickson, 1987.

Downs, David J., and Benjamin J. Lappenga. *The Faithfulness of the Risen Christ: Pistis and the Exalted Lord in the Pauline Letters.* Waco: Baylor University Press, 2019.

Dunn, James D. G. "How New Was Paul's Gospel? The Problem of Continuity and Discontinuity." In *Gospel in Paul: Studies on Corinthians, Galatians and Romans for Richard N. Longenecker,* edited by L. Ann Jervis and Peter Richardson, 367 – 87. Sheffield: Sheffield Academic Press, 1994.

————.*Romans 1-8.* Word Biblical Commentary 38A. Grand Rapids: Zondervan, 2015. 《로마서 상 1-8》(솔로몬).

————.*The Theology of Paul the Apostle.* Grand Rapids: Eerdmans, 1998. 《바울신학》(CH북스).

Du Toit, Philip La G. "Reading Galatians 6:16 in Line with Paul's Contrast Between the New Aeon in Christ and the Old Aeon Before the Christ Event." *Stellenbosch Theological Journal* 2 (2016): 203 – 25.

Eastman, Susan Grove. "Apocalypse and Incarnation: The Participatory Logic of Paul's Gospel." In *Apocalyptic and the Future of Theology,* edited by Joshua B. Davis and Douglas Harink, 165 – 82. Eugene, OR: Wipf & Stock, 2012.

————."Christian Experience and Paul's Logic of Solidarity: The Spiral Structure of Romans 5 – 8." *The Biblical Annals* 12, no. 2 (2022): 233 – 53.

————."The 'Empire of Illusion': Sin, Evil and Good News in Romans." In *Comfortable Words: Essays in Honor of Paul F. M. Zahl,* edited by J. D. Koch and T. H. W. Brewer, 3 – 21. Eugene, OR: Wipf & Stock, 2013.

————."Oneself in Another: Participation and the Spirit in Romans 8." In Thate, Vanhoozer, and Campbell, *"In Christ" in Paul,* 103 – 26.

————.*Paul and the Person: Reframing Paul's Anthropology.* Grand Rapids: Eerdmans, 2017.

————.*Recovering Paul's Mother Tongue: Language and Theology in Galatians.* Grand Rapids: Eerdmans, 2007.

————."Whose Apocalypse? The Identity of the Sons of God in Romans 8:19." *Journal of Biblical Literature* 121, no. 2 (2002): 263 – 77.

Fagg, Lawrence W. *The Becoming of Time: Integrating Physical and Religious Time.*

Durham, NC: Duke University Press, 2003.

Fee, Gordon D. *The First Epistle to the Corinthians.* Rev. ed. New International Commentary on the New Testament. Grand Rapids: Eerdmans, 2014. 《(NICNT) 고린도전서》(부흥과개혁사).

Fitzmyer, Joseph A. *Romans: A New Translation with Introduction and Commentary.* 《(앵커바이블) 로마서》(CLC).

Anchor Bible. New Haven: Yale University Press, 2007.

Fowl, Stephen. *Philippians.* Two Horizons. Grand Rapids: Eerdmans, 2005.

Frank, Erich. "The Role of History in Christian Thought." *Duke Divinity School Bulletin* 14, no. 3 (November 1949): 66-77.

Frey, Jörg. "Demythologizing Apocalyptic? On N. T. Wright's Paul, Apocalyptic Interpretation, and the Constraints of Construction." In Heilig, Hewett, and Bird, *God and the Faithfulness of Paul,* 489-532.

Furnish, Victor P. *Theology and Ethics in Paul.* 1968. Reprint, Louisville: Westminster John Knox, 2009. 《바울의 신학과 윤리》(알맹e).

Gaventa, Beverly Roberts. "The Character of God's Faithfulness: A Response to N. T. Wright." *Journal for the Study of Paul and His Letters* 4, no. 1 (2014): 71-79.

—————. "The Cosmic Power of Sin in Paul's Letter to the Romans: Toward a Widescreen Edition." *Interpretation* 58 (2004): 229-40.

—————. *First and Second Thessalonians.* Interpretation. Louisville: John Knox, 1998.

—————. "'God Handed Them Over.'" In *Our Mother Saint Paul,* 113-24.

—————. *Our Mother Saint Paul.* Louisville: Westminster John Knox, 2007.

—————. "The Rhetoric of Violence and the God of Peace in Paul's Letter to the Romans." In *Paul, John, and Apocalyptic Eschatology: Studies in Honor of Martinus C. de Boer,* edited by Jan Krans, Bert Jan Lietaert Peerbolte, Peter-Ben Smit, and Arie Zwiep, 61-75. Novum Testamentum Supplements 149. Leiden: Brill, 2013.

Goff, Matthew. "Heavenly Mysteries and Otherworldly Journeys: Interpreting 1 and 2 Corinthians in Relation to Jewish Apocalypticism." In *Paul the Jew: Rereading the Apostle as a Figure of Second Temple Judaism,* edited by Gabriele Boccaccini and Carlos A. Segovia, 133-50. Minneapolis: Fortress, 2016.

Gorman, Michael. *Cruciformity: Paul's Narrative Spirituality of the Cross.* Grand Rapids: Eerdmans, 2001. 《삶으로 담아내는 십자가》(새물결플러스).

Greig, A. Josef. "A Critical Note on the Origin of the Term *Heilsgeschichte.*" *Expository Times* 87 (1976): 118-19.

Griffiths, Paul J. *Decreation: The Last Things of All Creatures.* Waco: Baylor University Press, 2014.

Harink, Douglas. *Paul among the Postliberals: Pauline Theology beyond Christendom and Modernity*. Grand Rapids: Brazos, 2003.

————. "Time and Politics in Four Commentaries on Romans." In *Paul, Philosophy, and the Theopolitical Vision: Critical Engagements with Agamben, Badiou, Žižek, and Others*, edited by Douglas Harink, 282–31. Eugene, OR: Cascade Books, 2010.

Hart, David Bentley. *The New Testament: A Translation*. New Haven: Yale University Press, 2017.

Hawking, Stephen. *A Brief History of Time*. New York: Bantam Books, 1998. 《시간의 역사》(역본 다수).

Hays, Richard B. "The Conversion of the Imagination: Scripture and Eschatology in 1 Corinthians." *New Testament Studies* 45 (1999): 391–412.

————. *First Corinthians*. Interpretation. Louisville: Westminster John Knox, 1997. 《고린도전서: 목회자와 설교자를 위한 주석》(한국장로교출판사).

————. Review of *Galatians: A New Translation with Introduction and Commentary*, by J. Louis Martyn. *Journal of Biblical Literature* 119, no. 2 (2000): 373–79.

Heidegger, Martin. *Being and Time*. Translated by John Macquarrie and Edward Robinson. New York: Harper & Row, 1962. 《존재와 시간》(역본 다수).

Heilig, Christoph, J. Thomas Hewitt, and Michael F. Bird, eds. *God and the Faithfulness of Paul: A Critical Examination of the Theology of N. T. Wright*. Minneapolis: Fortress, 2017.

Hengel, Martin. "'Salvation History': The Truth of Scripture and Modern Theology." In *Reading Texts, Seeking Wisdom: Scripture and Theology*, edited by David Ford and Graham Stanton, 229–44. Grand Rapids: Eerdmans, 2003.

Hewitt, J. Thomas. *Messiah and Scripture: Paul's "in Christ" Idiom in Its Ancient Jewish Context*. Wissenschaftliche Untersuchungen zum Neuen Testament 2/522. Tübingen: Mohr Siebeck, 2020.

Hill, C. E. "Paul's Understanding of Christ's Kingdom in 1 Corinthians 15:20–28." *Novum Testamentum* 30 (1988): 297–320.

Hill, Wesley. *Paul and the Trinity: Persons, Relations, and the Pauline Letters*. Grand Rapids: Eerdmans, 2015.

Hodgson, Peter C. *God in History: Shapes of Freedom*. Nashville: Abingdon, 1989.

Hollander, H. W., and J. Holleman. "The Relationship of Death, Sin, and Law in 1 Cor 15:56." *Novum Testamentum* 35, no. 3 (1993): 270–91.

Holleman, Joost. *Resurrection and Parousia: A TraditioHistorical Study of Paul's*

Eschatology in 1 Corinthians 15. Leiden: Brill, 1996.

Holloway, Paul. *Philippians*. Hermeneia. Minneapolis: Fortress, 2017.

Hooker, Morna D. *From Adam to Christ: Essays on Paul*. Cambridge: Cambridge University Press, 1990.

————. "Interchange and Atonement." In *From Adam to Christ*, 26–41.

————. "Interchange in Christ." In *From Adam to Christ*, 13–25.

————. "On Becoming the Righteousness of God: Another Look at 2 Cor 5:21." *Novum Testamentum* 50, no. 4 (2008): 358–75.

Hubbard, Moyer V. *New Creation in Paul's Letters and Thought*. Cambridge: Cambridge University Press, 2002.

Hunsinger, George. "*Mysterium Trinitatis*: Karl Barth's Conception of Eternity." In *Disruptive Grace: Studies in the Theology of Karl Barth*, 186–209. Grand Rapids: Eerdmans, 2000.

International Council on Biblical Inerrancy. "The Chicago Statement on Biblical Hermeneutics." 1982.

International Council on Biblical Inerrancy. "The Chicago Statement on Biblical Inerrancy." 1978.

Jackelén, Antje. *Time and Eternity: The Question of Time in Church, Science, and Theology*. Philadelphia: Templeton Foundation Press, 2005.

James, William. "The Perception of Time." In *The Human Experience of Time: The Development of Its Philosophic Meaning*, edited by Charles M. Sherover, 368–83. New York: New York University Press, 1975.

Jenson, Robert W. "Apocalyptic and Messianism in Twentieth Century German Theology." In *Messianism, Apocalypse and Redemption in Twentieth Century German Thought*, edited by Wayne Cristaudo and Wendy Baker, 3–12. Adelaide: ATF Press, 2006.

————. *God after God: The God of the Past and the God of the Future, Seen in the Work of Karl Barth*. New York: Bobbs-Merrill, 1969.

————. *Systematic Theology*. Vol. 2, *The Works of God*. Oxford: Oxford University Press, 1999.

Jervis, L. Ann. *At the Heart of the Gospel: Suffering in the Earliest Christian Message*. Grand Rapids: Eerdmans, 2007.

————. "Christ Doesn't Fit: Paul Replaces His Two Age Inheritance with Christ." *Interpretation* (2022): 1–14.

————. "Peter in the Middle: Gal. 2:11–21." In *Text and Artifact in the Religions of Mediterranean Antiquity: Essays in Honour of Peter Richardson*, edited by Stephen G. Wilson and Michel Desjardins, 45‒62. Studies in Christianity and Judaism/Ètudes sur le Christianisme et le Judaïsme 9. Waterloo, ON: Wilfrid Laurier University Press, 2000.

―――."Promise and Purpose in Romans 9:1‒13: Towards Understanding Paul's View of Time." In *God and Israel: Providence and Purpose in Romans 9-11*, edited by Todd D. Still, 1‒26. Waco: Baylor University Press, 2017.

―――. "Reading Romans 7 in Conversation with Post-Colonial Theory: Paul's Struggle Toward a Christian Identity of Hybridity." *Theoforum* 35, no. 2 (2004): 173‒93.

―――. "Timely Pastoral Response to Suffering: God's Time and the Power of the Resurrection." In *Practicing with Paul: Reflections on Paul and the Practices of Ministry in Honor of Susan G. Eastman*, edited by Presian R. Burroughs, 74‒87. Eugene, OR: Cascade Books, 2018.

Jewett, Robert. *Romans*. Hermeneia. Minneapolis: Fortress, 2007.

Jipp, Joshua W. *Christ Is King: Paul's Royal Ideology*. Minneapolis: Fortress, 2015. 《예수의 왕권 사상과 바울신학》(새물결플러스).

Kant, Immanuel. *Critique of Pure Reason*. Translated by F. Max Müller. Garden City, NY: Anchor Books, 1966.《순수 이성 비판》(역본 다수).

Käsemann, Ernst. "The Beginnings of Christian Theology." In *New Testament Questions of Today*, 82‒107.

―――.*Commentary on Romans*. Translated and edited by Geoffrey W. Bromiley. Grand Rapids: Eerdmans, 1980.

―――. "Justification and Salvation History." In *Perspectives on Paul*, 60‒78. Philadelphia: Fortress, 1971.

―――.*New Testament Questions of Today*. Philadelphia: Fortress, 1969

―――. "On the Subject of Primitive Christian Apocalyptic." In *New Testament Questions of Today*, 108‒37.

Keck, Leander. *Christ's First Theologian: The Shape of Paul's Thought*. Waco: Baylor University Press, 2015.

―――.*Romans*. Nashville: Abingdon, 2005.

Kümmel, Werner Georg, and Hans Lietzmann. *An die Korinther I-II*. Handbuch zum Neuen Testament 9. Tübingen: Mohr, 1969.

Lambrecht, Jan. "Paul's Christological Use of Scripture in 1 Cor. 15.20‒28." *New Testament Studies* 28 (1982): 502‒27.

―――. "Structure and Line of Thought in 1 Cor. 15:23‒28." *Novum Testamentum* 32, no. 2 (1990): 143‒51.

Langdon, Adrian. *God the Eternal Contemporary: Trinity, Eternity, and Time in Karl Barth*. Eugene, OR: Wipf & Stock, 2012.

Leftow, Brian. *Time and Eternity*. Ithaca, NY: Cornell University Press, 1991.

Lincoln, Andrew T. *Paradise Now and Not Yet: Studies in the Role of the Heavenly Dimension in Paul's Thought with Special Reference to his Eschatology*. Society for New Testament Studies: Monograph Series 43. Cambridge: Cambridge University Press, 1981.

Longarino, Joseph. "Apocalyptic and the Passions: Overcoming a False Dichotomy in Pauline Studies." *New Testament Studies* 67 (2021): 582–97.

————.*Pauline Theology and the Problem of Death*. Tübingen: Mohr Siebeck, 2021.

Longenecker, Richard N. *Paul, Apostle of Liberty: The Origin and Nature of Paul's Christianity*. Grand Rapids: Eerdmans, 2015.

Löwith, Karl. *Meaning in History: The Theological Implications of the Philosophy of History*. Chicago: University of Chicago Press, 1949.

Macaskill, Grant. *Union with Christ in the New Testament*. Oxford: Oxford University Press, 2014.

Macky, Peter. *St. Paul's Cosmic War Myth: A Military Version of the Gospel*. New York: Peter Lang, 1998.

Mangina, Joseph L. *Karl Barth: Theologian of Christian Witness*. Louisville: Westminster John Knox, 2004.

Marsh, John. *The Fulness of Time*. New York: Harper & Brothers, 1952.

Martyn, J. Louis. "The Daily Life of the Church in the War between the Spirit and the Flesh." In *Theological Issues in the Letters of Paul*, 251–66.

————."From Paul to Flannery O'Connor with the Power of Grace." In *Theological Issues in the Letters of Paul*, 279–97. Nashville: Abingdon, 1997.

————.*Galatians: A New Translation with Introduction and Commentary*. Anchor Bible 33A. New York: Doubleday, 1997.

————.*Theological Issues in the Letters of Paul*. New York: T&T Clark International, 1997.

Matera, Frank J. *Galatians*. Sacra Pagina 9. Collegeville, MN: Liturgical Press, 2007.

Matlock, R. Barry. *Unveiling the Apocalyptic Paul: Paul's Interpreters and the Rhetoric of Criticism*. Sheffield: Sheffield Academic Press, 1996.

McCormack, Bruce L. "Longing for a New World: On Socialism, Eschatology and Apocalyptic in Barth's Early Dialectical Theology." In *Theologie im Umbruch der Moderne: Karl Barths frühe Dialektische Theologie*, edited by

Georg Pfleiderer and Harald Matern, 135–49. Zurich: Theologischer Verlag, 2014.

McTaggart, J. M. E. *The Nature of Existence*. Vol. 2. Cambridge: Cambridge University Press, 1927.

———. "Time." In *Nature of Existence*, 2:9–31.

Metz, Johann Baptist. "God: Against the Myth of the Eternity of Time." In *The End of Time? The Provocation of Talking about God*, edited by Tiemo Rainer Peters and Claus Urban, 26–46. English edition translated and edited by James Matthew Ashley. New York: Paulist Press, 2004.

Minkowski, Eugène. "The Presence of the Past." In *The Human Experience of Time: The Development of Its Philosophic Meaning*, edited by Charles M. Sherover, 504–18. New York: New York University Press, 1975.

Momigliano, Arnaldo. "Time in Ancient Historiography." In *Essays in Ancient and Modern Historiography*, 179–204. Chicago: University of Chicago Press, 2012.

Moo, Douglas. "Paul." In *New Dictionary of Biblical Theology*, edited by T. Desmond Alexander and Brian S. Rosner, 136–40. Downers Grove, IL: InterVarsity, 2000.

Morgan, Teresa. *Being "in Christ" in the Letters of Paul: Saved through Christ and in His Hands*. Wissenschaftliche Untersuchungen zum Neuen Testament 449. Tübingen: Mohr Siebeck, 2020.

———.*Roman Faith and Christian Faith: Pistis and Fides in the Early Roman Empire and Early Churches*. Oxford: Oxford University Press, 2015.

Mullins, R. T. *The End of the Timeless God*. Oxford: Oxford University Press, 2016.

Neufeld, Thomas R. Yoder. *"Put on the Armour of God": The Divine Warrior from Isaiah to Ephesians*. Journal for the Study of the New Testament: Supplement Series 140. Sheffield: Sheffield Academic Press, 1997.

Newman, Judith H. "The Participatory Past: Resituating Eschatology in the Study of Apocalyptic." *Early Christianity* 10 (2019): 415–34.

Newton, Isaac. *The Principia: Mathematical Principles of Natural Philosophy*. Translated by I. Bernard Cohen and Anne Whitman. Berkeley: University of California Press, 1999. 《프린키피아》(역본 다수).

Novenson, Matthew V. *Christ among the Messiahs: Christ Language in Paul and Messiah Language in Ancient Judaism*. Oxford: Oxford University Press, 2012.

Nygaard, Mathias. "Romans 8—Interchange Leading to Deification." *Horizons in*

Biblical Theology 39 (2017): 156-75.

Pannenberg, Wolfhart. *Jesus—God and Man.* 2nd ed. Translated by Lewis L. Wilkins and Duane A. Priebe. Philadelphia: Westminster, 1977.

———. *What Is Man?: Contemporary Anthropology in Theological Perspective.* Translated by Duane A. Priebe. Philadelphia: Fortress, 1970. 《인간이란 무엇인가?》(쿰란출판사).

Pfitzner, Victor C. *Paul and the Agon Motif: Traditional Athletic Imagery in the Pauline Literature.* Leiden: Brill, 1967.

Placher, William C. *Narratives of a Vulnerable God: Christ, Theology, and Scripture.* Louisville: Westminster John Knox, 1994.

Plato. *Gorgias* and *Timaeus.* Translated by Benjamin Jowett. Mineola, NY: Dover, 2003. 《티마이오스》(역본 다수).

Porter, Stanley E. *When Paul Met Jesus: How an Idea Got Lost in History.* Cambridge: Cambridge University Press, 2016.

Punt, Jeremy. "Paul, Military Imagery and Social Disadvantage." *Acta Theologica* 2016, Supplementum 23: 201-24. http://dx.doi.org/10.4314/actat.v23i1s.10.

Radner, Ephraim. *Time and the Word: Figural Reading of the Christian Scriptures.* Grand Rapids: Eerdmans, 2016.

Ramelli, Ilaria L. E. *The Christian Doctrine of* Apokatastasis: *A Critical Assessment from the New Testament to Eriugena.* Boston: Brill, 2013.

Rogers, Katherin. A. "Anselm on Eternity as the Fifth Dimension." *The Saint Anselm Journal* 3, no. 2 (2006): 1-8.

Ryan, Scott C. *Divine Conflict and the Divine Warrior: Listening to Romans and Other Jewish Voices.* Wissenschaftliche Untersuchungen zum Neuen Testament 507. Tübingen: Mohr Siebeck, 2020.

Sanders, E. P. *Paul and Palestinian Judaism: A Comparison of Patterns of Religion.* Philadelphia: Fortress Press, 1977. 《바울과 팔레스타인 유대교》(알맹e).

Sappington, Thomas J. *Revelation and Redemption at Colossae.* Journal for the Study of the New Testament Supplement Series 53. Sheffield: Sheffield Academic Press, 1991.

Schliesser, Benjamin. "*Paul and the Faithfulness of God* among Pauline Theologies." In Heilig, Hewitt, and Bird, *God and the Faithfulness of Paul,* 21-72.

Schnelle, Udo. *Apostle Paul: His Life and Theology.* Translated by M. Eugene Boring. Grand Rapids: Baker Academic, 2005.

Schweitzer, Albert. *The Mysticism of Paul the Apostle.* Translated by William Montgomery. Baltimore: Johns Hopkins University Press, 1998.

Sellin, Gerhard. *Der Streit um die Auferstehung der Toten: Eine religionsgeschicht-liche und exegetische Untersuchung von 1 Korinther 15.* Göttingen: Van-denhoeck & Ruprecht, 1986.

Shogren, Gary Steven. "Is the Kingdom of God about Eating and Drinking or Isn't It? (Romans 14:17)." *Novum Testamentum* 42, no. 3 (2000): 238-56.

Stowers, Stanley K. "Paul's Four Discourses about Sin." In *Celebrating Paul: Fest-schrift in Honor of Jerome MurphyO'Connor, O.P., and Joseph A. Fitz-myer, S.J.*, edited by Peter Spitaler, 100-127. Catholic Biblical Quarterly Monograph Series 48. Washington, DC: Catholic Biblical Association of America, 2011.

Stuckenbruck, Loren T. "Posturing 'Apocalyptic' in Pauline Theology: How Much Contrast to Jewish Tradition?" In *The Myth of the Rebellious Angels*, 240-56. Wissenschaftliche Untersuchungen zum Neuen Testament 335. Tübin-gen: Mohr Siebeck, 2014.

Stump, Eleonore, and Norman Kretzmann. "Eternity." *The Journal of Philosophy* 78 (1981): 429-58.

Tannehill, Robert C. *Dying and Rising with Christ: A Study in Pauline Theology.* 1967. Reprint, Eugene, OR: Wipf & Stock, 2006.

Thate, Michael J., Kevin J. Vanhoozer, and Constantine R. Campbell, eds. *"In Christ" in Paul: Explorations in Paul's Theology of Union and Participa-tion.* Wissenschaftliche Untersuchungen zum Neuen Testament 2/384. Tübingen: Mohr Siebeck, 2014.

Thiselton, Anthony C. "Realized Eschatology at Corinth." *New Testament Studies* 54 (2008): 510-26.

Torrance, T. F. *Space, Time and Resurrection.* Edinburgh: T&T Clark, 1998.

Tuckett, C. M. "The Corinthians Who Say 'There Is No Resurrection of the Dead' (1 Cor 15,12)." In *The Corinthian Correspondence*, edited by R. Bieringer, 247-75. Bibliotheca Ephemeridum Theologicarum Lovaniensium 125. Leuven: Leuven University Press, 1996.

Vielhauer, Philipp. *Oikodome: Aufsätze zum Neuen Testament.* Vol. 1. Münich: Kaiser, 1979.

Von Rad, Gerhard. *Old Testament Theology.* Vol. 2. Translated by D. M. G. Stalker. London: SCM Press, 1975.

Wasserman, Emma. *Apocalypse as Holy War: Divine Politics and Polemics in the Letters of Paul.* New Haven: Yale University Press, 2018.

————. "Paul among the Philosophers: The Case of Sin in Romans 6-8." *Journal for the Study of the New Testament* 30, no. 4 (2008): 387-415.

Watson, Francis. *Paul and the Hermeneutics of Faith.* 2nd ed. London: Bloomsbury T&T Clark, 2016.

Wedderburn, A. J. M. *Baptism and Resurrection: Studies in Pauline Theology against Its GraecoRoman Background.* Tübingen: Mohr Siebeck, 1987.

————. "Some Observations on Paul's Use of the Phrases 'in Christ' and 'with Christ.'" *Journal for the Study of the New Testament* 25 (1985): 83-97.

Weil, Simone. *Gravity and Grace.* Translated by Emma Crawford and Mario von der Ruhr. New York: Routledge, 1999. 《중력과 은총》(역본 다수).

Weima, Jeffrey A. D. *1-2 Thessalonians.* Baker Exegetical Commentary on the New Testament. Grand Rapids: Baker Academic, 2014. 《(BECNT) 데살로니가전후서》(부흥과개혁사).

Weiss, Johannes. *The History of Primitive Christianity.* Vol. 2. Translated and edited by Frederick C. Grant. New York: Wilson-Erickson, 1937.

Whitehead, Alfred North. *The Concept of Nature: Tarner Lectures.* Cambridge Philosophy Classics. Cambridge: Cambridge University Press, 2015. https://doi.org/10.1017/CBO9781316286654.

————. *Process and Reality: An Essay in Cosmology (Gifford Lectures 1927-28), Corrected Edition.* Edited by David Ray Griffin and Donald W. Sherburne. New York: Free Press, 1985. 《과정과 실재》(민음사).

Wolter, Michael. *Paul: An Outline of His Theology.* Translated by Robert L. Brawley. Waco: Baylor University Press, 2015.

Wrede, William. *Paul.* Translated by Edward Lummis. Eugene, OR: Wipf & Stock, 2001.

Wright, M. R. *Cosmology in Antiquity.* New York: Routledge, 1996.

Wright, N. T. *The Climax of the Covenant.* Minneapolis: Fortress, 1991.

————. *The Kingdom New Testament: A Contemporary Translation.* New York: HarperOne, 2011.

————. *The New Testament and the People of God.* Minneapolis: Fortress, 1992. 《신약성서와 하나님의 백성》(CH북스).

————. *Paul and His Recent Interpreters: Some Contemporary Debates.* Minneapolis: Fortress, 2015. 《바울과 그 해석자들》(IVP).

————. *Paul and the Faithfulness of God.* Minneapolis: Fortress, 2013. 《바울과 하나님의 신실하심》(CH북스).

————. *Paul in Fresh Perspective.* Minneapolis: Fortress, 2005.

Yarbrough, Robert. "Paul and Salvation History." In *The Paradoxes of Paul*. Vol. 2 of *Justification and Variegated Nomism*, edited by D. A. Carson, Peter T. O'Brien, and Mark A. Seifrid, 297-342. Grand Rapids: Baker Academic, 2004.

————. "Salvation History (*Heilsgeschichte*) and Paul: Comments on a Disputed but Essential Category." In *Studies in the Pauline Epistles: Essays in Honor of Douglas J. Moo*, edited by Matthew S. Harmon and Jay E. Smith, 181-97. Grand Rapids: Zondervan, 2014.

Ziegler, Philip G. *Militant Grace: The Apocalyptic Turn and the Future of Christian Theology*. Grand Rapids: Baker Academic, 2018.

인명 찾아보기

부티에, 미셸(Bouttier, Michel) 217(nn14-15)
불트만, 루돌프(Bultmann, Rudolf) 6, 8, 56-
59(nn51-56, 58, 63), 80n63, 83, 86, 186n17,
187n19
브라운, 데릭 R.(Brown, Derek R.) 269n53,
271n55
브라운, 알렉산드라 R.(Brown, Alexandra R.) 21,
70(n11), 243n3
브랜든, S. G. F.(Brandon, S. G. F.) 29n14
브레데, 빌리암(Wrede, William) 214, 215n6
브레틀러, 마크(Brettler, Marc) 29n14
브루스, F. F.(Bruce, F. F.) 262n42
브룬너, 에밀(Brunner, Emil) 49(n18)
블랙웰, 벤 C.(Blackwell, Ben C.) 203n39

ㅅ
샌더스, E. P.(Sanders, E. P.) 219-20(nn26-28)
샌데이, 윌리엄(Sanday, William) 146n35
세네카(Seneca) 266
쇼그렌, 게리 스티븐(Shogren, Gary Steven)
115n17
슈넬레, 우도(Schnelle, Udo) 168n26, 218(nn18-
21), 252n23
슈바이처, 알베르트(Schweitzer, Albert) 68n4,
70n7, 71-75(nn12, 15-31, 33-37), 78(n51),
79n58, 81, 101n170, 126n36, 219-20(nn22-
25)
슐리서, 벤야민(Schliesser, Benjamin) 58n58
스타워스, 스탠리 K.(Stowers, Stanley K.) 249n16
스터켄브룩, 로렌 T.(Stuckenbruck, Loren T.) 20-
21, 74n32, 107n1

ㅇ
아감벤, 조르조(Agamben, Giorgio) 39n48, 101-
4(nn171-85)
아리스토텔레스(Aristotle) 7, 28(nn7, 10),
29n12, 30(n16), 130(nn1, 3), 131n4
아우구스티누스(Augustine) 27(n3), 28, 29nn11-
12, 30-32(nn17-20, 22), 34(nn28-29), 44-
45, 132(n7), 134-35(nn9, 11-12), 160n14
아이히혼, 알베르트(Eichhorn, Albert) 48

아타나시오스(Athanasius) 199n36, 247n10
안셀무스, 캔터베리의(Anselm of Canterbury)
35(nn33-34)
애덤스, 새뮤얼 V.(Adams, Samuel V.) 55n46,
56n49, 82n76
야브루, 로버트(Yarbrough, Robert) 42n4,
46(n14), 50(nn21-22), 56n50, 64n93
에벨링, 게르하르트(Ebeling, Gerhard) 78n82
엘레오노어, 스텀프(Stump, Eleonore) 35-36n35
와서먼, 엠마(Wasserman, Emma) 68n4, 249n16,
250nn18-19, 258n37
왓슨, 프란시스(Watson, Francis) 63n83
웨더번, A. J. M.(Wedderburn, A. J. M.) 185n16,
222-23(nn38-40)
웨이마, 제프리 A. D.(Weima, Jeffrey A. D.)
118n25, 227n46
이스트먼, 수전(Eastman, Susan Grove) 21,
70(n10), 208n48, 225n44, 235n55, 242n2,
243n4, 249(n15), 254, 255n27

ㅈ
자클렌, 안체(Jackelén, Antje) 36n36
저비스, L. 앤(나의 글/나의 이전 연구)(Jervis, L.
Ann) 63n83, 125n33, 136n15, 164n20,
234n54, 244n7, 252n22
제임스, 윌리엄(James, William) 31, 32n21
젠슨, 로버트 W.(Jenson, Robert W.) 36, 37n40,
76n39, 76n42, 77n50, 79-80n63, 134n10,
138(nn22-23)
젤린, 게르하르트(Sellin, Gerhard) 186n18
주엣, 로버트(Jewett, Robert) 280n4
지글러, 필립 G.(Ziegler, Philip G.) 21, 82n77
지프, 조슈아 W.(Jipp, Joshua W.) 223-24(nn41-
42)

ㅊ
체스터, 앤드루(Chester, Andrew) 215n6
체어빅, M.(Zerwick, M.) 179n3

ㅋ
칸트, 임마누엘(Kant, Immanuel) 27(n5)

성구 찾아보기